本书获得阜阳师范大学博士立项重点建设学科教育
（编号：24BSZD06）专项经费资助

我国重点建设高水平大学政策的演进与创新研究

夏国萍 著

天津出版传媒集团

天津人民出版社

图书在版编目（CIP）数据

我国重点建设高水平大学政策的演进与创新研究 /
夏国萍著. -- 天津：天津人民出版社，2025. 4.
　　ISBN 978-7-201-20927-2

　　I . G649.20

中国国家版本馆CIP数据核字第2025PP5646号

我国重点建设高水平大学政策的演进与创新研究

WOGUO ZHONGDIAN JIANSHE GAOSHUIPING DAXUE ZHENGCE DE
YANJIN YU CHUANGXIN YANJIU

出　　版	天津人民出版社
出 版 人	刘锦泉
地　　址	天津市和平区西康路35号康岳大厦
邮政编码	300051
邮购电话	（022）23332469
电子信箱	reader@tjrmcbs.com

责任编辑	岳　勇
装帧设计	汤　磊

印　　刷	北京虎彩文化传播有限公司
经　　销	新华书店
开　　本	710毫米×1000毫米　1/16
印　　张	20.25
字　　数	300千字
版次印次	2025年4月第1版　　2025年4月第1次印刷
定　　价	89.00元

目 录

绪 论 ………………………………………………… **001**

    第一节 研究背景 ………………………………… 002

    第二节 研究问题和研究意义 …………………… 004

    第三节 国内外相关文献综述 …………………… 009

    第四节 研究思路和研究方法 …………………… 025

    第五节 可能创新之处 …………………………… 029

第一章　概念、理论与方法 ………………………… **031**

    第一节 概念阐释 ………………………………… 031

    第二节 理论基础 ………………………………… 034

    第三节 研究分析框架 …………………………… 048

    第四节 研究方法及过程 ………………………… 050

第二章　我国重点建设高水平大学政策的演变 ……… **055**

    第一节 政策总体概貌 …………………………… 055

    第二节 政策阶段划分 …………………………… 057

    第三节 重点大学阶段政策沿革(1954—1995年) … 058

    第四节 "211和985工程"阶段政策沿革(1995—2015年) … 069

    第五节 世界一流大学阶段政策沿革(2015—2020年) … 082

第三章　我国重点建设高水平大学政策目标研究 …… **090**

    第一节 重点大学阶段的政策目标 ……………… 091

    第二节 "211和985工程"阶段政策目标 ……… 099

第三节　世界一流大学阶段政策目标 …………………………… 107

第四节　政策目标演变脉络 ………………………………………… 112

第五节　政策目标价值取向 ………………………………………… 122

第四章　我国重点建设高水平大学政策内容研究 ………… **135**

第一节　重点大学阶段政策内容 ………………………………… 135

第二节　"211和985工程"阶段政策内容 ……………………… 157

第三节　世界一流大学阶段政策内容 …………………………… 181

第四节　政策内容演变脉络 ………………………………………… 195

第五节　政策内容价值取向 ………………………………………… 209

第五章　我国重点建设高水平大学政策工具研究 ………… **217**

第一节　重点大学阶段政策工具 ………………………………… 217

第二节　"211和985工程"阶段政策工具 ……………………… 222

第三节　世界一流大学阶段政策工具 …………………………… 227

第四节　政策工具演变脉络 ………………………………………… 231

第五节　政策工具价值取向 ………………………………………… 237

第六章　我国建设世界一流大学的政策创新研究 ………… **241**

第一节　高水平大学政策批判性反思 …………………………… 241

第二节　高水平大学政策改进建议 ……………………………… 265

研究结论与展望 ………………………………………………… **288**

第一节　研究结论 ………………………………………………… 288

第二节　研究局限性与展望 ………………………………………… 291

附　录 …………………………………………………………… **293**

参考文献 ………………………………………………………… **299**

绪 论

　　1950年,美国政治学家哈罗德·拉斯韦尔(Harold Lasswell)第一次提出"政策科学"的概念。1951年哈罗德·拉斯韦尔和丹尼尔·勒纳(Daniel Lerner)在《政策科学:范围和方法的新近发展》中对政策科学的基本范畴和方法进行阐述[1],标志着一门新的学科萌发。20世纪60年代至80年代,查尔斯·E.林德布洛姆(Charles E. Lindblom)、托马斯·库恩(Thomas Kuhn)、叶海卡·德洛尔(Yehezhel Dror)、斯图亚特·S.纳格尔(Stuart S. Nagel)等学者先后出版《政策科学探索》《政策研究和社会科学》《政策科学百科全书》等多部专著,奠定了政策科学体系的完善和基本研究范式的形成,推进了政策科学的学科独立和蓬勃发展。高等教育政策研究作为政策科学中的重要分支,已经成为许多发达国家关注的焦点和重要研究领域,促进了教育政策的科学化发展。与欧美发达国家比较而言,我国教育政策研究相对起步较晚,兴起于20世纪八九十年代,这之后一些教育政策研究逐渐增加起来。但是从已经发表的相关研究成果看,整体研究水平显著滞后于欧美国家,研究方法比较单一,侧重于政策文献分析、常规性政策解读、政策经验总结等,理论性、系统性、学理性研究不够。概言之,无论是教育政策理论建构和创新,还是教育政策研究的规范性,我国都相对比较薄弱,如何突破教育科学理论和实践之间的壁垒,实现科学化高等教育政策研究仍然是一个迫在眉睫的重要课题。因此,本书遵从政策科学研究范畴对我国重点建设高水平大学展开系统研究。

第一节 研究背景

一、重点建设高水平大学是我国高等教育发展中的重大战略

纵观整个政策文本脉络,自1954年第一次优先支持重点建设高水平大学政策诞生以来,我国在各个阶段制定了不同的政策文件以扶持少数高校优先发展,这70年相关政策在我国宏观发展战略布局中占据重要地位。第一,重点大学和国家重点建设项目为新中国重工业发展战略奠定坚实基础。1954年《关于重点高等学校和专家工作范围的决议》是新中国第一次指定6所高校为重点建设高校的文件,1959年指定了16所高校为重点建设高校,以提高人才培养质量为切入点控制招生规模,重点提高师资力量。1978年《教育部关于恢复和办好全国重点高等学校的报告》,恢复了重点大学政策,重点支持高校增加到88所。1984年4月2日,在重点大学的基础上提出"高等教育重点建设项目"的构想,提出在重点大学中遴选10所学校列入国家重点建设项目,对这些高校在"七五"和"八五"期间增加额外教育拨款。伴随着新中国工业化发展和重点大学政策逐渐深化,重点大学政策成为推进新中国初期重工业发展战略的重要助力。第二,"211工程"和"985工程"是20世纪末继续贯彻落实国家科教兴国战略的重要举措。1995年,《"211工程"总体建设规划》标志着"211工程"正式启动。1998年江泽民在北京大学建校100周年大会上宣布"我国要有若干所具有世界先进水平的一流大学"开启了"985工程"的序幕,1999年《面向21世纪教育振兴行动计划》中正式提出。2012年《教育部 财政部关于实施高等学校创新能力提升计划的意见》的出台开启了"2011计划"的新征程。在一系列政策影响下,我国高等教育制度和结构发生重要变化,许多高校进行大规模合并调整,并进行多项科研管理体制、人事体制、领导体制等变革。中央所属高校、省部共建大学的学术工作性质也有明显的划分,而且大学内部治理结构和管理方式也逐步发生革

新[2]。第三,"双一流"建设是我国高等教育重点建设新的升级。2015年《统筹推进世界一流大学和一流学科建设总体方案》的出台象征着我国重点建设又一次调整转型。2017年《统筹推进世界一流大学和一流学科建设实施办法(暂行)》是对"双一流"建设具体实施的推进办法。由于高水平大学作为创新的重要主体,在新技术、新科技、成果转化等方面发挥重要影响作用,因此,"双一流"建设成为国家创新驱动战略在高等教育领域重要实践。21世纪以来国家经济发展面临着转型升级,传统的经济模式已经掣肘了我国的经济发展,国家急需培育新动能、拓展新模式,由此创新驱动发展成了新的重要抓手。换言之,"双一流"建设旨在提升高水平大学科学研究能力,特别是解决重大问题能力和原始创新能力,将科技创新作为驱动经济社会发展的新动力,提升我国高等教育综合实力和国际竞争力。

二、重点建设高水平大学政策亟待反思

虽然自从重点大学政策产生以来推动了我国高校的发展,提升了高校教育质量和科研水平,并且获得国际社会不同程度的认可。但是这一系列政策也遭到不同程度的批评。主要集中在[3]:其一,政策设计缺乏对不同高校利益的权衡,调动高校的积极性不足,高校更多是以获取丰厚资金支持为目的,对于资金使用效率和高等教育质量内涵提升存疑。其二,有的政策目标过于模糊,而且没有设定具体政策目标项和政策目标值,而且政策目标制定存在多种非教育因素(例如政治因素、地域因素)的制衡。其三,政策实施中存在没有达到"重点带动一般"的预期,甚至出现"重点不突出、一般更平庸"的现象,形成资源聚集化、结构同质化的恶性循环。其四,个别方面产生政策失真现象,缺少对重点建设顶层设计科学性和规划性,某些政策效果偏离政策目标,甚至出现不同阶段政策不接轨等问题。其五,政策的价值取向存在公平与效率的博弈,有批评者认为存在牺牲公平而追求效率的价值冲突,最终价值平衡如何调整也悬而未决。其六,世界一流大学政策如何调整、如何优化、未来发展的继承性和变化性向度等有待深入研究。对于我国这种后发外生型国家建设世界一流大学而言,既受制于先发内生型国家已经建立的学术制度影响,又掣肘于本国发展战略的约束,如何突破现有壁垒,实现内涵发展亟待反思和改进。

三、"双一流"建设政策有待调整创新

政策分析需要对政策进行全面系统的研究。早在1986年,北京大学校长丁石孙在总结改革建设工作时,明确提出要把创办世界一流大学作为学校办学的指导思想[4]。当前,全球世界一流大学建设已经形成两种基本政策模式:一是新自由主义影响下将资源集中在少数精英大学的政策模式Ⅰ,二是社会民主影响下的构建多样性的世界一流高等教育系统的政策模式Ⅱ[5]。我国主要偏向政策模式Ⅰ的特点,集中资源鼓励少数重点大学优先发展。从1954年第一份重点大学政策至今,不少学者认为我国走出了不同于西方高校的特色实践。例如,黄福涛就指出与美国和英国的世界一流研究型大学不同,中国建设世界一流研究型大学的效果特点是自上而下的政策支持,特别是伴随着中央政府和地方政府对少数几所精英大学密集资助的增长[2]。悉尼大学安东尼·韦尔奇(Anthony Welch)教授也指出,中国这种建设世界一流大学的政策模式,也是国家软实力的集中体现,正在挑战着西方传统的主流模式[6]。我国重点建设高水平大学政策已经拥有70年的历程,现阶段国际国内环境已经发生重大转变,我国已经成为世界第二大经济体,高等教育在学总规模全球第一、科研论文数量世界第一,在这种新环境、新时代、新挑战的背景下,传统的政策模式和政策思路已经不能契合现实发展的需要,亟待政策做出调整和创新。

第二节　研究问题和研究意义

一、研究问题

(一)我国重点建设高水平大学政策内涵是什么?

从重点建设高水平大学政策实施以来,高等教育重点建设项目、"211工

程""985工程"和"双一流"建设等政策相继出台,并呈现叠加式交叉发展态势。例如在重点大学政策实施过程中,提出了高等教育重点建设项目,而后又提出了重点学科建设的要求。再如,"211工程"刚刚实施3年,就提出了"985工程"建设项目,并在"211工程"和"985工程"交叉并行实施的过程中,颁布了高等学校创新能力提升计划(也称"2011计划")。可以发现,我国的这一系列政策并不是偶然间断的,而是相互继承发展的,旧的政策逐渐退出历史舞台,新的政策逐步深化改进,而且重点建设高水平大学政策变革都是先前政策驱动的结果。20世纪末21世纪初,全球许多国家模仿和学习我国的这一系列政策行动,例如韩国、日本、德国、法国相继推出了类似我国高等学校重点支持的政策。由此需要梳理出我国重点建设高水平大学政策文本有哪些?这些政策文本之间的关系是什么?我国这种政策是如何演化至今的?分哪些阶段?政策中蕴含的目标、内容、工具、价值观等是什么以及是如何发展变革的?对现有我国重点建设高水平大学政策文献研究可以发现,还缺乏这方面系统性、全面性、深入性研究。

(二)我国重点建设高水平大学政策的优缺点是什么?

从政策设计视角来看,我国重点建设高水平大学政策70年来,政策设计中优点体现在哪些方面?政策目标、政策内容、政策工具存在哪些政策设计方面的不足?

(三)"双一流"时期政策哪些方面需要创新?

在针对70年来我国重点建设高水平大学政策回溯性研究和批判性研究基础上,结合发展现状和遇到的瓶颈问题,试图结合"双一流"未来发展方向进行预测性政策创新研究。

二、研究意义

21世纪以来,"双一流"建设成了全球高等教育领域的热点话题,许多研究成果涌现出来。可以发现,许多国家世界一流大学的建设是由政策驱动的。我国建设世界一流大学也是政策外在驱动的,但是很多研究局限于"就事论事"分析,却鲜有对我国世界一流大学政策完整性发展脉络和过程性变

我国重点建设高水平大学政策的演进与创新研究

迁特点的系统性研究,更缺乏从政策科学的角度对顶层设计和政策创新的批判性分析与预测性研究。总之,无论是从理论建构还是政策探索方面都亟待深化。因此,本书深入分析我国重点建设高水平大学政策历程和政策模式具有较大的理论价值和实践意义。

(一)理论意义

第一,构建我国重点建设高水平大学政策的理论研究框架。政策科学理论是政策科学研究思想的高度概括和政策分析思想宏观凝练,可以影响教育政策制定以及实践活动。在进行公共高等教育政策分析时需要对政策学、政策科学、公共政策学、教育政策学、公共政策分析等相关理论进行深入理解。然而,从政策理论来看,不可否认的一个事实就是大部分政策理论来源于西方国家。虽然这些理论都有较强的解释力和适用范畴,但是借用这些理论分析我国教育政策现象时,会发现存在着很多理论与我国国情不适应、对我国现象无法解释或是只能解决局部现象等问题。在此基础上势必进行检验理论、转变理论、澄清理论、修订理论、重构理论、创新理论等行为,这些都有利于推进我国本土化政策研究的理论建构。因此,本书在分析和比较政策科学相关理论的基础上,尝试将政策设计理论、政策分析理论、政策工具理论、公共治理理论引介到我国重点建设高水平大学政策研究中,探寻新的高等教育政策研究理论生长点,按照行为研究、价值研究、规范研究的政策分析尺度,从政策目标、政策内容、政策工具层面构建了我国重点建设高水平大学政策研究的理论框架,不仅有助于发展本土化政策研究框架,而且可以推广于其他政策研究领域。

第二,从学理上分析我国重点建设高水平大学政策的演变脉络,把握我国重点建设高水平大学政策的本质特征。教育政策研究的目的不仅在于把公共政策作为研究对象,掌握翔实的事实资料,对教育政策进行国际化比较,更在于对政策背后的设计原理进行理性分析,探寻政策的内部机理和逻辑关系。从1949年至今,我国颁布了重点大学、"211和985工程"和"双一流"建设等近百项相关政策文件,从政策制定到政策终结整个闭环系统产生的时代背景、政策谱系、政策设计等尚待深入研究。不言而喻,通过对重点建设高水平大学系列政策的本质内涵和设计特征等研究,有利于总结出我国重点建设高水平大学政策秉承的价值理念,并有助于印证、修订、优化政策设计和政策创新。本书系统回顾了70年来我国重点建设高水平大学的一系列政策,重点回溯性分析政策目标、政策内容、政策工具的演变历程,批判性分析它们的政策设计特点,并尝试探索系列政策的内部一致性和外部变迁性,由表及里探寻我国建设世界一流大学政策模式的本质特征。因此,本书从学理性视角检视我国重点建设高水平大学政策的核心问题,试图突破现有高等教育研究范式的壁垒,有利于重点建设高水平大学的根本建设问题做出回应,这对于促进"双一流"战略布局和实践蓝图的有效开展具有重要意义。

第三,力求在政策文本研究方法上有所推进和创新。当前高等教育政策研究多采用经验性分析,政策科学研究方法以及其他研究方法的使用性和前沿性还有一定的落后性和局限性。因此,尝试采用新的研究方法进入我国重点建设高水平大学政策领域,将Atlas.ti质性分析方法、Ucinet社会网络分析方法相结合,尽可能提供可供检视的可视化政策图谱,挖掘我国这种后发外生型国家建设世界一流大学的政策特征。此外,我国重点建设高水平大学政策制定与实践过程中还存在诸多冲突和争议,如何打破现有政策研究方法论的桎梏,探寻政策本质和矛盾症结,尝试进行内在逻辑审视和外在方法革新,对于当下"双一流"建设具有重要意义。

(二)实践意义

第一,系统分析我国重点建设高水平大学政策设计和政策结构,尝试发现政策设计中存在的缺点,可以为政府部门提供政策咨询和决策参考,有利于提高政策决策科学化,促进教育政策创新。叶海卡·德罗尔(Yehezkel Dror)指出,政策科学架起了基础研究和应用研究之间的桥梁,这两种研究的整合是通过真实世界中政策制定的改进作为最终追求目标[7]。政策设计研究比政策实施研究更重要。政策设计不仅对于那些肩负管理责任、判断目标选择、评估政策效果的政府行动者,而且对关心政府工作方式和领导效能的非政府人员来说,都非常重要。政策设计研究一方面有助于厘清政策的

我国重点建设高水平大学政策的演进与创新研究

目标界定、工具选择和实施结构等,另一方面更有利于探析隐藏于政策本身之后的价值观念、潜在假设、利益分配、权利规则等问题。教育政策研究的价值不仅在于分析政策如何破解现实难题,更需要探讨政策背后隐藏的内涵,不仅在于对"过去"和"现在"政策行动的诠释,更在于对"未来"政策创新的驱动。对新的政策环境和政策问题的分析,有助于结合时代战略吐故纳新推进新的政策规划和前景预测。对我国重点建设高水平大学政策的研究有助于及时检验、澄清、纠正和补救政策设计中的问题,深入挖掘高水平大学政策背后隐藏的设计规范性和冲突性,可以促进政策决策的科学性和有效性,促进我国重点建设高水平大学政策走向的日臻完善。

第二,厘清政策本质内涵有利于规避政策实践误区。对不同阶段我国重点建设高水平大学政策的研究有助于统筹各方合力推动政策协同与政策实践,发展健康的高等教育政策实践生态环境。通过对我国高水平大学系列政策的分析,可以把教育政策目标和国家战略需要、应然价值追求和实然执行反思等进行比较,帮助各利益主体理解政策内涵、澄清价值选择、消除政策疑惑等。对中国重点建设高水平大学政策研究有助于厘清我国重点建设的本质关系和逻辑理路,从过往政策经验中汲取经验教训,避免政策偏离、政策误读、政策失真以及它们所引起的行动误导和错误实践,探析引领和促进世界一流大学建设的政策实践联动发展。因此,对这一系列相关政策的行为研究、价值研究和规范研究有助于丰富我国重点建设高水平大学政策目标、政策内容、政策工具等应然状态和实然状态的理解和认知,促进对我国重点建设高水平的政策现象、政策本质、政策实践的协调性和一致性。概言之,本书有利于辨析我国高等教育重点发展的内在之义,有助于处理好中央和地方、"双一流"和非"双一流"、高校与社会等各方关系,完善政府、行业、社会等各方资源协调联动的共建机制,为政策实践和政策生态建立良好的社会环境和畅通渠道,促进我国高等教育系统内涵式发展具有重要的应用价值。

第三节 国内外相关文献综述

本书对 SSCI、PQDT、JSTOR、ResearchGate、中国知网、万方、维普等数据库搜索到的国内外学者关于高水平大学及其政策的相关研究进行梳理和综述,旨在掌握当前关于这一领域的最新研究动态和发展前沿,为深入分析我国重点建设高水平大学政策奠定基础。

一、国外建设高水平大学相关研究

作为高水平大学的典范,欧美著名高校受到学者们的强烈关注。学者们已经对美国、英国、法国、德国、日本等发达国家高水平大学相关主题进行研究,本书主要围绕发展理念、形成条件、发展挑战、实践效果等方面进行归纳。此外,为了提高高等教育国际竞争力,发展中国家也积极对高水平大学建设进行部署。学者们主要对俄罗斯、白俄罗斯、斯洛文尼亚、印度、马来西亚、印度尼西亚、沙特阿拉伯、巴西、埃及、尼日利亚、津巴布韦等发展中国家世界一流大学的建设理念、政策、推进策略进行研究,普遍认为发展中国家应该在反映国际教育普遍规律的基础上与欧美一流大学相比较中寻找差距和不足,需要重点依托国家战略实现跨越式发展。

(一)高水平大学发展理念研究

学术界认为,高水平大学作为学术体系中的精英机构,应该坚持精英价值观的理念[8],但是东西方学者的侧重点却有所不同。例如,加里斯·威廉姆斯(Gareth Williams)等发现牛津大学和剑桥大学在整个20世纪一直是通往精英地位的主要道路,虽然已经从主要为社会精英服务的机构转变为以智力卓越为主要考虑因素的机构,但是仍然是精英教育[9]。另外,有研究通过小组焦点访谈和语义网络分析比较欧美学者和亚洲学者对高水平大学的"价值共识"认知框架,发现在交流合作、定性评估和有效教学方面能够达成共识,但是在核心兴趣和价值趋向存在差异,欧美学者非常重视与学生和研究相关的核心教育价值观,而亚洲学者对行政方面更感兴趣,包括正式的评估、政策规定和上课天数[10]。许多学者对发展中国家,特别是小型发展中国家建设高水平大学的能力持怀疑态度[11]。李准宇(Jeongwoo Lee)指出,发展中国家对大学地位的关注已经从国家阶段转移到全球阶段,并改变了公众对国家高等教育体系的绝对质量和个别大学的相对质量的看法,建议发展中国家进行自我评估,调整其科研和创新的目标体系,以适应国际趋势的演变和参与全球知识网络的竞争[12]。

(二)高水平大学形成条件研究

学者们归纳出大学成为一流的若干必要条件,如管理体制、学术领导核心素质、优秀师生智力素质、经费保障等。

1.贾米尔·萨尔米(Jamil Salmi)、菲利普·G.阿特巴赫(Philip G. Altbach)、约翰·尼兰德(John Niland)等学者普遍认为,高水平大学建设需要卓越的管理,具有实质自主权的学术环境和制度环境,战略性支持学术资源。拉尔斯·恩瓦尔(Lars Engwall)从管理权力分配角度和分权原则出发,介绍了美国加州大学伯克利分校(称为"共享治理")和斯坦福大学的治理结构,概述了大学董事会、大学校长和大学参议院的三权分立角色,发现权力平衡原则对这两所大学很有帮助[13]。迪亚·普斯波·穆蒂(Dyah Puspo Mukti)从组织变革角度,采用现象学设计分析私立大学迈向一流大学的组织行为,发现实现"一流大学"组织变革决策需要具有相同的目标、提高组织的有效性、提升全球竞争力等要素,指出组织变革将以组织文化的建立而告终[14]。

2.学术界对大学校长及学术领导的核心素质也非常关注。学者们普遍认为世界一流学术领导力是一个复杂艰巨的任务,世界一流大学校长及学术领导必须有较好的学术声誉,深入了解和尊重学术使命。有学者基于三维领导效能模型和弗鲁姆-耶顿决策模型,对学术领导(校长、院长、系主任、高级机构官员、教务处处长等)的领导力有效性因素进行研究,推断有效的学术领袖需要技巧和能力带领大学走向世界一流,强调领导者必须根据不同情况运用不同领导原则实施管理实践[15]。

3.学者认为高校学生和教师的遴选是关键。例如,内森·D.马尔(Nathan D. Mar)等以杜克大学和哈佛大学连续录取的两组学生为例,指出世界一流大学遴选优秀学生不仅基于学术和精英标准,而且包括运动能力、音乐天赋、社会经济地位、不寻常的生活经历、近亲校友关系等超越学术价值的特征[16]。陆登庭则认为从国际标准衡量高校水平,只能取决于它的教师的绝对质量[17]。

(三)高水平大学发展挑战研究

在实施高水平大学战略中,高校面临着许多管理的挑战和悖论。有学者以欧美高校多重学术作用和社会作用的复杂性为切入点,发现长期笼罩着教师与学生多样性的身份认同、科研在企业利益和政府要求与自主决定之间摇摆不定[18]、公共资源扶持、科研绩效评价[19]、大学自治[20]等困囿。例如,斯坦福大学校长约翰·亨尼斯(John L. Hennessy)指出,一流研究型大学需要面临优秀人才遴选、博士生教育、资金筹措、创新技术转化、本科教育质量等挑战[21]。学术界对校长及学术领导的角色也存在争议。鲁克桑德拉·贝吉纳鲁(Ruxandra Bejinaru)说:"大学战略管理的悖论在于,领导职位被分配给了那些拥有最好的研究成果和学术声望的教授,而不是那些有管理能力和经验的教授。"[22]学者们对发展中国家建设一流大学进行合乎逻辑性判断,发现发展中国家大学的崛起面临着战略规划相对缺乏[23]、人才遴选较为困难[24]、课程设计相对滞后、知识体系过度外引、长期财政支持忽视[25]、高度官僚腐败、学术精英文化缺失[26]、校企合作不力、政策不一致和政治干预[27]、生师比过高、缺乏新方法和新技术[28]等系列阻碍因素。

(四)高水平大学实践路径研究

有学者通过高水平大学发展历程分析了正在重构的全球学术价值链路,认为不仅需要战略布局,还需要改革创新。雨果·霍尔塔(Hugo Horta)对欧洲几所世界一流大学(牛津大学、苏黎世联邦理工学院、巴黎大学、剑桥大学、帝国理工学院等)研究表明,欧洲背景下各个国家的战略举措对世界一流大学的全球竞争力发挥着引擎作用[29]。瓦利达·阿贝拉多·库马拉(Valida Abelardo Cutamora)等从学术资本主义视角将知识经济的优点与国家创新相结合,认为新加坡形成了以促进技术转移为目标的大学、产业和政府"三重螺旋"关系,指出大学主要以创新驱动为载体保持世界一流地位和全球竞争力[30]。熊庆年认为,日本建设世界一流大学的战略主要是自身功能提升、研究育人齐抓、有效过程管理[31]。邬大光指出,密歇根大学之所以成为世界顶级的研究型大学之一,是形成了一套行之有效的办学实践,包括育人实践、办学实践、分权管理实践、科研及管理实践、师资队伍建设实践五个方面[32]。张惠和刘宝存对法国建设世界一流大学的战略及实践指出,法国世界一流大学建设主要从基于"卓越大学计划"模式的治理结构、多学科跨机构的开放型人才培养体系、"产学研"紧密结合的协同创新平台三方面入手[33]。学者们普遍认为,发展中国家建设世界一流大学重心是关注质量来支撑整个学术严谨性,特别是在同行评审和知识生成方面,重点应加大科研绩效[34]、大学治理、教育投资[35]、最低质量标准[36]、国际交流与合作等。例如,亚洲各国一直试图让本国大学接受新的外部衡量标准,尤其是改变管理体制,试图从传统的"中央集权和官僚治理"转变为"以市场为导向、以国际为基准"模式[37]。学者们认为,世界一流大学建设需要国际化课程、学术会议交流、海外远程教育、国际合作伙伴构建、全球性学术合作等[38]方面加强。

(五)世界一流大学政策模式研究

在全球建设世界一流大学导向下形成了两种基本政策模式[5]:

1.新自由主义模式。该模式寻求将资源集中在少数的精英大学中,被称为"哈佛"模式,旨在模仿哈佛大学或常春藤模式,通常鼓励精英研究型大学和大众教学型大学之间更大的垂直或等级差异来实现。例如,法国、德国、韩国、日本等实施集中资源扶持重点大学发展"卓越计划""未来投资计划"等,美国各州(如得克萨斯州和肯塔基州)也同样寻求提升旗舰大学的地位,将其提升至世界一级的地位。学者们认为集中资源扶持少数大学发展的政策导向,凸显世界一流大学的公共价值,可以确保世界一流大学专业化和集中化的运转。张惠和刘宝存对法国创建世界一流大学的政策及其特征进行研究,认为具有引领法国高等教育与科研机构的现代化转型、推进立足区域经济的协同创新平台构建等特征[39]。武毅英对德国世界一流大学建设政策运行机制进行研究,认为"卓越计划"力求打破均衡发展的路径依赖,通过引

入竞争机制促进德国大学的等级分化和差异化发展[40]。金玉善以"BK21plus
工程"为例对韩国世界一流大学建设工程进行研究,认为韩国该政策是以实
现国家"创新经济"为最终目标,以培养创新型人才为核心任务[41]。陈瑞英对
日本创建世界一流大学政策进行研究,指出日本政府启动的"全球顶级大学
计划(2014—2023年)"是以大学国际化为切入点,对13所"顶级型"大学分别
提出了各自挺进世界百强榜的具体目标[42]。也有学者对各国建设高水平大
学政策背景、政策主体与客体、政策目标、内容与实施等方面进行比较研究,
例如徐巧云对英美德三国高水平大学建设政策比较研究[43],陈利达对中德世
界一流大学建设政策异同进行比较研究[44],刘媛媛对中美建设世界一流大学
政策分析发现中美建设一流大学的政策各具特色[45]。

2.社会民主模式。该模式提出与其重点支持两三所"世界一流大学",不如
重点转向更多一流研究机构或研究小组等构建多样性的世界一流高等教育
系统[46]。这种政策模式力求在卓越与公平之间取得平衡,通过加强横向(任
务或功能)分化,鼓励根据专业知识、能力、需求、使命对特定学科或知识领
域的专业人员提供支持,强调教学与研究、知识生产、商业化之间的密切联
系,提出机构契约或战略对话可作为执行任务专业化和差异化的政策工
具[47]。例如,爱尔兰、丹麦、澳大利亚和挪威等国则强调了高等教育系统"世
界一流"的重要性,采取提高卓越性措施、重点专题、引进新型教育模式和重
新布局高等教育机构(通过网络、联盟、集群、合并)。学者们普遍认可多元化
高等教育体系的价值目标,提出要尽可能平衡由于内在争取世界一流地位
而导致的同构趋势,防止建设世界一流大学的增长以牺牲系统的其他部分
为代价,不仅满足顶尖的科学研究需要,还满足利益相关者的多样化需求,
认为学术上的随波逐流实际上可能不利于多元化需求,甚至会导致小型或
独立机构崩溃。

二、我国重点建设高水平大学政策研究

学者们考察了重点大学到"双一流"的系列政策,发现我国重点建设高
水平大学政策的道路是自上而下的特色,而且政府特别是地方政府对少数

我国重点建设高水平大学政策的演进与创新研究

精英大学的资助与日俱增,但是仍受西方社会和国际排名的影响[2]。主要围绕我国重点建设高水平大学政策的内涵特征、效果评估、挑战反思等做出尝试性研究。

（一）政策内涵特征研究

1.价值取向。对价值取向的研究是理解政策本质内涵的关键,学者们普遍认可我国世界一流大学建设的政策始终包含着国家战略需要和办学效率的内在追求。胡德鑫认为,建设世界一流大学政策的应有价值取向,即大学精神与国家意志的和谐统一[48]。刘宝存指出我国重点大学政策的价值取向应该因应经济社会发展的多样化需要和人民群众的多样化需求而走向多样化[49]。伍宸认为,"双一流"的价值导向分别是以提高高校解决国家和区域重大需求的能力、以提高高校自我发展能力和办学绩效、以学科为基本资助单位[50]。张翠认为,我国世界一流大学政策制定的价值取向需要考虑效率与公平、国际化与本土化的维度[51]。

2.演变逻辑。徐自强根据倡议联盟框架的分析发现,以中央政府为核心的倡议联盟在政策制定中发挥着主导作用,认为我国建设世界一流大学政策变迁蕴含着"重点建设"的指导思想、强烈而扭曲的"精英意识""集权治理"的政府控制逻辑、"大众化"与"精英化"的现实冲突等[52]。胡德鑫从历史制度主义的分析范式入手发现:集权治理的政府控制逻辑一直贯穿始终,大学缺乏自主发展的内在土壤,市场的中介协调作用未得到充分发挥[53]。

3.政策工具。王维懿基于利益相关者逻辑研究发现,我国重点建设高水平大学政策工具没能跟上形势变化并做出与时俱进的调整[54]。武玉洁认为,我国建设世界一流大学的政策工具的选择从关注目标与手段的匹配转为关注政策工具与现实环境的匹配;发展着的政策进一步拓展了权力下放的政策工具空间,权力在主体间的分配逐步趋向合理,执行层行为主体的作用从单一走向联合[55]。徐赟通过对政策文本的编码发现"双一流"建设中政策工具的选择与使用具有命令性忽视高校间和学科间的差异、政策工具使用发生明显偏移、系统化程度不高等特点[56]。

4.政策特征。胡炳仙认为,我国重点大学政策的主要特征是:重点大学政策的价值基础是"效率优先"、重点大学政策的主要目标在于实现特定时期某种国家战略需要、重点大学政策的政策主体是国家(或政府)、政府采用渐进式的决策模式、采用自上而下的政策执行模式[3]。李金春指出,我国世界一流大学建设的政策特点包括建立以投资效益为核心的绩效考核和评价机制;主要以科学研究作为前进的动力及标志[57]。潘军认为,从重点大学建设到"211工程""985工程",再到"双一流"方案,既是我国重点大学政策的延续与创新,也是一个个效果演化的循环,在每一循环中都经历了效果生成、效果依赖、效果分化与创造[58]。

(二)政策实践反思研究

1.阻碍因素。学术界普遍认为虽然我国世界一流大学建设取得一定进步,但是要结合我国民族文化特色,使我国高校体现出多样性、丰富性和独特性仍然任重道远。学者们发现我国还面临诸多的矛盾冲突,例如人事改革受阻、人文学科处于劣势地位、"世界一流"与"中国特色"难以调和[59]、不同学科领域"选择性战略歧视"[37]、国际化与本土化博弈[60]、府学关系有待重塑、大学治理结构亟待重构[61]、学术腐败热化、行政权力蔓延、薪酬制度多轨、功利主义侵蚀、大学个性缺失、哲学兴趣贫乏、必要竞争缺乏[62]、理想差距和制度差距、传统文化的制约[63]等。

2.政策效果。学者们普遍认为我国世界一流大学一系列政策推动了我国高等教育的发展和提高了国际影响力。例如张汉研究发现,"985工程"实施以来大学出版物快速增长,2010年24所"985工程"大学平均以年均14.5%的速度增长,证明我国政府通过一系列支持重点大学发展的项目推动了我国大学科研成果的产出[64]。刘宝存指出,我国逐渐走出一条基于国情的高水平大学建设之路,有力地促进了一批重点高等学校在整体实力、高水平学科基地、大批优秀人才、标志性科研成果等方面实现了跨越式发展[65]。

3.政策反思。学者们对系列重点支持政策实践和政策问题进行研究,发现这些政策设计和政策实施中存在各种问题。唐小平认为,我国高等教育重点建设高水平大学政策带来高校之间的不均衡、区域之间的不均衡、入学机会的不均衡、教育过程的不均衡、教育结果的不均衡等严重问题[66]。王鹏发现,我国建设世界一流大学的政策实施虽然有其积极的一面,但也存在着择优重点和均衡发展、行政主导和大学自由、政府"钦定"和市场竞争、体制落后和资源堆砌等矛盾[67]。陈利达通过我国世界一流大学建设政策的比较研究发现,"985工程"存在缺乏科学的战略规划、评选程序与标准不明确、"政治化协商过程"导致"区域不平衡"等的不足[44]。胡炳仙认为,我国重点大学政策存在的主要问题包括缺乏有效的社会参与决策机制、缺乏可靠的政策监督机制、缺乏客观的政策评估机制[3]。马利凯从治理视角对其中存在的重点建设价值目标导向性模糊、建设效益不均衡加剧、组织结构责权利不明、管理机制程式化严重等问题[68]。

三、世界一流大学关键特征研究

(一)世界一流大学关键特征的共性研究

1.聚集精英的人才密集诉求。众多学者对世界一流大学聚集全球精英人才的观点基本一致,普遍认为世界一流大学能够吸纳全球最优秀的教职员工,并培养出顶尖的毕业生。约翰·亨利·纽曼(John Henry Newman)的大学理念认为,大学是教师与学生进行知识传授的学术共同体,大学教育的本质就是培养人的理性和训练智力。他的理念奠定了牛津大学的精髓和大学的核心内涵,是现在众多世界一流大学人才培养的哲学基础。综观相关研究:其一,从概念的角度出发,学者们鲜明提出优秀人才密集的观点。精英高等教育存在哲学明确地认为培养社会精英是世界一流大学的价值目标[69]。美国联邦储备委员会(Federal Reserve Board)艾伦·格林斯潘(Alan Greenspan)阐明美国之所以成为全球领先的高等教育体系,关键在于吸引了全球大量高素质的教授和学生[70]。2000年尼兰德就指出世界一流大学核心特征是聚集全球最优秀的教职员工,吸引世界上顶尖的学生[71]。目前比较经典的是贾米尔·萨尔米提出的世界一流大学关键特征(图1),在学术界获得了诸多学者的支持和认可,被誉为建设世界一流大学的世界银行范式,或是萨尔米范式。该范式主要包括人才聚集(优秀的学生和教师)、资源充足(保障优异学习环境和支持先进研究)、管理良好(鼓励大学战略发展愿景、创新性和灵活性地使高校做出政策规定和资源管理不受官僚制度影响)[24]。贾米尔·萨尔米认为这是世界一流大学最重要的关键特征。潘懋元认为世界一流大学基本特征至少包括高校独特的发展理念、知名师资、培养出被社会认可的优秀学生[72]。邬大光指出,一所大学之所以称得上世界一流大学,除了在科研上取得卓越的成果之外,就是培养出大批杰出校友[73]。其二,从满意度角度出发,有学者分析了世界一流大学人才的本质诉求。扎努丁·宾·扎卡里亚(Zainuddin Bin Zakaria)认为,世界一流大学的核心是人力资本(教授)及产品(学生或毕业生),当教授们成功地传授所需的技能、经验和知识时,就可以培养出世界一流的毕业生,这些毕业生是通过他们在工作中的表现来衡量的,当雇主对毕业生执行任务和责任的能力、技能感到满意时,教授也实现了世界一流的质量[74]。

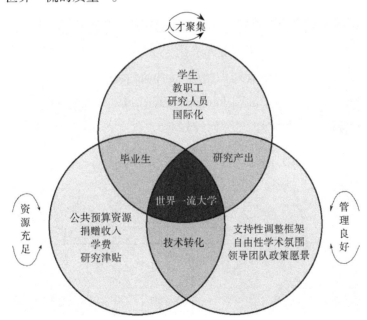

图1 贾米尔·萨尔米的世界一流大学关键特征

2.探寻创新的知识密集诉求。世界一流大学被誉为理性规则的知识系统,是知识生产、知识共享、知识流动、知识转化的核心枢纽。学术界普遍认为世界一流大学发展的逻辑规律是探究真理和高深知识,是一个知识创新、知识传播、知识聚合的复杂系统[75],关键是知识创新,具体指概念和思想的萌芽、成长、扩展及转化为应用、商品、服务等[76],其形成的知识密集型高科技集群是驱动国家发展和技术突破的主要源泉之一。例如,欧洲各国政府笼罩着一种潜在的失败感觉,或者被欧盟称之为"欧洲悖论"(European Paradox)的感觉——欧洲拥有必要的知识和研究,但未能将其转化为创新、提高生产率和经济增长[77]。21世纪以来,在知识生产模式转型和新经济的双重驱动下,传统的生产模式和市场模式面临颠覆的风险,新型的信息市场和虚拟市场正在迅速破土而出。在这个过程中,世界一流大学作为的知识密集型组织,其价值追求包括生产前瞻性的具有社会价值和经济价值的前沿知识和最新突破,存储、更新和共享科学知识,并能够将这些知识传播给学生和提供满足终身教育所需求的各种服务等。例如,克拉克·克尔(Clark Ker)认为,著名研究型大学的最终目标是创造有用的知识,尤其是驱动社会经济发展的这种"无形产品"的新知识,并预测这种知识生产甚至可以颠覆国家的兴盛衰败[78]。此外,有学者认为世界一流大学的知识特点主要体现在内部合作、认知共享、扩展沟通及知识整合(intrinsic Cooperation, shared Cognition, extended Communication, and achieving Communities of different knowledge providers and integrators,4C)四个方面(图2)[79]。

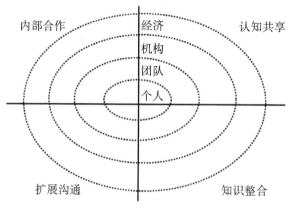

图2 世界一流大学4C知识模型

3.学术自由的理性密集诉求。学术自由是世界一流大学的主要条件。学术界普遍认为世界一流大学是追求真理的专门学术机构,学术自由是学术研究的基本原则,鉴于知识的系统性、内隐性和包容性,导致学术研究是动态复杂的过程,这就需要高度的自由权限。学术自由是学术机构对高校事务决策拥有自主决定权和自行控制权,摒弃政府、行政人员、赞助者、宗教等其他外部组织的干扰和束缚。其一,国际高等教育专家研究经验。萨尔米认为世界一流大学关键特征之一是管理良好,需要开放的、具有实质自主权的、不受官僚机构与外部标准影响的学术自由环境,高校可以灵活地管理和支配资源[80]。阿特巴赫认为,世界一流大学的学术自由指教授和学生可以自由地出版他们的著作,或在专业领域和社会政治领域自由发表言论[81]。尼兰德指出,世界一流大学出类拔萃的教学和科研与卓越的管理体系是并行不悖的,在学术自由的前提下,合理地支持学术资源、确保投资收益最大化、及时管理财务和学生数据以便准确地向教师和科研人员提供信息、富有成效地进行市场营销等[71]。其二,欧美著名世界一流大学实践经验。斯坦福大学校长格哈德·卡斯珀(Gerhard Casper)指出,斯坦福大学在相对较短的时间内成为世界一流大学的法宝就是把学术自由视为大学的灵魂,并不断抵制内部要求整齐划一的压力[82]。国际比较表明,英国高校嬗变为世界一流大学很大程度上得益于制度的自主性,政府保护大学的自主权,并确保与国际上最好大学竞争的能力不会因过度监管或官僚主义而受到威胁,包括不经政府批准就制定预算的自由、保留学者的自由、招收学生的自由等[83]。加州大学共同治理策略将一系列权力授予其学术参议院——一个教师代表机构,加州大学董事会授予的权力包括:确定入学条件的权力、建立学位条件和监督课程的权力、决定教师成员的权力、为大学预算提供建议的权力、在纪律案件中进行听证的权力等[77]。

4.办学充足的资源密集诉求。丰富的经费资源和设施资源是构建世界一流大学的必然条件。其一,学者们普遍认为多样化充足的资金支持是世界一流大学保障性条件。资金来源的多样化,将带来更大的资金稳定性,在大多数情况下,还将带来更大的机构自主权[77]。例如,哈佛大学的2016财年总收入约为47.8亿美元,来源分别是36%的捐赠收入、21%的学费、17%的政府拨款、9%的投资收入、其他17%[84]。尼兰德指出,世界一流的头衔不会以折扣价获得,如果没有世界一流的资金,达到和保持世界一流大学这一高标准的目标就会沦为空谈[71]。萨尔米认为,世界一流大学关键特征之一是资源充足,包括政府公共预算、捐赠资源、学费、公共组织和私营企业的研究津贴等[24]。阿特巴赫认为,世界一流大学不仅需要政府科研拨款、向学生贷款、向学生拨款等公共财政拨款,而且也需要捐赠、收取学杂费、提取咨询服务、转让科研产品等经费[81]。其二,学术界普遍认为先进的设备资源是世界一流大学重要支撑性条件。例如有学者指出,世界一流大学需要昂贵的和最新的基础设施,例如科学实验室、信息技术、数字设备等,这些基础设施为高水平的教学和科研提供了基础[85]。另如,罗素集团认为,世界一流大学需要一流图书馆、最先进的教育设备等高质量的空间和条件来培育以学生为中心的育人环境[83]。

(二)世界一流大学关键特征的差异研究

世界一流大学面临着认识论存在哲学和政治论存在哲学之间的博弈,通常高校的具体实践摇摆于两种哲学的价值理念和目标张力之中。而且全球各地教育文化背景的多样性与差异性导致了世界一流大学存在着社会差异性。这些差异性是大学自然属性和社会属性的外部表征,也是世界一流大学建设多样性的前提基础。

1.知识创新关键要素。知识创新已经成为政治、经济、文化的动力基础和无形资源,是世界一流大学全球定位的基础,也是学术成就的内因。学术界虽然普遍认可世界一流大学知识创新的重要性,强调创新不是自发形成的,而是受多种要素影响制约的,但是对知识创新的驱动要素却视角不同。

第一,知识创新文化培育。威廉·蒂尔尼(William G. Tierney)认为,世界一流大学关键在于创新文化的塑造,而不是稳定化和标准化的学术传统文化,包括构建冒险的创新文化氛围、赋予创新领军者自治权、一致的稳定战略目标、个人主观能动性和主人翁意识、必要的财政和时间支持、鼓励团队合作和培养创新组织感等[86]。

第二,知识创新应用产权。埃尔顿·梅奥(Elton Mayo)指出,世界一流大学产生具有社会价值的突破性创新和知识产权,改变人们的生活质量和商业流程,认为创新性知识产权的产生被认为是学术研究的真实质量指标[27]。

第三，知识创新衡量标准。世界一流大学全球竞争力的特色标准之一是知识创新，并在最佳实践中创造、发展、交流和应用这些新知识，但有学者批判许多高校却只依据期刊上出版数量作为评价标准[87]，提出亟待革新世界一流大学知识创新的评判标准。

第四，知识创新核心领域。有学者认为，虽然高校的基础研究是一项典型的公益事业，没有人从基础科学中直接获益，特别是在硬科学和生物科学领域的基础研究往往是昂贵的，突破也是困难[20]，而应用研究更契合了企业和市场的需求，研究效益和研究成果更容易外显和快捷，但是基础研究的价值是不可忽视的，提出世界一流大学的科学研究亟待恰当处理基础研究和应用研究的平衡。

第五，知识创新价值导向。虽然世界一流大学的知识创新和知识应用成了科技进步的关键要素，但裹挟着传统学术目标和商业目标之间的冲突，徘徊于目标合理化和价值合理化之间。当前市场力量和商业利益对研究型大学的入侵是面临的最大挑战之一[8]。一方面，有学者认为市场给大学带来了更大的资源、更好的学生、更大的知识提升能力、在经济中更有生产力的角色。另一方面，有学者认为它削弱了大学对自身科研活动的主权，削弱了为公众服务的使命，可能会改变研究方向、学术专业的重点以及机构的财务平衡，并有可能通过商业纠纷削弱学术机构作为知识公正仲裁者的特权角色[88]。因此，学者们指出学术商业化可能使得知识研究不是真正出于学术好奇心，而是出于商业奖励和商业目的，因此选择那些有可能实现短期成果的课题，而不是具有更大学术潜力的长期成果。这种高回报、快速结果的组织氛围会对教授行为产生负面影响，必然会对真正的学术发展造成不利影响[89]。而且世界一流大学的效能很大程度上得益于更深层的科研和更潜在的发现，过于市场化运作可能会贬低甚至失去了内隐于未来的探究。如果世界一流大学过分关注眼前而非长远、关注已知而非未知、关注狭义而非广义，那么世界一流大学可能会失去它们的效力[90]。

2.学术领导角色素质。学术领导在世界一流大学复杂学术组织中的作用变得日益重要。学者们普遍认为世界一流大学学术领导是一个复杂的、多层面的任务,必须拥有较好的学术声誉、深入了解和尊重学术使命,但是寻找有才华的领导者是困难的[20]。诚然,对高等教育机构来说定义成功的管理标准似乎很难,因此学者们主要从以下角度研究学术领导的素质特征。

第一,学术领导角色辨析。世界一流大学校长和领导角色是顶尖学者还是专业管理人员引发了学术界激烈的争论。一方面,有学者认为,大学校长是一种专业化分工,必须具备专业能力与专业素养,从资格遴选到管理方式再到治理能力都需要专业化建设。另一方面,有些学者持反对意见。例如,迈克尔·沙托克(Michael Shattock)指出,"以牺牲大学治理的传统部分为代价"的"专业型"大学领导者的崛起,可能"将学术参与推向边缘",并可能导致"学术活力和独特性的丧失"[91]。此外,有学者指出,重新界定大学领导者角色充满挑战,因为新的自治权和问责制需要新型关系来重塑大学的活动和产出[77]。

第二,学术领导素质表征。扎哈拉·哈桑(Zaharah Hassan)通过小组访谈和独立深度访谈对学术领导的素质研究发现,世界一流大学需要具备国际视野、战略制定、风险管控、管理多样化团队等特质的新一代学术领袖[92]。另有学者基于领导效能模型对世界一流大学学术领导(校长、院长、系主任、教务处处长等)的领导力有效性因素进行研究,强调领导者必须根据不同情况运用不同领导原则实施管理实践[93]。还有学者以新兴世界一流研究型大学为个案研究,发现杰出的领导素质必须遵循高校自身发展逻辑和响应社会诉求逻辑,并通过他们的能力制定一个鼓舞人心的未来愿景,并以有效的方式带领和团结所有学术人员与管理人员实现这一愿景[94]。

3.学科设置布局特点。世界一流大学学科的研究主要是基于学者的个人经验和世界一流大学实践经验,目前主要存在两种倾向性,即设置全面学科或设置部分学科。但是大部分学者的观念是,很少有世界一流大学在所有领域都表现突出,一般是根据现有资源和条件做出评估,选择部分学科来建立和维持最高质量标准,在其他领域取得良好的质量即可,不一定必须达到最高国际水准[8]。其一,设置全面学科。例如,康奈尔大学可能是美国学科最完整的大学之一,它几乎拥有所有的学科,并且大部分学科都名列前茅。其二,设置部分学科。尼兰德指出,为了确保不同背景的师生聚集在一起进行科学研究,世界一流大学应该包括许多学科,并增加额外的学科维度及时涵盖学术研究的大部分领域,然而容纳多个学科并不意味着适应了所有学科之后就保留所有学科,而是在有限的预算下做出战略选择[71]。学者们普遍认为世界一流大学拥有一定数量的一流学科是无可争议的,但并非需要开设所有的学科,大学不一定要求学术使命上做到全面,也不一定要求各个领域做得出色[12]。例如,哈佛大学被公认为是世界上最好的高等学府,其优势学科集中在经济学、医学、教育学、政治学、法学,商业、英语和历史领域也尤为突出[24]。普林斯顿大学在所有开设学科上几乎都做得很好,但是却没有商业、法律或医学院。这也是斯坦福大学的理念,斯坦福大学在审查和对比建筑学院与其他学院的基础上,取消建筑学院,把资源集中在其他学科的成功运作上[70]。

4.办学范畴国际博弈。国际化办学是世界一流大学的一个重要特征,学者们从不同视角对全球化、国际化进行研究。

第一,国际合作重点领域。学者们对世界一流大学国际合作的侧重点的看法存在一定差异。阿特巴赫认为世界一流大学不仅需要国际化课程、培养留学生、学术会议交流等,更需要致力于海外远程教育、国际合作伙伴构建、全球学术合作等[38]。布巴卡尔S.H.(AbuBakar S.H.)认为,世界一流大学国际性表现在教职人员和学生的学术流动性、注册国际学生数量、获得国际奖项[74]。雨果·霍尔塔(Hugo Horta)对英、法、瑞士、荷兰、丹麦世界一流大学研究发现,这几所高校学术人员国际化与学生人数国际化存在明确双重性关联,特别是博士生人数国际化[29]。尼兰德认为,世界一流大学虽然长期以来寻找超越国界的优秀人才和最新知识,但是面临着新国际主义的挑战,将需要大力增加招收留学生项目、有效开展多元文化工作、根据需要提供本国和离岸新学术人员就业合同、在国际范围内开展教育服务营销、国际机构之间的学位互认和双学位、教学/学习框架对国际环境的适应性、毕业生在国际劳动力市场的全球胜任力[71]。

第二,国际化和本土化博弈。学术界普遍认为国际化办学是世界一流大学的必经之路,却提醒国际化绝不意味着放弃本土化,亦不代表屈从于同质化。有学者从社会学角度分析,认为大学被视为具有独特结构、价值、规范、传统和象征的社会组织,根植于本土历史文化,并与它们作为一个组织的使命和目标相联系[5]。有学者对发展中国家研究,发现面临着严峻挑战,它们热望成为世界一流大学就必须遵守西方的质量标准,但是势必掣肘于赖以生存的本土文化,并可能出现顾此失彼的风险[82]。

四、国内外研究评述

第一,我国重点建设高水平大学政策相关研究多是基于整个政策脉络的经验性分析,缺乏对政策的理论研究和系统研究。从研究内容来看,学者们主要从宏观角度对实施世界一流大学相关的政策解读、改革效果、推进策略进行剖析,多是解读性和说明性的描述分析,缺少对不同阶段政策连续性内涵和变化性特点的系统性研究。从研究方法来看,多数研究是基于经验的分析,研究方法相对比较单一。即使有研究试图通过质性分析软件进行研究,但是更多的只是基于政策文本词频的提取和统计,难以系统地对我国建设高水平大学政策的变化脉络进行理性刻画。

第二,现有研究对我国重点建设高水平大学政策设计的研究比较少。政策设计被誉为能够解决问题的最有效方法之一,是政策实践过程中广泛应用的概念。现有文献多是与我国建设世界一流大学的个案研究,也有学者对政策制定背景、政策目标、政策演变机制进行探讨,却鲜有对政策背后隐藏的设计原理进行研究,也少有学者试图揭示我国一系列重点支持政策的顶层规划。因此,本书将从政策设计理论出发,试图通过政策现象观察本质要求,对我国重点建设高水平大学政策设计进行深入研究。

第三,我国这种后发外生型国家建设高水平大学政策的价值导向有待探寻。世界一流大学的标签变成了历史上精英大学的领地,这些大学试图重申自身在不平等的全球高等教育市场中的领导地位[95]。阿特巴赫指出,人们倾向于视世界一流大学为一个管理良好、坚持卓越、理性行动的模式,该模式却隐含着国家规模和全球规模之间的矛盾——世界一流大学的必要性在国际竞争力方面表现出来,而其目标则表现为超越国家的界限,然而,这种卓越的模式往往与环境特殊性相冲突,这导致了世界一流大学模式的多样性[96]。虽然学者们从政策学、社会学、管理学等角度对我国建设世界一流大学的理念、特征、实践等层面分析,普遍认为建设世界一流大学需要多样化的价值导向,但是我国建设世界一流大学的价值导向是什么、存在什么价值冲突、未来价值如何平衡等研究相对薄弱。因此,本书尝试理论与实践相结合地对我国重点建设高水平大学价值进行研究。

第四节　研究思路和研究方法

一、研究思路

长期重点建设高水平大学并作为一项国家政策和战略方针是我国的首创。许多欧美高等教育发达国家,高水平大学是经过漫长蜕变过程自然而然形成的,是先天内生型的,但是对我国而言,高水平大学作为一种建设目标被提出来的,是政策驱动的后发外生型。我国重点建设高水平大学是一种自上而下由政府主导的内外因结合催发下的产物,既需要借鉴欧美经验,又需要把别国的经验与本国的实际情况有机结合起来,更需要探索出适合本国国情的发展路径。因此本书既不是纯粹的推演性理论应用,也不是简单的经验性归纳总结,而是力求从政策科学理论视角对我国重点建设高水平大学政策的多面性和复杂性进行实然分析,在理论指导与实践检验中把握政策的本质规律以及我国的基本经验。因此,笔者遵循由浅入深的行为研究、价值研究、规范研究的政策分析常规逻辑,通过回溯性分析、批判性分析、预测性分析研究我国建设一流大学政策的模式特征、设计反思和政策创新等。

政策设计是政策制定过程中的重要环节,是理性公共政策制定过程中的必要阶段,是一种特殊形式的政策出台和实施的权威性顶层规划。政策

我国重点建设高水平大学政策的演进与创新研究

设计理论研究重点包括公共政策的内容、社会建设在政策制定和执行中的作用、政策的前馈效应以及经验性和规范性目标的结合等，非常有利于推动政策研究的重大进展[97]。政策工具理论是政策科学中对政策手段及其作用进行研究的重要领域。现在存在着不同的政策分析理论和政策工具理念，本书以乔治·J.麦考尔（George J. McCall）和乔治·韦伯（George Weber）两位学者的政策分析理论与L.M.麦克唐纳尔和R.F.艾莫尔（L.M. Mc Donell and R. F. Elmore）的政策工具理论为基础。乔治·J.麦考尔和乔治·韦伯的政策分析理论指是对政策内容和政策过程进行描述性分析与规范性分析，并结合语言学分析与批判思维相结合，分析文本与实践的关系[98]。本书主要把政策设计理论、政策分析理论、政策工具理论、公共治理理论相结合，着重对重点大学、国家重点建设项目、"211和985工程"、"双一流"建设等不同阶段相关政策的政策目标、政策内容、政策工具，以及近70年来政策嬗变进行回溯性研究，试图通过对我国重点建设高水平大学的政策进行系统性分析，更加理性审视我国重点建设高水平大学政策内涵和模式特征。

结合我国以往相关政策的经验教训与国内外相关政策研究者和教育主管领导的访谈，深入分析政策背后隐藏的价值导向和价值选择，对我国多年来重点建设高水平大学政策的顶层设计进行反思，对政策背后隐藏的设计原理的科学性和学理性进行挖掘。最近也有政策分析学者指出了政策创新研究这一领域还存在不少缺陷和空白。政策创新是一种对政策重塑挖掘的视角，不仅关注显性的政策内容和政策实践，更需要关注隐喻的政策设计和政策原理等。政策创新向度也是本书的难点，由于政策研究对研究人员的实践经验具有较高的要求，不仅需要掌握前沿的政策分析方法，而且需要对政策背景、政策内容、政策调整等具备客观深入的判断和认知。政策优化创新是一个渐进性政策模式研究的必备部分，在政策设计理论、政策分析理论、政策工具理论、公共治理理论的指导下，进行我国高等教育重点建设政策的政策目标、政策内容、政策工具创新要点和创新向度的预测性研究。由于政策创新对于我国未来"双一流"建设具有重要启发价值，因此，本书试图从政策目标创新、政策内容创新、政策工具创新三个维度展开研究，试图找出"双一流"建设中政策亟待创新的关键点,对我国世界一流大学建设政策变革提供启示。

政策研究重要的价值不仅是回溯政策历程,更应该能够进行价值研究以及批判反思和前瞻预测。我国重点建设高水平大学政策区别于欧美发达国家的政策模式,因此,本书着重对我国重点建设高水平大学政策模式的政策目标、政策内容、政策工具进行行为研究和价值研究,并结合访谈调研进行深度挖掘,依据我国建设世界一流大学政策的内在要求进行规范性研究,试图发现这种政策设计的局限性和不足,破除"双一流"建设中的瓶颈问题,找出我国重点建设高水平大学政策的应然走向。

二、研究方法

本书主要采用文献分析法、文本分析法、社会网络分析法、访谈调查法。

(一)文献分析法

文献分析法是人文社会科学研究的基础方法。对高水平大学政策相关文献的分析是本书的重要依据:一方面通过对现有国内外文献的研究,可以掌握高水平大学政策研究进展和研究不足,发现本书的研究方向和研究创新;另一方面,这些相关文献为本书提供了扎实的历史资料和信息资料。本书收集的文献资料主要有:其一,SSCI、PQDT、JSTOR、ResearchGate 等国际研究平台搜集到的高水平大学有关的外文电子图书、文章、报刊、评论等;其二,亚马逊平台购买的高水平大学相关的外文纸质图书;其三,中国知网、万方、维普等数据库搜集到高水平大学相关的中文文献资料;其四,当当网、孔夫子旧书网购买的高水平大学和高等教育政策相关研究专著、史料、年鉴、回忆录、建设报告、发展报告等;其五,国务院、教育部、科技部、财政部和各大高校网站收集到有关高水平大学建设的政策文本、领导讲话、发展数据以及各大世界一流大学排名网站公布的高校排名和学科排名的数据。通过对这些文献资料的分析判断,试图深入挖掘70年来我国高水平大学政策模式的演进过程和具体特征,尝试找寻我国重点建设高水平大学的基本经验和优化措施。

（二）文本分析法

文本分析法是政策科学研究的必备方法。政策文本是公共政策的本质特征和外部属性的集中体现，代表着政党组织的发展意志和基本要求，也是资源再次分配、权利重新组织的合法依据。本书的文本分析采用定性和定量相结合的研究方法，在对政策文本进行研读和实证分析的基础上，引入了计量学和统计学的方法，将庞杂的非数据支撑、非结构化政策文本转化成可量化、可统计、可运算的数字化资料，不仅为政策研究提供客观事实依据，也能更好地呈现政策研究结果。近年来，政策文本的量化研究已经成为政策科学领域的新兴发展范式和重要组成部分。因此，本书采用定性研究软件Atlas.ti8.0作为研究工具之一，围绕1949年至今重点大学、重点建设工程、"211和985工程"、"双一流"建设等所涉及政策文本进行逐句编码。编码过程是根据对政策文本语义进行统计和归纳的过程，也是构建编码表数字化和量化的过程。通过对这一系列政策的政策目标、政策内容、政策工具等核心类属定性归纳和定量统计，深度挖掘政策内容之间的核心链路，并把编码分析结果与主观判断进行验证，从而揭示出我国重点建设高水平大学政策的内部逻辑和演进机理。

（三）社会网络分析法

社会网络分析法是基于数学、图论发展起来的定量分析方法，最初在科学计量、职业流动、国际贸易、信息情报等领域广泛应用，现在越来越受到管理学、教育学、政策学等领域的关注[99]。社会网络分析法可以对数据资源进行排序、转置、分割等处理，具有一致性、关联性、中心性等筛选分析和聚类分析等多种功能，有助于比较各类大中型矩阵中复杂的多维关系，并提供了可视化途径。因此，本书从社会网络视角，采用Ucinet社会网络分析软件，研究我国高水平大学政策聚类及其相关性和中心性，不仅有助于分析政策的组成要素和基本特征，而且还可以立体地呈现政策内部隐藏的复杂社会网络关系，有助于为政策分析判断提供科学证据。

（四）访谈调查法

访谈调查法是社会科学研究的一种重要方法。访谈调查法可以弥补研究资料的不足和观念的偏差,本书主要采取面对面访谈、微信在线访谈、sky-pe在线访谈,先后对29位对国外高等教育研究者、国内高等教育研究者、政策执行者以及政策制定者等进行调研访谈,共获得约1800分钟的录音访谈资料,整理出约30万字的中英文访谈材料。本书的访谈调查夯实了实证基础,深入了解不同主体对我国重点建设高水平大学政策的理解、看法和建议,为深入分析建设我国高水平大学政策设计、政策创新等关键内容奠定坚实的基础。

第五节　可能创新之处

第一,通过政策科学理论构建新的政策分析框架。本书将政策科学领域的政策设计理论、政策分析理论、政策工具理论引入高等教育政策研究中,试图遵从政策科学的回溯分析、批判分析、预测分析范式,按照行为研究、价值研究、规范研究的尺度构建我国重点建设高水平大学政策研究的理论框架。特别需要指出的是,虽然国外已有学者对政策设计理论进行研究,但是目前国内对政策设计理论的内涵、变化、观念等研究很少,现在也没有发现将政策设计理论引入我国高等教育政策研究领域的具体研究案例。因此,本书在视域创新的基础上,尝试通过理论前沿性和研究角度前沿性揭示出我国系列政策设计背后隐藏的问题和缺点,特别是政策设计的追求目标、利益分配、工具特征等,这样有利于从顶层设计入手创新性地改进我国未来深入建设世界一流大学的政策选择。

第二,采用Atlas.ti质性分析方法、Ucinet社会网络分析方法等研究方法。通过对国内高等教育政策研究进行比较,发现目前研究多是采用经验性分析,相对缺乏各种政策分析软件的应用,对政策谱系和政策脉络也缺少量化呈现和分类研究,并且在研究方法上存在一定滞后性。因此,本书采用Atlas.ti质性软件文本编码的基础上,引入Ucinet社会网络分析,加强对不同政策部分的网络性和共现性分析。

第三,深入系统分析我国重点建设高水平大学政策设计。70年来,我国重点建设高水平大学政策并不是孤立形成和制定的,它们的提出有着特定的历史背景和现实溯源,这些政策方案也建立在以往相关政策设计基础之上。我国建设世界一流大学政策模式已经获得国际学界的认可,并对发达国家和发展中国家产生了引领模仿的效果。可是从当前相关研究看,主要是基于政策解读和政策诠释,我国建设世界一流大学的政策模式Ⅰ是怎么演变来的、具体内容和特征是什么,这种政策模式设计的原因是什么,这种政策设计的价值取向、政策设计中有什么不足等问题却鲜有系统研究。审视我国重点建设高水平大学政策设计的不足和缺点,是从顶层设计的视域对政策的反思和重构,有助于从源头上审视重点建设高水平大学政策,是从根本上探寻建设过程中遇到的瓶颈问题和解决之道。因此,本书对70年重点建设高水平大学政策进行回溯性分析和批判性分析的基础上,对我国政策模式未来向度进行预测性前瞻分析。

第一章　概念、理论与方法

本章在对高水平大学和重点建设高水平大学政策这两个核心概念进行界定的基础上，依据政策设计理论、政策分析理论、政策工具理论、公共治理理论建构我国重点建设高水平大学政策的分析框架，并进一步就研究方法及其使用过程做出诠释。

第一节　概念阐释

一、高水平大学

高水平大学（High Level Universities）是我国为了加强高等教育国际竞争力，促进各高校根据自身办学特色和学科优势，建设世界一流大学和世界一流学科以及提升高等教育质量而提出的概念。高水平大学建设是1954年启动重点大学、1995年启动"211工程"、1999年启动"985工程"、2015年启动"双一流"建设的一个连续继承性过程。高水平大学概念的由来是国家从战略高度出发实施高等教育重点建设系统工程而提出的，与我国大力推进高校质量和国际竞争力息息相关，旨在比肩世界一流大学和世界一流学科。从前面对世界一流大学关键特征分析中可以看出，高水平大学是指高素质人才培养、高质量科学研究、高水平社会服务及追求学术自由的大学；同时它还具备充裕经费资源保障、卓越管理体制机制、构建卓越学科集群、特色国际化办学、培养大批优秀毕业生、师资队伍素质超群、取得丰硕学术成果等外显表现。通过我国重点建设高水平大学政策脉络可以发现，高水平大

我国重点建设高水平大学政策的演进与创新研究

学是我国重点建设政策被支持高校的统称,1954—1995年政策文本中主要以重点大学为核心来表述高水平大学,1995年"211工程"建设和1998年"985工程"建设使得"211工程"高校和"985工程"高校成了表述高水平大学的两种重要方式,2015年"双一流"建设开始实施中世界一流大学成了表述高水平大学的主要方式。

重点大学(Key University)的由来可以追溯到20世纪五六十年代。1954年《关于重点高等学校和专家工作范围的决议》第一次提出在全国性高校中遴选少数学校为重点高校,这个文件标志着我国重点大学正式开始。1959年,中共中央再次发文将中国人民大学、北京大学、复旦大学等16所高校确定为重点高等学校。重点大学是我国政府在计划经济时代主导的产物,是为了配合国家经济事业、教育事业和科学事业发展与提升高等教育质量的重点支持范围内高校的统称。虽然重点大学的提法目前不再常用,但是它为后续高水平大学建设奠定了坚实的基础。

世界一流大学的称谓可以追溯到20世纪90年代。搜索国内外数据库发现,World class university、First class university、World top university、World research university、Top research university都蕴含有世界一流大学的含义。从关键词和主题词使用频率上来看,普遍将World class university作为世界一流大学的主流英文翻译。20世纪七八十年代,随着卡内基高等教育委员会对美国2800余所高等教育机构分类,研究型大学的概念逐渐发展,并且作为高等教育机构分类顶端的代名词开始被广泛推广。随后,英国、加拿大、澳大利亚、日本等国家相继采用了研究型大学的表述方式。综观现已查到的文献脉络,1987年我国强连庆教授首次提出我国建设世界第一流大学的愿景[100]。伦敦大学学院迈克尔·巴蒂(Michael Batty)教授也是较早开始对世界一流大学开展研究的学者之一。他1992年指出世界一流(World Class)这个组合词主要来源于北美商业,或是20世纪80年代美国与日本竞争期间,对这个组合词在大学中的应用最早可以追溯到1989年罗格斯大学的一个世界一流学者(World Class Scholars)项目。迈克尔·巴蒂以世界一流大学(World Class University)为题发表了《英国只有12所世界一流大学?》,指出鉴于英国高等教育的国际地位,英国至少应当建设24所世界一流大学[101]。巴蒂提出的世界一流大学就是基于20世纪80年代英国大学拨款委员会(University Funding Council,UFC)提出的RXT大学分类标准(研究型大学Research universities、教学型大学Teaching universities、综合型大学'cross' between both teaching and research)中研究型大学基础之上的[102]。概言之,高水平大学概念更具包容性,涵盖了重点大学和世界一流大学的核心要义,而世界一流大学是高水平大学的终极旨归,因此,本书以高水平大学作为重点大学、"985工程"大学、"211工程"大学和世界一流大学的概括性概念。

二、重点建设高水平大学政策

公共政策本质上是关于规范个体和集体选择的制度安排结构,是实现政治民主、经济发展、社会和谐的重要公共管理工具[103]。《公共政策词典》对教育政策的定义为:为人们获得知识和专业技能(它能使人们自我充实和易受聘用)的过程有关的政府规格和程序[104]。针对我国实施的重点建设高水平大学政策而言,属于我国高等教育领域公共教育政策范畴,是指导我国高水平大学建设的政策集,是为了维护我国某些重点支持高校优先发展而实施的秩序化、组织化的政策设计和制度安排。我国重点建设高水平大学政策(简称高水平大学政策)起源于重点大学政策,继承于"211工程""985工程"系列政策,发展于世界一流大学政策,是我国为了实现世界一流大学和世界一流学科而对某些大学实施的重点建设政策,这些政策都是国务院或教育部等国家主管教育部门颁布的,与国家宏观发展战略和高等教育布局具有很强的契合性和配套性,具有典型的自上而下国家意志驱动性。

在界定高水平大学概念时,本书认为世界一流大学是高水平大学的终极旨归,因此通过文献部分对世界一流大学关键特征的分析明确了世界一流大学的内涵和维度,目的是为分析我国重点建设高水平大学政策奠定基础。通过分析发现,世界一流大学关键共性特征体现在精英人才、创新知识、学术自由、资源充足等方面,差异性特征体现在知识创新驱动要素、学术领导角色素质、学科设置布局特点、办学范畴国际博弈等方面,本书将这些方面进行归纳分类,认为高水平大学核心要素应包括人才培养、科学研究、学科建设、师资建设、组织管理、资源保障、国际交流七个维度,本书对政策文本中政策目标、政策内容的分析都从这七个维度展开。

第二节　理论基础

政策分析虽然是应用社会科学,但理论是公共政策分析的基础。有不少人把政策分析仅仅看成技术和方法,而轻视政策分析中的理论,这不仅对具体政策分析有害,而且会影响整个政策分析的发展[105]。在本书中,主要依据政策设计理论、政策分析理论、政策工具理论和公共治理理论,试图通过理论指导实践构建本研究分析框架。

一、政策设计理论与运用

政策设计(Policy Design)是理性公共政策制定中的关键环节之一,在一定程度上体现了"治国之道"或"政府实践"。政策设计是指针对某些现实政策问题以及可能演化生成的情形,系统地制定公共政策方案规划并实现政策择优的复杂行为过程。它既是一种操作设计的实践活动过程,又是一种智能抽象的思维活动过程。虽然政策设计是至关重要的,而且被看成为政策成败的一个关键因素,但是学术界对政策设计的研究却相对较少。政策设计研究起源于20世纪50年代政策科学的兴起,与公共政策制定和政策工具选择等相伴而生;70年代,学者们将构思与实现、概念与语境分离开来,标志着现代政策设计研究的开始,之后政策设计理论得到快速发展;90年代受到政策环境变化对政策研究的冲击,政策设计相关研究有一定程度的冲击和转向;21世纪初受全球政府作用研究的影响又重新回归到学界的研究视野[106]。随着世界各国对政策研究的关注日益增多,对政策设计理论的讨论将更加深入,并为政策设计的实践方向提供一个新的视角[107]。

第一章　概念、理论与方法

（一）政策设计理论的起源与兴盛

政策设计理论伴随着20世纪50年代政策科学的兴起而逐步进入研究视野。在20世纪80年代和90年代初，政策设计理论蓬勃发展，产生了大量学术观点和学术成果，在美国、加拿大、澳大利亚和欧洲产生了众多政策设计研究界的知名人士。如罗伯特·达尔（Robert Alan Dahl）、查尔斯·E.林德布洛姆（Charles E. Lindblom）、赫伯特·西蒙（Herbert Simon）、特鲁迪·米勒（Trudi Miller）、莱斯特·萨拉蒙（Lester Salamon）、帕特里夏·英格拉姆（Patricia Ingraham）、马尔科姆·高金（Malcolm Goggin）、约翰·德莱泽克（John Dryzek）、汉斯·布雷瑟斯（Hans Bressers）、海伦·英格拉姆（Helen Ingram）、安妮·施奈德（Anne Schneider）、G.B.多恩（G.B. Doern）、斯蒂芬·H.林德（Stephen H. Linder）、B.盖伊·彼得斯（B. Guy Peters）、雷娜特·梅恩茨（Renate Mayntz）、克里斯托弗·胡德（Christopher Hood）、尤金·巴达赫（Eugene Bardach）、埃弗特·韦东（Evert Vedung）、彼得·梅（Peter May）、弗兰斯·范·尼斯潘（Frans van Ni-spen）、迈克尔·特雷比洛克（Michael Trebilock）等。

1953年罗伯特·达尔和查尔斯·E.林德布洛姆是第一批注意到政策设计重要性的人，他们提出了一套评估政策设计的规范维度（如自由、理性、效率、政治平等和主观平等）[97]。特鲁迪·米勒对政策设计做出了很大贡献，促进了政策设计研究和政策设计理念的发展，促使其他学者关注政策设计的各个重要方面，进一步推进了政策设计的设计过程和确定过程以及政策设计应该包含的具体内容和相关要素[108]。许多学者对政策实施失败与成功之间的联系感兴趣，认为对政策设计要素、政策过程、政策性质的研究有助于系统地改进公共政策的质量和效率，关注如何制定实施方案的主题，重点放在政策产出和进程上，同时在经济学、法学和管理学等领域出现不少跨学科成果。此时学术界的注意力从实践转移到理论，更加关注政策工具精确分类等。有学者认为，对执行手段和手段选择进行更仔细的审查，将有助于增进对当前和可能的政策设计的理解，完善设计理论，并有可能带来更好的政策设计和政策效果[106]。

1997年安妮·施奈德和海伦·英格拉姆认为政策的研究不仅包括目标、

工具部分,而且还包括价值承载部分,如社会结构、基本假设等。他们将建构主义和行为主义概念引入决策过程、设计维度和政策影响模型中,从这两个视角研究政策设计的结构逻辑,认为政治建构公共政策,公共政策也建构政治。他们指出政策所包含的内容具有经验性,可以用其设计来描述,政策或制度的设计不是简单地指"理性"或"有意"的因素,而是指结构本身,一种更有成效的政策设计方法是将政策或制度的设计视为一个动态的、流动的、不断变化的过程或产品[97]。安妮·施奈德和海伦·英格拉姆提出的政策设计研究范畴远超以往政策方案的研究范围,指出政策设计要素[109]主要为:

第一,目的(Purposes or Goals)。包括直接目的和间接目的的行为、工具和规则以及实现者模式等。目的可以在政策文本中明确说明,并非所有的目的都应该是直接的、短期的、可衡量的、可实现的、明确的或一致的。政策目的往往是不一致的,需要平衡相互冲突的利益或价值观。政策分析人员应具有包容性,而不是排他性,并应努力代表所有相关群体的价值观,而不仅仅是立法授权的对某些派别有重大利益的目标。[110]

第二,目标群体(Target Populations)。目标群体是政策领域中获得或可能获得利益或责任的政策对象,指其决策和行为直接或间接与政策目标相关的群体或个人,包括预期从政策中得失的个人或组织。政策实践中确定的目标群体可能会反映出与实现实质性政策目标相协调的政策议程[110]。选择目标群体可能是因为他们在因果关系链中的地位,因此选择那些能够对实现政策目的最直接贡献的群体。选择的主要原因可能是目标群体的政治价值,也有可能一些目标群体比其他目标群体更容易受到影响,或因为行政机构更容易接触到他们,还有可能就是目标群体往往是有政治影响力和公众支持的群体[109]。

第三,规则(Rules)。规则是指需要、禁止或允许的操作或决策。在政策设计实践中,规则告诉制定者他们必须(或可能)规定谁做什么,或者他们不能做什么,什么时候做,用什么资源应该如何做,谁有资格等的政策指示。安妮·施奈德和海伦·英格拉姆将规则概念化为定义决策情境中的参与者,为他们分配角色或职位(即他们拥有什么权力),定义他们将参与的决策和他们可能采取的行动,并规定他们行动的程序。从设计的角度来看,两个最重要的规则是控制动作时间的规则和控制效果反馈的规则(评估)。时间是指政策制定者遵守的政策初步规定、利用政策机遇或实现特定政策目标的时间表或期限。政策效果可以立即产生,也可以延迟或分阶段产生。延迟或分阶段的效果可能有助于获得有关政策问题严重性或性质、一般或特殊群体的教育以及执行机构内部发展的具体信息。这些规则可设立监测机制、监督执行以及对政策本身和其他政策效果的反馈方式。[110]

第四,影响工具(Tools of Influence)。工具是嵌入在政策中的显性或隐性激励和其他手段,鼓励或阻止机构和目标群体按照政策指示行事,它们增加了根据政策目标采取行动的可能性。工具在政策上具有经验性的参照物,如补助金、执照、税收、罚款、监禁、说服性沟通、教育计划、合同、凭证、标准等。工具可以用许多不同的维度来描述,但政策分析更关注的是那些能够影响人们的技术维度。[111]

第五,联系假设(Linkages and Assumptions)。框架中的元素(规则、工具、目标和影响)通过行为假设、规范假设和技术假设相互关联。技术假设是将目标人群的决策或行为与政策影响联系起来,或将一种影响与另一种影响联系起来的推论。规范性假设将目标的行为与社会福利的价值判断联系起来,因为价值观在文化上是特定的,所以规范性假设可能因地而异,也可能因时间而异。行为假设是推断将政策工具与行为或将一种行为与另一种行为相关联。一个政策设计理论需要一个行为理论来确定那些有"政策处理"的决策和行为方面,因为这些是政策工具的唯一切入点。[110]

第六,操作结构逻辑(Operationalizing the Structural Logic)。操作结构逻辑是指整个实施计划,包括对机构合规性和资源激励等。结构逻辑是一种强大的分析工具,因为它确定了政策客体和决策点,如果要取得理想的结果,这些人和决策点可能是重要的,也可能是必要的。政策在解决问题方面是否有效取决于目标对象的选择、确定他们将要做什么的规则集、增加他们遵守规则(或利用机会)的可能性工具、设计或实施规则和工具的机构选择,以及影响机构行为的规则和工具集。在考虑针对特定公共问题的公共政策设计时,可以将结构逻辑图扩展到决策和活动与该问题相关的政策专家的整个网络,以及可能影响组织机构或立法机构未来政策行动的目标群体和利益相关者。[110]

在政策设计观方面,斯蒂芬·H.林德和B.盖伊·彼得斯[112]提出政策设计过程中在应用直觉时应时刻注意不应该做什么或避免哪些陷阱等问题,而不是直接提供一个概念框架来规定设计任务。他们的政策设计观包括两种:一种是很少规则和指导方针下的互动和创造性过程;另一种是严格限制的筛选过程。在前一种情况下,设计具有特殊性和偶然性,在后一种情况下,设计具有确定性和惯性。利用宏观理论作为设计的背景,往往会有助于政策模型、备选方案、备选方案评估标准以及对政治可行性评估等核心设计要素朝着更确定性的方向发展。斯蒂芬·H.林德和B.盖伊·彼得斯认为,政策设计可以视为一组策略元素的理想配置,在特定语境中可以合理地期望这些元素的组合可以生成特定效果[113]。在这种观点影响下,政策设计包括通过运用从经验和理性中获得的政策手段的知识,或多或少地系统地制定有效的政策,制定和采取可能成功实现其预期目标的行动方针。同时许多学者认为,这样的区别使得政策设计在概念上与政策设计过程分离,为设计导向的政策研究创造了发展空间[106]。

(二)政策设计理论的转折与变化

20世纪90年代中期开始人们对"政策设计"的兴趣下降,政治学和公共行政学学者的研究重心从政策设计这一研究课题转移到了对制度形式和替代性治理安排的研究[114]。这一转变可以归因于"政策研究脱离了权威和国家的中心主义",因为那些在金融领域工作的人越来越倾向于全球化和从管理到治理的转变,以解释政策制定和工具选择,所以全球化、分散治理转向、强调市场和网络为基础的有限政策工具使得政策设计思维变得贫乏,延缓了这一领域的研究进展[115]。主要的研究者包括罗德里克·亚瑟·威廉·罗德(Roderick Arthur William Rhodes)、詹姆斯·马奇(James G. March)、约翰·P.奥尔森(Johan P. Olsen)、韦弗·R. K.(Weaver R. K.)、罗克曼·B. A.(Rockman B. A.)等。这些研究者的理念是,什么样的制度安排和程序构成了理想的、可实现的设计,并且通常将此类设计的出现视为不可避免的、准自动的过程,因此只需要分析事后导致它们出现的条件即可。此阶段的文献更多地视市场和网络的政策工具是权力下放的结果,认为政策已经变得更具参与性和协商性,转变了以往由政府主导的"自上而下"的制定和执行过程,取而代之的是"自下而上"的过程。这些观点和取向对政策设计理论研究产生了巨大冲击:国家治理模式既需要改变各种国家和非国家行为者的在政策争端和决策中占上风的能力,也需要改变处于政策设计核心的政策工具的遴选[106]。

(三)政策设计理论的回归与创新

21世纪初,政府分散治理思维受到挑战,政策设计研究又重新回归到学界。尽管各国政府进行了全球化、治理化和私有化的努力,但是大部分国家政府仍然担负着管理社会大部分责任职能。因此,学者们认为各国政府应继续采用政策设计的治理模式,并确定为达成政策目标而选择恰当的政策工具,同时可以选择在追求目标和使用手段方面给予其他政策行为者更高程度的自由。所以政策设计研究被认为仍然是政策研究中的一个关键方向,有必要继续进行深入探究。主要的研究者有迈克尔·豪利特(Michael Howlett)、克里斯·托勒弗森(Chris Tollefson)、路易斯·梅勒曼(Louis Meuleman)、卡罗琳·M.亨德里克斯(Carolyn M. Hendriks)、马克·康西丁(Mark Considine)、黄光盛(Kwangseon Hwang)、阿拉兹·泰哈格(Araz Taeihagh)等。虽然政策设计理论研究了政策设计如何受到社会建构的影响,但它更注重设计作为前馈过程中的自变量。21世纪以来,设计思维的性质和制定政策备选方案的创造性、政策设计的时间性和动态性、实验测试方法、多工具和多目标设计、设计灵活性和弹性、评估优秀设计的标准等相继成为政策设计研究关注的焦点[106]。

2009年安妮·施奈德和玛拉·西德尼(Anne Schneider and Mara Sidney)对政策设计理论在21世纪前10年的发展进行总结,概述了政策设计理论中独特而重要的内容:政策设计的中心性、对社会建设的关注、对政策后果(或前馈效应)的关注、规范研究与实证研究的整合等[97]。施奈德2009年进一步确定了政策设计应该产生的四种前馈效应:其一,政策设计创造目标群体的方式;其二,规则或资源分配对公民的影响;其三,政策在政策辩论和假设或理论中嵌入修辞的方式;其四,政策对政治参与的影响。这种前瞻性的想法对于将政策与民主联系起来具有重要意义。除了有针对性的前瞻性规范研究外,政策设计理论还包括实证研究,以产生政策技术方面的知识[97]。政策设计有助于理解如何以及为什么某些设计元素而不是其他元素,并理解设计差异所导致的各种后果。过去和现在的政策设计通过工具性手段(例如,通过制定新规则)和象征性手段(不同的解释)对体制和文化产生影响(图3中央椭圆的左边),过去和现在的政策也通过确立民主价值观、公民的意义、社会解决问题的能力和对正义的理解直接影响社会[97]。

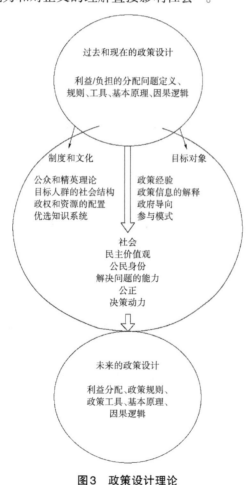

图3 政策设计理论

第一章 概念、理论与方法

2014年著名政策设计理论家迈克尔·豪利特[113]提出政策设计是运用经验系统地构思、架构和制定政策方案的过程，必须涉及"什么是设计"（What is Designed?）、"谁设计"（Who Are the Designers?）、"怎么设计"（How do They Design?）等核心问题。

"什么是设计"是指如何使政府行动对某些已确定的问题产生影响的备选方案。政策工具在这一过程中尤其重要，因为它们是国家公共事务发生的重要技术手段，是政策过程所有阶段的审议和活动主题，影响着议程设置和政策制定过程以及决策执行与评价主体。政策设计通常是包含程序性和实质性实施工具的"捆绑"或"混合"。实质性实施工具，即被设计用来直接或间接地影响社会中那些参与生产、消费和分配各种商品和服务的人的行为的政策技术或机制；而程序性实施工具则影响参与政策执行的行动者的行为，这些行为改变影响执行的展开方式，但并不预先决定实质性执行活动的结果。[116]

"谁设计"是指具体的政策决策者。众所周知，政策是一个指导社会变革和实践的复杂的系统，因此不同的行动者参与政策制定和政策设计活动的不同方面。定义和权衡各种选择的优点和风险是此阶段的实质，而正式的"政策分析"通常是现代政府政策制定和政策设计活动的关键组成部分。第一组顶层结构参与设计者由那些拥有决策权的人组成，包括内阁、行政人员、议会、立法机关和国会及由其他机构授予决策权的高级行政人员和官员。第二组底部结构是由那些位于学术界、统计机构和研究机构的"知识生产者"组成，他们提供基本的科学、经济和社会科学数据，分析常常以这些数据为基础并做出决定。第三组中间结构是由那些充当知识生成者和邻近决策者之间的中间人的"知识经纪人"组成，他们将数据和信息重新打包成可用的形式。其中包括政府内部的常设专门研究人员及其在委员会和工作队中的临时对等人员，以及与智囊团和利益集团有联系的一大批非政府专家。此外，虽然有些外界人可能不会参与政策制定，但是他们会参与政策评价和执行阶段。[113]

"怎么设计"是指如何影响政策设计活动的，如何准确理解工具选择受到高阶变量集的约束,对于在特定决策环境中做出正确的政策设计决策至关重要。从这个意义上说,它既包括提供替代政策选择,也包括在设计空间(图4)内提供关于其可接受性或适当性的意见或数据。设计方案将对应于设计空间中的一组可能位置,这种结构不仅强调了产生新的解决方案的潜力,而且还强调了在考虑方案选择时设计标准之间权衡的重要性。因此,确定政策设计空间的性质是设计者的一项重要活动。设计者必须避免简单地鼓吹解决方案。相反,它们应该"考虑在特定情况下可能的各种可行的"选择,并将这些选择打包成一套符合特定的实质、组织和政治背景"竞争战略",以实现政策目标。不同的政策设计模式涉及人们对旨在实现政府总体目标的一般性实质性和程序性政策工具的不同偏好。[113]

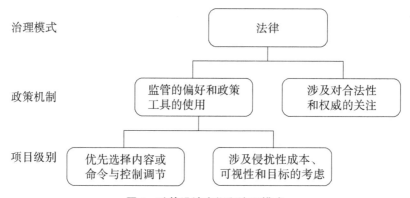

图4　政策设计空间和治理模式

近几年,有学者开始使用集体智能和自动化相结合的可量化方法,对政策设计的科学性和系统性进行研究,试图找出政策设计中的漏洞问题,尝试发现可替代性策略空间,并向政策设计专家或决策者提供实时评估和测量反馈。2017年阿拉兹·泰哈格[114](Araz Taeihagh)以网络为中心的政策设计方法来理解设计空间,对政策度量之间的关系进行分类、排序、可视化,以及研究政策度量网络和政策包的可视化应用,并使用蒙特卡罗模拟进行敏感性分析。阿拉兹·泰哈格指出,网络可用于探索政策修补或政策包中的政策失败、延迟、分层和漂移等问题,认为以网络为中心的方法可以带来诸多益处,可能解决目前在数据收集和评估、公众参与方面的一些缺点,以及获得专家判断的机会,有助于制定更有效的政策[114]。

（四）政策设计理论的诠释与运用

纵观整个政策设计理论演化脉络，早期理论关注点集中于政策设计核心要素，体现了显著的趋前性特点；中期受分散治理思维影响，研究视域转移到趋后性政策工具选择和政策执行层面；近期政策设计理论更加重视政策设计的科学性和创造性，拓展了主体维度、过程维度和方法维度的研究范畴。政策设计不仅是一个需要明确地纳入政策过程的关键因变量，而且是一个对社会有多种后果的独立变量。好的政策设计可以提前预判政策要素和政策走向，调节政策内容和实施结构，优化政策布局和政策效果，防止政策出现偏差和失真。通过分析政策设计理论可以发现，安妮·施奈德和海伦·英格拉姆的政策设计理论主要关注了政策目的、目标群体、指令规则、政策工具、实施结构、联系假设等作用，却相对忽略了政策设计人员的分析技能、专业知识和创造力，亦忽视了根据现有可行条件进行政策方案设计过程中的科学性和操作性考虑。迈克尔·豪利特的政策设计理论在前人研究的基础上，虽然增加政策设计者的创造性维度和设计的过程性维度，拓宽了政策设计理论的研究范畴，但是对于"什么是政策设计"中唯独强化了政策工具的作用，其他要素的研究深度却相对弱化。政策设计理论可以作为政策效果的前馈反应，有助于整合规范性和实证性的分析，促使研究者理性审视政策过程中隐含的思维导向、价值观念、社会建构等问题。正如施耐德和英格拉姆所阐述的那样，政策设计理论尝试跨越现有世界观和认知方式，而不仅仅是在它们之间做出选择。尽管政策设计在公共政策制定中具有中心地位和重要性，但它在许多方面仍然是政策研究中的一个"缺失环节"。设计过程是很复杂的，通常是在政府机构和目标群体之间规划，往往比其他许多类型的政策审议更难接受公众的监督，但这不应妨碍其进一步的阐述和完善。学者们需要更多的实证分析来批判性审视和检验政策设计，并就政策制定过程和工具选择过程以及如何更好地将工具与目标相匹配向政府提供更好的建议，积极提出创新的政策设计倡议，减少政策失败的风险，提高政策成功的概率[106]。

政策设计研究不仅仅是审视政策主题要素及其变化，更应该研究如何设计、如何构建新秩序、如何解决问题等。我国高水平大学政策设计理念是通过政策制定阶段有意识地衡量和估计政策可能带来的效果来推动高水平大学建设的高等教育改革。正如查尔斯·安德森（Charles Anderson）所指出的，设计"总是一个从给定的历史环境和文化背景所提供的可能性中做出选择的问题"；从这个角度来看，政策设计是国家塑造经济和社会改革进程的制度和程序，是解决社会公共问题的重要手段[113]。成功的政策设计需要考虑政策制定的方式，以及在特定可行选择范围的基础上，制定出系列"竞争战略"以实现政策目标，并且充分考虑到政策服务的实质性和程序性双重目的，以及构成一项典型政策的多层次政策要素或组成部分的性质[106]。政策设计的结构逻辑可以指导实践者进行创造性的政策分析，以更好地理解政策工具的假设，并为他们提供在政治情境中寻找替代方案的机会，提供对现有政策设计的批判[117]。

对我国高水平大学政策设计进行研究，不仅涵盖政策设计的过程性实证研究，而且包括针对问题的前瞻性规范研究，涉及政策设计过程中的调整和变化等。综观现有对我国高水平大学政策的相关研究来看，缺乏对政策设计的研究。因此，高水平大学政策研究应加大对政策设计的系统性考察，特别是对政策设计核心元素中政策目标、政策内容、政策工具的研究，深入分析谁是主导者、谁是受益者、谁是操控者等，挖掘政策设计对当代我国高等教育建设核心问题的深远影响，探究高校参与程度的差异、不同高校对政策的态度认知等问题，探寻如何抓住关键环节、优化顶层设计、推动实践探索、破解发展瓶颈等政策核心要素。本书不仅试图描绘出我国高水平大学政策设计的特点，而且更加关注政策设计在公共政策问题解决方案设计中的创造性过程，旨在追求提高教育决策科学化水平。

二、政策分析理论与运用

教育政策研究的传统在全球不同国家体现出不同的倾向性。在欧洲和澳大利亚，教育政策分析被视为教育管理研究范畴之内，强调抽象层面上国家运作而非调查当地的实际运作；而在美国，教育政策分析被视为教育政治范畴的学术研究领域,往往更侧重于实证主义、多元化和在基本功能主义框架内的评估和实施研究[118]。随着政策学研究的深入,政策学理论出现了分化现象,呈现出诸多不同的分类标准。在系统分析这些理论的基础上,本书选择乔治·J.麦考尔和乔治·韦伯两位学者的政策分析理论为理论基础。麦考尔和韦伯认为公共政策分析的重点应该在内容与过程的两个维度,主要采用描述性分析、规范性分析两种分析方法,描述性分析是在"价值自由"下给出描述性或是解释性的叙述,规范性分析主要应用各种规范性原则进行批判性反思及提供政策建议[105]。

本书对高水平大学政策目标、政策内容、政策工具进行描述性和规范性分析:描述性分析着重对政策阶段特质、连续特征和变化特征进行回溯分析;规范性分析着重对政策目标、政策内容、政策工具中存在的问题进行批判性反思,提出新的政策改革意见,实质上主要是进行政策调整、优化和创新的研究。相对于回溯性历史分析,批判性分析、前瞻性预测分析将会更有价值。因此,本书引入政策创新(Innovation of Policy)视域。目前,学术界对政策创新形式和内容还没有统一的范式。陈潭认为,政策创新有利于提高政府的公共政策质量,进而推动政策变迁和制度变迁向良性发展,提出政策创新的主要内容应该是决策体制创新、政策主体创新、政策内容创新、政策工具创新四个维度[103]。结合本书理论分析,陈潭的政策内容研究与本书对政策内容的政策主题要素的研究相一致,政策工具已经纳入研究范畴。因此,本书提出从政策目标、政策内容和政策工具展开政策创新研究。

三、政策工具理论与运用

20世纪90年代,政策工具已经成为西方政策科学研究的焦点之一,并受到了经济学、政治学、教育学等学科的广泛关注。政策工具是为实现政策目标而采取的手段。在政策科学的相关研究中,政策工具的研究不仅着重对政策工具的政治属性进行研究,而且着重从功能属性视域入手通过政策工具分析透视公共政策的职能。由于政策及其执行中的复杂性,许多学者试图对政策工具的内在作用机制、属性特征进行分析和分类来建构政策的实践形式。西方许多学者对政策工具进行划分。G.布鲁斯·德林和理查德·菲德(G.Bruce Doern and Richard Phidd)将政策工具分为强制性政策工具和自律性政策工具。范·德尔道隆(Van der Doelen)将政策工具分为法律工具、经济工具和沟通工具[119]。迈克尔·豪利特和拉米什(Michael Howlettand M.Ramesh)将政策工具分为自愿性工具、强制性工具和混合型工具[55]。通过对比学者们对政策工具的界定和分类,本书主要采用操作性较强的L.M.麦克唐纳尔(L.M. Mc Donell)和R.F.艾莫尔(R.F. Elmore)政策工具的划分。他们按照处理问题的现有选择范围、选择方案和潜在的理论前提、问题、目标、选择方案和与之相关的具体执行问题之间的适切性[120],将政策工具分为命令工具、激励工具、能力工具、变革工具、劝告工具(图5)。上述几种政策工具具体内涵如下:

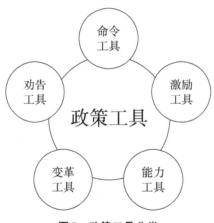

图5　政策工具分类

1.命令工具主要包括要求、决定、规定、标准、评价、监管[56],主要体现在各种政策管制上,体现在对高水平大学政策中师资建设、财政经费、高校招生等优先权力上,也包括对重点建设高校和重点学科的资质审核和要求规范,或是对政策实施中具体行为或是政策效果的惩罚性制度安排等。

2.激励工具是指通过鼓励和诱导高校发生变化来实现其使命追求,主要包括拨款、奖励、补贴等。财政拨款是最主要的形式之一,例如综合定额拨款、专项拨款以及重点建设高校、学科、专业、实验室相关评选奖励。

3.能力工具主要包括政策倾斜、制度建设、政策引导、专项扶持等,是指通过为高校的教学和科研提供政策、信息、资源、知识、培训等,使个人或团体能够采取所需的行动[56]。许多能力工具采用不同策略来增加政策决策的合理性,并减少对各种决策的依赖性[109]。

4.变革工具是指通过管理体制改革对相关政策对象的管理方式、领导体制和归属隶属等进行调控,主要包括体制改革、权力重组等。

5.劝告工具是指对高校地位、实验室、学科等符号和标签的描述、强调和认定,主要包括规劝、鼓励、号召等,重点大学、重点学科、重点实验室等就是一种符号和规劝工具[54]。

政策工具选择是一个高度受限的过程,政策工具的选择不仅受到现有管理模式的限制,而且受限于宏观和微观政策目标的影响。因此,在政策设计时,必须统筹考虑政策工具的多样性、多层性、嵌套性等组合策略。注重政策工具的组合作用,不仅有利于实现政策工具之间的互补效应,而且避免政策执行过程中出现冗余和冲突。因此,本书从这五类政策工具入手,对我国高水平大学政策工具的本质特征、使用概率、实现程度等进行研究。

四、公共治理理论与运用

公共治理理论兴起于国际社会科学领域,并已经成为影响全球的理论范式,重要意义体现在对国家政府管理改革的影响。公共治理理论是协调发挥有效市场、有为政府与有力社会的治理机制与治理过程,关键是公民与社会组织的成长与成熟,其有效适用于中国的逻辑在于推动政治发展。公共治理理论打破了传统的国家与社会两分法的思维,将有效的管理视为合作的过程,力图建构管理公共事务的全新策略。以政府为主体、以纵向命令控制为特征的传统层级治理模式,已经无法应对政府面临的各种危机,因此,国家应该让市场、社会等多元主体更多参与公共事务。公共治理理论是对传统政府管理理论的反思和超越,其内涵丰富,主要包括治理主体多元化,认为治理主体应包括政府、企业、社会组织、公民个人等多元主体;治理方式多样化,强调运用多种治理方式来实现公共目标,除了传统的政府行政手段外,还包括市场机制、社会自治、协商民主等方式;治理目标的多元化,公共治理的目标不仅仅是维护社会秩序和提供公共服务,还包括促进社会公平、保障公民权利、推动经济发展、保护生态环境等多个方面。

公共治理理论的核心思想在于引导政府在公共事务管理中由一元管理转变为多元治理,希冀政府、市场、社会等利益相关者通过协同合作的方式实现主体多元性、手段多样性、过程的协同性,以达到善治和共治的目标。公共治理理论作为一种分析框架,具有多元性、竞争性、透明性等价值主张,对于研究政府制定和实施中国高水平大学政策以及公共服务能力具有非常重要的作用。本书认为借鉴公共治理理论,首先必须扎根中国大地,不仅依靠命令和权威,而且运用不同政策工具进行调控,不断拓展不同主体对建设高水平大学的思路,倒逼我国高等教育治理体系改革,进一步解决我国"双一流"建设中面临的新问题新挑战,实现多元主体分工治理的格局,推进国家治理体系和治理能力现代化,走出中国高水平大学建设的治理之路。

第三节　研究分析框架

教育政策分析的目的是什么？这个问题有助于理解政策研究的本质。一些传统的政策文献对政策分析进行了区分,有人认为是一项具体的学术性任务,也有人认为是指教育官僚机构在政策制定和评估过程中进行的政策研究。公共政策学奠基人哈罗德·D.拉斯韦尔(Harold D. Lasswell)指出,政策学最重要的特性是脉络、问题向度和方法多样性[121]。政策研究可以涉及政策某一阶段和所有阶段的分析,不仅包括对政策文本狭隘的关注,更需要深入了解政策背后的历史渊源、政策关系等关键问题。如果只关注政策文本本身,可能会忽略政策的全部概貌和其他部分的变化特点;如果过分关注政治特征和主导模式,可能会忽略政策的变革性。此外,教育政策背后包含着各种价值关系、价值原则和价值标准,是构成政策规范和政策实践的价值因素和动力源泉。刘复兴在《教育政策的价值分析》中认为,教育政策基本价值特征包括价值选择、合法性、有效性三个方面:价值选择实际上就是政策制定者在价值观遴选基础上做出的政府选择，体现着政策的主要价值偏好；合法性是指价值选择符合法律法规、社会价值观、意识形态等，是价值选择存在的依据，能够表明政策价值观选择的正当性、有益性、公正性；有效性是政策效能向度，包括效益、效率、效果等，追求政策功能效益最大化[1]。我国高水平大学政策具有渐进性政策特征，渐进政策的变化性是指对原有政策进行调整、修正和完善，基于保持社会稳定的前提下在旧的政策基础上逐步调整政策的变迁过程，具有局部调整和系统延续的特征。

　　因此，本书主要以政策设计理论、政策分析理论、政策工具理论、公共治理理论为基础进行研究，具体研究路线图如图6所示。在考察我国70年来高水平大学政策并进行阶段划分的基础上，遵从行为分析、价值分析、规范分析的政策分析逻辑，主要从政策目标、政策内容、政策工具、政策创新四个向度进行研究。首先，着重对政策目标内容和特征、演变脉络以及价值取向进行分析。其次，着重对政策内容展开研究，包括政策文本内容要素、内容特征、演变脉络、价值取向等进行分析等。再次，对政策工具遴选、政策工具类型、政策工具特征、渐进性、价值取向等进行研究[122]。最后，结合调研访谈，对我国未来建设世界一流大学的政策创新进行研究。在此基础上，得出我国高水平大学政策模式特征、政策价值取向、政策创新向度。因此，本书选择政策科学分析的横向视角、政策发展演进的纵向视角进行多方位、多层次、多角度分析。

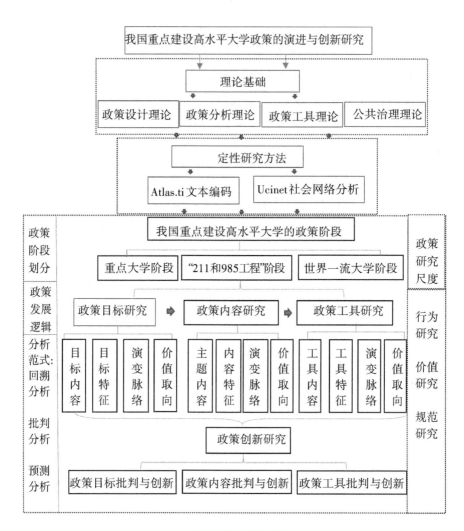

图6 研究框架图

第四节 研究方法及过程

一、数据采集

高水平大学政策是国家为实现一定时期的发展目标和基本任务,对重点支持高校制定的行为原则、建设任务、运作机制、管理办法和具体措施的集中体现，是一个复杂的教育制度体系。而政策文本是这一政策研究的基础条件，因为政策文本是政策最直观体现和最直接表达形式，政策目标、政策内容和政策工具等体现在政策文本中。本书一方面主要对重点大学、重点高校、重点建设工程、重点学科、"211和985工程"、重点实验室、一流大学、一流学科等政策文本作为研究的直接基础材料；另一方面为了深入了解政策的相关性和系统性，将国务院、教育主管部门等颁布的国民经济和社会发展第一个五年计划到第十三个五年规划和国家教育事业发展规划、纲要、战略等综合类文件，作为政策参考文本，在研究中参照使用。

本书中的政策文本来源于高水平大学政策相关的档案、史料、文件选编、年鉴、书籍附录以及国务院、教育部、财政部等官方网站。主要包括《中华人民共和国重要教育文献（1949—1975）》《中华人民共和国重要教育文献（1976—1990）》《中华人民共和国重要教育文献（1991—1997）》《中华人民共和国重要教育文献（2003—2008）》《中国教育年鉴（1949—1981）》《中国教育年鉴（1982—1984）》《教育政策法令选编（1978—1981）》《中华人民共和国现行教育法规汇编（1949—1989）》《教育文件选编》《中华人民共和国建国以来高等教育重要文献选编》《高等教育文件选编（1977.11—1982.6）》《普通高等教育法规文件选编》《"211工程"发展报告（1995–2005）》《"985工程"建设报告》《"211工程""九五"总结报告》《中国高水平大学建设之路》，以及《中国教育年鉴（1985—2000）》《教育政策法令选编（1981—1983）》》等。

二、研究工具及使用

美国公共政策学家斯图亚特·内格尔（Stuarts Nagel）曾提出政策研究应该是以政治学为基础的多学科定量导向。政策分析方法已经超越了逻辑经验主义，而走向多元操作主义、多重方法主义、综合分析主义、多变量主义[123]。根据我国高水平大学政策的发展变化，利用多种研究方法有助于把握政策的本质和规律。

我国重点建设高水平大学政策的演进与创新研究

（一）Atlas.ti 文本编码分析

Atlas.ti 是 1989 年柏林科技大学开发的一种定性研究软件,主要用于对大量文献、图形、音频等数据的处理和分析,可以促进大量错综复杂资料的条理化、规范化、系统化,实现文本资料的深度挖掘,常用于解释学、政策学、知识社会学或现象学等领域。它主要有以下优势[124]:其一,强大的工具集(文档管理器、引用管理器、编码管理器、备忘录管理器、网络管理器、链接管理器),可以灵活地对数据关系进行管理,有利于发现大量文献资料隐藏的内部纹理及其交织意义;其二,特色的交互界面,各个编辑器允许直观的数据传输和交互功能,有助于数据组织以及概念级分析的可视化操作;其三,实用的引用功能,提供了一个低于编码的分析层级,更好地支持归纳性、解释性研究。

因此,本书将 Atlas.ti8 作为我国高水平大学政策研究的主要研究工具之一,对 70 年来我国高水平大学政策文本的政策主体、政策目标、政策内容、政策工具进行编码统计分析。在政策文本编码过程中,主要采用逐句编码的原则,根据句子中所包含的语义信息类型进行提取,对于包含一个关键信息的语句编码一次,对于包含多个关键信息的语句进行多次编码。结合本书,具体操作步骤:

第一,重点大学政策预编码。本书在对政策目标和政策内容的编码过程中,都依据参考文献部分凝练的世界一流大学关键维度,遵从自下而上地对所有政策目标进行开放编码、主轴编码、选择编码的归纳逻辑。为了避免编程过程中的主观性,尽量保障编码的客观性,本书选择对重点大学阶段1954—1995 年的政策文件进行两次开放编码的预编码,并尝试构建编码群组、网络群组,对编码过程中遇到的问题和编码结果进行反思和修正,确保了后续编码的客观性和有效性。

第二,整体文本正式编码。按照两次预编码经验,对政策文本进行正式编码。首先,开放编码。采用开放编码的方式检视数据和编码,根据概念类属对文本进行编码提取、命名和归类。其次,主轴编码。借助归纳和演绎,根据概念类属和次概念类属关系,将近似编码合并链接构建编码群组,以进一步实现零散开放编码的组织化和系统化。最后,选择编码。参考世界一流大学关键维度整合和凝练主轴编码,根据核心类属内涵和次类属特征进行调整。

第三,小组成员检视编码。采用小组成员法,让5位不同的小组成员作为编码者身份对部分政策文本进行编码,通过核对编码内容及其群组分布,对政策文本编码和归类的一致性进行多次循环往复的比对、讨论、分析、修正,这样可以确保编码矩阵的准确性和科学性。

（二）Ucinet社会网络分析

Ucinet（University of California at Irvine NETwork）是加州大学欧文分校开发的一种社会网络分析软件,可以综合运用图谱知识、矩阵模型、计算机软件对不同主体的社会网络及其相互关系进行结构化分析。本书首先借助Atlas.ti质性编码软件对各个阶段政策文本进行编码提取,然后导出原始编码矩阵,把编码矩阵转化为共词矩阵之后,再利用Ucinet软件作为社会网络化分析的主要研究工具,对共词矩阵中主题词关系以及网络结构进行分析。本书主要是对政策主体、政策目标、政策内容、政策工具等进行社会网络分析,并绘制不同主体的网络关系图谱,力图深入研究政策节点内外部关系。通过社会网络解读来观测政策配置,进一步可以分析高水平大学建设过程中的重点领域变化特点。在本书的政策图谱中,绘制的是基于边的无向网络,节点代表政策主体、政策目标、政策内容、政策工具,连线代表各节点之间存在合作关系。本书从网络整体性和网络个体性两个层面对相关内容进行研究。

1.网络整体性分析。网络整体性分析主要考察样本数量、网络规模、网络密度（Density）、凝聚系数（Clustering Coefficient）。第一,样本数量。样本数量是指这个阶段政策文本的数量。第二,网络规模。网络规模是指政策主题节点数量。节点数越多,说明网络规模越大。第三,网络密度指的是网络中实际连线数量除以理论上最大连线数量。网络密度越大代表网络节点之间联系越密切。需要注意的是,密度测量依赖于图的规模,不同网络规模的密度不能直接比较。第四,凝聚系数表示的是主体关系网络中各主体的联系紧密程度,主要用于比较不同网络结构的凝聚程度[125]。节点越大表示该主体出现的频率越高,即政策主题数量越多;连线越粗表示两个节点之间关系密切程度越高[126],表示主题合作次数越多。

2.网络个体性分析。中心性是社会网络分析中最常用和最重要的指标,分为点度中心性、中间中心性、接近中心性,主要研究节点相对位置和比较优势,以及有关网络行动者的差异性问题。

第一,点度中心性。点度中心性是指每个节点直接相连的节点数量,并不计算间接相连的点。度数中心性是社会网络分析中最常用和最重要的中心性指标,反映的是行动者在社会网络局部结果中的相对位置和比较优势,以及有关网络行动者的差异性问题。绝对点度中心度是指每个节点直接相连的节点数量,并不计算间接相连的点。如果用 C_{AD} 代表绝对点度中心度,那么一个点 x 的绝对度数中心度为 $C_{AD}(x)$。点度中心度的数值越大,代表该节点在网络中越处于核心位置,表明在政策内容中越重要。[127]

第二,中间中心性。中间中心性是指一个节点链接其他两个结点的最短路径数。如果要考虑标准化的问题,可以用一个节点承担最短路径的次数除以所有的路径数量。中间中心度的公式为 $C_{AB_i} = \sum\limits_{j}^{n} \sum\limits_{k}^{n} b_{jk}(i), j \neq k \neq i$,并且 $j<k$。一个节点充当"中间人"的次数越高,它的中间中心度就越大。[127]

第三,接近中心性。接近中心性的含义是指网络结构中某个节点与所有节点的路径总和,接近中心性需要考量每个节点到其他节点的最短路径的平均长度。接近中心度的公式为 $C_{AP_i}^{-1} = \sum\limits_{j=1}^{n} d_{ij}$,其中 d_{ij} 是点 i 和 j 之间捷径距离[127]。

第二章　我国重点建设高水平大学政策的演变

　　我国政治体制决定了高等教育政策的制定模式,是高水平大学政策诞生和发展的合法性基础。我国高水平大学政策从最早提出到现在已经走过70年的发展历程,是我国高等教育领域的一项重要策略,对我国高校的改革与发展产生了深远影响。该政策第一次正式提出始于1954年8月2日《关于重点高等学校和专家工作范围的决议》,开启了建设重点大学的步伐。1984年《国务院关于教育部、国家计委将10所高等院校列入国家重点建设项目请示报告的批复》,提出国家重点建设项目的号召。1995年《"211工程"总体建设规划》是"211工程"开始实施的标志,拉开了面向21世纪重点建设100所左右的高等学校和一批重点学科的征程。1998年《面向21世纪教育振兴行动计划》提出"985工程",正式启动建设具有世界先进水平的一流大学的重大决策。2015年《统筹推进世界一流大学和一流学科建设总体方案》标志着高等教育重点建设进入新阶段,正式提出建设世界一流大学和一流学科的方针。

第一节　政策总体概貌

　　政策文本是政府为了实现国家意志和资源分配颁布的权威性规范,通常包括建设目标、行为指南、具体任务、执行步骤要求。政策分析首先需要对政策文本进行查找和梳理。本书主要对国务院、教育部、科技部、财政部等门户网站和高等教育政策相关研究专著、史料、年鉴、回忆录、建设报告、发展报告等收集高水平大学的政策文本。虽然通过年鉴、书籍等线索发现

我国重点建设高水平大学政策的演进与创新研究

有的政策文本能够查到发文日期和发文主题等,但是通过多方努力仍然无法找到政策原文,例如《关于原省、市领导的全国重点高等学校的经费和基建拨款财务预算领报关系的通知》(1961-2-10)、《关于全国重点高等学校劳动安排的几项规定》(1961-6-9)、《全国重点高等学校1961年补充师资方案的通知》(1961-8-22)、《关于逐步管理全国重点高校学生名册的通知》(1961-9-8)、《关于1963—1964学年度在全国重点高等学校中继续试办教师休假的通知》(1963-8-5)等。因此,从1954年8月2日《关于重点高等学校和专家工作范围的决议》第一份文件颁布至2020年1月1日,本书共梳理出高水平大学政策文件96份,整个政策出台的时间和脉络如图7所示。政策总体概貌主要包括政策文本的发文时间、发文数量和发文类型等。总体来看,发文数量呈有序增加趋势,发文类型呈愈加多样态势,既包括不同类型的政策文本,也包括总政策、具体政策等,整个政策脉络较为清晰明了。

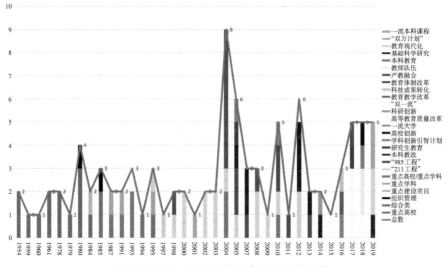

图7　1954—2020年我国高水平大学政策

第二节　政策阶段划分

政策变迁有短期变迁和中长期变迁之分。短期的政策变迁是指一个政策周期里变迁的动态过程,包括决策者根据已掌握的政策评估及检测信息,对政策去向做出判断和选择,进而改变政策措施行为的调整过程[128]。中长期政策变迁为政策变化的一般规律和变化模式,它涉及政策范式、政策风格及其变化特点[129]。我国高水平大学政策是一个从1954年开始的中长期政策,本书依据对政策目标、政策内容、政策工具整个发展阶段的系统考察,并且重点参考《"211工程"发展报告(1995—2005)》和《"985工程"建设报告》等报告的时间节点进行阶段划分,特别需要指出的是"211工程"议程的提出经过了一个相当长的过程,虽然1991年时任国务委员李铁映第一次提出21世纪办好100所重点大学的设想,1993年《中国教育改革和发展纲要》和《国务院批转国家教委关于加快改革和积极发展普通高等教育意见的通知》提出决定设置"211"重点建设工程,但是1995年国家教委才正式开始"211工程"的预备立项和正式立项,1995年11月国务院批复同意的《"211工程"总体建设规划》正式对"211工程"的具体任务、建设资金、管理程序做出明确全面规定,因此,本书把1995年《"211工程"总体建设规划》作为"211工程"政策文本研究的起点。主要划分为三个短期阶段,分别为重点大学阶段(1954—1995年)、"211和985工程"阶段(1995—2015年)、世界一流大学阶段(2015—2020年),每个阶段政策文本数量和占比如图8所示。重点大学阶段从1954年8月到1995年10月,执行期限为41年,政策文本28份,占29.17%;"211和985工程"阶段从1995年11月《"211工程"总体建设规划》颁布到2015年9月,政策期限为20年,政策文本49份,占51.04%;世界一流大学阶段从2015年正式开始,截至2020年1月1日已颁布相关政策19份,占19.79%,"双一流"建设刚刚5年,政策文本占比不高,也是客观事实。在这些政策文本研究的基础上,本书试图从政策科学的角度探寻我国高水平大学政策设计、政策内容的演变机理,分析我国高水平大学政策设计的顶层规划思路,寻找我国高水平大学政策模式的本质内容、基本特征、价值取向,力图发现未来"双一流"建设的政策创新点。

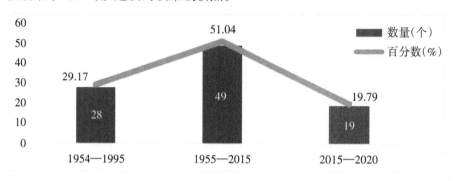

图8 我国高水平大学政策三个阶段的发文情况

第三节 重点大学阶段政策沿革(1954—1995年)

重点大学是我国高水平大学发展的基础建设阶段,是我国高水平大学政策的起始阶段,标志性起源是1954年《关于重点高等学校和专家工作范围的决议》的颁布。此部分着重对重点大学阶段政策背景、政策文件、政策主体、政策客体进行深入研究。

一、重工业发展战略为主的政策背景

(一)重工业发展战略抉择

中华人民共和国成立后的国际错综复杂的局势、社会主义政治经济体制、现实物质基础条件,决定了新中国成立初期在巩固新政权的基础上,亟待加快工业现代化步伐。主要原因有:第一,苏联模式影响。在冷战时期世界两极格局的影响下,我国隶属于社会主义阵营国家,与苏联政治体制上的同源性对我国选择重工业发展道路产生重要影响。第二,国防建设需要。新中国成立后,国际上敌对势力对我国虎视眈眈,采取政治上孤立、军事上包围等策略；内部也存在着国民党残余势力等威胁着新政权的安定。在这种内忧外患的环境下，急需通过发展重工业提升国防实力以维护国家主权的完整性和人民政权的稳定性。第三，经济建设需求。20世纪上半叶我国命运多舛，经历了辛亥革命、五四运动、北伐战争、抗日战争、解放战争等，国民经济受到了摧残重创、濒临崩溃，资本短缺、物资匮乏、经济薄弱的窘况，迫使恢复和发展国民经济成了重要任务。

以重工业为中心的国民经济建设占据主导位置，也深刻影响了我国高等教育以理工科为重点的建设模式。1951年开始制定的《关于发展国民经济的第一个五年计划的报告（1953—1957）》正式确定重工业优先发展在国民经济建设中的战略地位，拉开了我国重工业建设的序幕。1956年9月16日周恩来在《关于发展国民经济的第二个五年计划的建议的报告》中提出，国民经济的基本任务应该是继续进行以重工业为中心的工业建设。在"文化大革命"时期，第三个五年计划没有执行，由于指标过高问题"四五"计划纲要进行修订，高等教育事业计划工作受到严重摧残，高等学校出现了大量裁减、搬迁，甚至停止招生等现象，教育质量普遍下降。第五个五年计划（1976—1980）时期，邓小平恢复职务，提出国家要有长远规划。随后在1977年批准下达的《1976—1985年发展国民经济十年规划纲要（修订草案）》指出，发展国民经济的奋斗目标是：到1980年建成我国独立的比较完整的工业体系和国民经济体系，重工业生产在质量、数量、品种方面适应社会主义建设的需要，能为国民经济各部门和国防建设提供先进的成套技术装备。1982年通过的《中华人民共和国国民经济和社会发展第六个五年计划（1981—1985）》开始调整重工业的服务方向和产品结构，加大科技攻关和科技成果的推广应用。1986年通过的《中华人民共和国国民经济和社会发展第七个五年计划（1986—1990）》不再强调重工业建设，开始把重点转移到现有企业的技术改造和改建扩建上来，坚持把发展科学、教育事业放到重要的战略位置上。1991年制定的第八个五年计划提出实现我国社会主义现代化建设的第二步战略目标。此阶段，我国经济发展开始由重工业优先发展逐渐向科技优先发展转变，体现了我国社会主义现代化建设的发展趋势，也深刻地影响着我国高等教育结构和政策模式。

(二)高等教育领域改革

在我国全面学习苏联的大背景下,我国高等教育发展使命、高等教育管理体制、人才培养目标等发展转变。我国近代大学是在借鉴西方办学制度上发展起来的,先后学习过德国、美国、日本等国家高等教育制度,此外国民党政府对大学控制相对宽松、大学办学自主权较为充分、大学内部组织是大学-学院-系的结构[3]。而苏联大学模式中,高校的主要职能是服务于经济建设需要和国家政权需要,主要任务是培养工业发展需要的各种技术人才和管理干部,是国家组织机构中的一部分,主要包括大学-系双层组织结构[130]。由于我国近代大学与苏联大学的巨大差异,因此为了学习苏联大学模式,我国进行了高等教育体制改革,确定了中央对全国高校的管理和领导地位。

1.管理体制改革。我国高等教育逐渐实现中央统一领导和集中管理的方式,逐步走向计划化。例如,全国公立高等学校校长人选、方针、制度、学制、设置计划、课程、教材及教学方法等开始由教育部直接管理和决定。1978年五届全国人大提出,高等学校实行党委领导下的校长分工责任制,这是新中国成立以来,我国高等学校开始实行的新型管理体制,现在也已成为高校管理体制的常态化制度。

2.高校调整改革。在1949—1952年推广中国人民大学、哈尔滨工业大学、北京师范大学的经验基础上,1952年、1953年、1955—1957年开始有计划有步骤地全面或重点调整高等院校和院系,按照国民经济要求、行业领域特点等设置院校、系、专业,例如航空系、政治系、法律系、教育系等在此阶段进行了大范围调整,建立了高度分化的高等教育系统结构。根据以培养工业建设人才和师资为重点、发展专门学院等要求,1953年院系调整基本结束时,全国高校数量由1952年之前的211所下降到183所,私立大学全部被裁撤,工科院校得到快速发展,综合大学进行全面整顿。1957年底,全国有229所高校,323个专业,其中工科专业183个。1955—1957年是根据国民经济布局对高等学校的院系、专业的设置和分布进行的调整,奠定了我国高等教育的基本格局。

3.教育内容改革。公布高等学校课程改革的决定,并拟定修订工学院、农学院、理学院若干系的课程草案和课程标准,严格督促和检查各高等学校实施课程改革。此外,国家按照计划还对招生、师资培养、留学生培养等做出改革和管理,以便使培养的人才能够更加适应于国民经济各部门的具体要求。

(三)重点论的提出

重点论是我国高水平大学政策制定的理论根源,我国建设重点大学是重点论在高等教育领域的应用。重点论是矛盾发展不平衡理论的通俗说法,事物矛盾两个方面的地位、作用不均衡,因而有主次之分。重点论是在复杂事物中把握主要矛盾,每一矛盾中把握主要方面。1937年毛泽东在《矛盾论》中深刻地阐述了重点论的具体内涵,指出没有重点就没有政策的主旨要求,为我国几十年的高等教育重点支持政策奠定了思想基础。毛泽东曾说过:“大学还是要办的,我所指的是理工科大学。”[131]因此,在高等教育建设中就开始抓主要矛盾、抓中心工作、抓重点。在重点论思想的影响下,政府对高等教育资源进行重新干预、规划、分配,运用政策倾斜和资源扶持等方式支持少数高校优先发展,本质上属于政府主导的外发强制性改革政策。

二、关联性较弱的政策文件谱系

重点大学时期,重工业在国民经济中得以优先发展,高等教育领域的教育教学全面改革构建了条块分割的管理制度,为重点支持少数大学优先发展的政策奠定了政治基础和经济基础。重点大学阶段的相关政策文本共28份,政策谱系如图9所示。在政策图谱中箭头发出的方向是指对后续政策影响的政策文本,箭头所指的方向是指受到前面政策指导的政策文本,连线主要依据每个政策文本开头对政策本身以及政策关系的表述。虽然重点大学阶段跨度时间比较长,但是通过图9可以发现,政策的相互关联性和指导性并不是特别强,即这个阶段政策文件关联性较弱,主要有1985年《中共中央关于教育体制改革的决定》和1993年《中国教育改革和发展纲要》对后续文件产生影响。

我国重点建设高水平大学政策的演进与创新研究

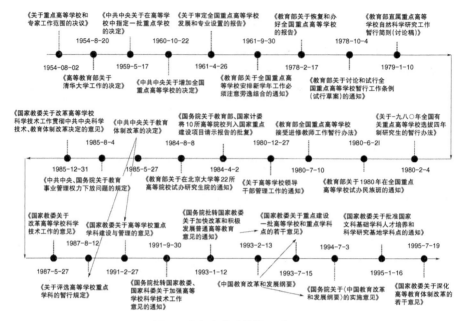

图9 重点大学政策关系谱系图

(一)重点高校

1954年《关于重点高等学校和专家工作范围的决议》是我国重点大学阶段第一个正式文件,开启了我国高等教育重点建设的步伐。1954年8月20日发布《高等教育部关于清华大学工作的决定》,对清华大学的任务、专业设置及发展规模进行明确规定。1959年《中共中央关于在高等学校中指定一批重点学校的决定》指定16个高等学校为全国重点学校。1960年《中共中央关于增加全国重点高等学校的决定》增加全国重点高等学校共64所。1961年4月26日《关于审定全国重点高等学校发展和专业设置的报告》对全国重点高等学校的发展规模和专业设置作出详细规定。1961年9月30日《教育部关于全国重点高等学校安排新学年工作必须注意劳逸结合的通知》对全国重点高等学校安排新学年工作必须注意事项提出五条基本要求。

1978年,《教育部关于恢复和办好全国重点高等学校的报告》确认88所高校重点支持发展,指出恢复和办好全国重点高等学校是一项战略性措施。在原"高教六十条"的基础上,1978年开始在高等学校实行党委领导下的校长分工责任制这一新体制。1979年《教育部直属重点高等学校自然科学研究工作暂行简则(讨论稿)》对科学研究的方向和选题、科学研究队伍的建设、科学研究机构、学术活动与学生交流等工作简则做出规定。1980年《关于一九八〇年全国有关重点高等学校选拔四年制研究生的暂行办法》规定重点高等学校选拔四年制研究生的培养目标、招生条件、选拔条件、选拔办法等。1980年《教育部全国重点高等学校接受进修教师工作暂行办法》要求全国重点高等学校接受进修教师。1980年《关于高等学校领导干部管理工作的通知》规定对全国重点高等学校的党委正、副书记与正、副校(院)长等其他领导的管理原则和管理组织作出规定。

(二)国家重点建设项目

1983年,我国高等教育界发生了一件大事,被称为"四老上书",或是"835建言"。1983年5月,全国高等教育工作会议在武汉召开,在这次会议上,南京大学名誉校长匡亚明、浙江大学名誉校长刘丹、天津大学名誉校长李曙森、大连工学院(今大连理工大学)名誉院长屈伯川联名向国务院写信,论述了综合大学在培养人才和科研方面的重要性,建议实施国家重点建设项目。此信送达中共中央书记处,邓小平做了批示,这就是国家重点建设项目的由来。随着1984年《国务院关于教育部、国家计委将10所高等院校列入国家重点建设项目请示报告的批复》批准将北京大学等10所高等院校列入国家重点建设项目,安排专项补助投资用于建设。其后不久,又将国防科工委所属5所院校列入重点建设项目。[132]1984年8月8日《教育部关于在北京大学等22所高等院校试办研究生院的通知》,就北京大学等22所高等院校试办研究生院的组织管理、发展规划、方式方法等作出部署。1985年5月27日《中共中央关于教育体制改革的决定》提出建设一批重点学科。1985年《国家教委关于改革高等学校科学技术工作贯彻中共中央科学技术、教育体制改革决定的意见》规定开始建设重点学科。

1987年《关于评选高等学校重点学科的暂行规定》,开始支持高等学校重点学科评选。1991年《国家教委关于高等学校重点学科建设与管理的意见》规范了重点学科的建设原则和管理办法。1991年9月30日《国务院批转国家教委、国家科委关于加强高等学校科学技术工作意见的通知》提出有计划、有重点、分层次、分类型安排重点学科、重点基地与重点项目、重点教学科研和教师进修基地、重点开放实验室等工作。1993年2月13日《中国教育改革和发展纲要》提出办好100所左右重点大学和一批重点学科、专业。1993年7月15日《国家教委关于重点建设一批高等学校和重点学科点的若干意见》指出重点建设一批高等学校和重点学科点的若干意见。1995年1月16日《国家教委关于批准国家文科基础学科人才培养和科学研究基地学科点的通知》，公布国家文科基础学科人才培养和科学研究基地学校学科点名单。1995年《国家教委关于深化高等教育体制改革的若干意见》指出，新的高等教育体制改革积极推进中央部门与地方政府共同建设、共同管理的模式，逐步淡化学校单一的隶属关系观念，加强条块管理结合。

三、教育部、国务院为主的政策主体

政策主体是指整个公共政策过程中，对政策规划、制定、执行、评估起到实际作用的具体组织或代表机构。关于政策主体的构成，不同的政策学家有不同的看法，西方的公共政策研究者常以官方与非官方或以政府内与政府外为标准来加以区分[133]。根据政策科学运行的逻辑角度来看，可以将政策主体进一步分为政策设计主体、政策实施主体、政策评估主体等。本书中的政策主体是指高水平大学建设相关政策发文的政府部门或单位机构。本书的政策主体主要从政策主体发文数量、政策主体发文形式、政策主体合作网络三个角度深入分析。因此，此部分对1954年至1995年政策主体及其关系展开研究。

（一）政策主体发文数量

政策主体发文数量而言，不同政策主体在不同阶段发文数量和发文侧重有所差异。同时，由于每个阶段政策时间跨度和政府部门的调整，出现了政策主体的撤销、合并、更名、设立等情况，需要按照标准对其进行规范化和统一化操作。本书中，作者按照政府部门现在称谓对提取到的政策主体进行规范化计量。例如政务院文化教育委员会、高等教育部、中共教育部党组、国家教育委员会都规范为中华人民共和国教育部（简称教育部），国家计

第二章　我国重点建设高水平大学政策的演变

委规范为中华人民共和国国家发展和改革委员会（简称国家发展改革委），国家科委规范为中华人民共和国科学技术部（简称科技部），中国共产党中央委员会组织部（简称中央组织部）。针对政策发文数量而言，由于存在联合发文的情况，只要政策主体参与政策的发文，不同政策主体就各统计为1份。其后两个阶段的政策主体采用同样的规范标准进行统计。重点大学阶段政策主体发文数量如表1所列，重点大学阶段共有6个政策主体发文，其中教育部发文数量最多，占53.66%；其次是国务院，占21.95%；再次是中共中央，占17.07%；国家发展改革委、科技部、中央组织部都各占2.44%。可以发现重点大学阶段政策发文主要以教育部、国务院、中共中央为主。

表1　重点大学阶段政策主体发文数量

序号	政策主体名称	发文数量（份）	占比（%）
1	教育部	22	53.66
2	国务院	9	21.95
3	中共中央	7	17.07
4	国家发展改革委	1	2.44
5	科技部	1	2.44
6	中央组织部	1	2.44
总计		41	100

（注：按发文数量排列；联合发文政策主体分别各统计为1）

（二）政策主体发文形式

政策主体发文形式，可以分为单独发文和联合发文两种形式，联合发文可以继续分为两个机构联合发文、三个机构联合发文、四个机构联合发文等。本书中将中共中央、国务院批转或是批复发布的教育部相关报告，统计为联合发文的形式。重点大学阶段政策主体发文形式如表2所列。可以发现，重点大学阶段政策主要以单独发文为主，占67.86%，单独发文机构仍然以教育部为主，占单独发文总量的79%。两个机构联合发文中教育部和国务院、中共中央和国务院各有两次，教育部和国务院联合发文主要针对高等教育体制改革和高等教育发展意见，中共中央和国务院主要涉及教育事业管理权力和改革发展纲要。三个机构联合发文主要以中共中央、国务院和教育部为主,主要涉及重点高校名单审定、专业设置发展规定等。

表2　重点大学阶段政策主体发文形式

序号	发文形式	发文数量(份)	占比(%)
1	单独发文	19	67.86
2	两个机构联合发文	5	17.86
3	三个机构联合发文	4	14.28
	总计	28	100

（三）政策主体关系网络

政策主体合作网络是指不同政策主体间关系网络,不同政策主体合作关系也存在显著差异。

1.政策主体网络整体性。重点大学政策主体关系图谱如图10所示。虽然重点大学建设近40年的历程,共发布了28份文件,但是仅有6个政策主体。从图10表示了重点大学阶段政策主体的合作情况,这是一个全连通网络,没有节点是孤立的,表示所有不同政策主体都曾有合作发文的情况。第一,密度是社会网络分析中最常见的测度。网络密度表征着各个节点联系的强度,数值越高代表着不同节点之间联系越多,关系就会越密切。重点大学阶段政策主体整体网络密度为0.5333,网络凝聚系数0.760,说明这个阶段政策主体较为密切。第二,在这6个政策主体中,其中教育部、国务院、中共中央节点较大,说明这两个政策主体联合发文数量相对较多,处于政策主体合作网络的核心位置。而国家发展改革委、科技部、中央组织部节点较小,说明它们参与政策主体合作网络的次数相对较少,处于网络的边缘位置。第三,网络链接频数中教育部和国务院的连线最粗,说明重点大学阶段教育部和国务院合作最为紧密,连线的值为6,说明国务院和教育部曾6次合作发文。其次是中共中央和国务院的连线较粗,说明中共中央和国务院的合作也很频繁,连线的值为4,说明中共中央和国务院曾4次合作发文。再次是教育部和中共中央的连线也较粗,说明教育部和中共中央的也较多,连线的值为2,说明教育部和中共中央曾2次合作发文。

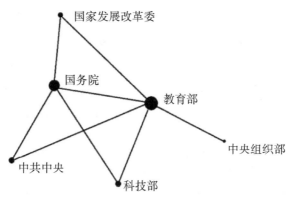

图10　重点大学政策主体合作网络图谱

2.主体网络结构个体性。经过Ucinet运算,得到表3。第一,从点度中心度和中间中心度可以发现,教育部居于最核心位置,说明重点大学建设过程中教育部具有核心地位,不仅具有重要的核心领导作用,而且具有重要的桥梁沟通连接作用。第二,中间中心度中除了教育部,还包括国务院,就说明在重点大学阶段国务院也扮演着重要的中间连接作用。从接近中心度可以发现,中央组织部在重点大学阶段发文方面具有较高的独立性。由于国家发展改革委是高水平大学政策管理和拨款的重要机构,因此重点大学阶段政策主要以教育部、国务院为主。

表3　重点大学政策主体中心度比较

序号	政策主体	点度中心度	中间中心度	接近中心度
1	教育部	12.000	5.500	5.000
2	国务院	11.000	1.500	6.000
3	国家发展改革委	2.000	0.000	8.000
4	中共中央	2.000	0.000	8.000
5	科技部	2.000	0.000	8.000
6	中央组织部	1.000	0.000	9.000

四、多科性和综合性大学为主的政策客体

政策客体是指政策发生影响作用的对象,本书中具体指政府批准指定的重点高校。在1954—1995年,被政府批准"指定"[134]为重点高校和重点建设项目成了重点大学建设的主要方式。1954—1995年重点大学建设的过程

我国重点建设高水平大学政策的演进与创新研究

中,虽然1984年增加了国家重点建设项目,但是整个政策客体的变化主要随国家管理体制和高等教育管理体制变化所改变。

(一)重点高校[135]

1954年第一次指定中国人民大学、北京大学、清华大学、哈尔滨工业大学、北京农业大学、北京医学院为全国性的重点学校。1959年全国重点学校增加到16所。1960年《中共中央关于增加全国重点高等学校的决定》增加的全国重点高等学校共64所。1978年高等教育得到有效恢复,全国重点高校达到了88所,其中综合类高校17所,理工类高校53所,农学类9所,医学类6所,外国语类2所,艺术类1所。到1981年在原有基础上又增加了10所重点大学。从高校数量来看,主要是在原来基础上不断拓展,并且通过对重点高校的类型分析可以发现,这个阶段高水平大学政策客体主要以综合性大学和多科性大学为主。

(二)国家重点建设项目支持高校

1984年《国务院关于教育部、国家计委将10所高等院校列入国家重点建设项目请示报告的批复》,将北京大学、清华大学、复旦大学、西安交通大学、上海交通大学、中国科技大学、北京医学院、中国人民大学、北京师范大学、北京农业大学共10所高等院校列入当前国家重点建设项目,安排专项补助投资用于建设。1984年和1985年陆续又将哈尔滨工业大学、中国人民解放军国防科学技术大学、北京航空学院(今北京航空航天大学)、北京工业学院(今北京理工大学)、西北工业大学列为国家重点建设项目[136]。

(三)重点学科

1985年《中共中央关于教育体制改革的决定》第一次开始在全国范围内要求建设一批重点学科。这成为1987年8月12日国家教育委员会颁布《关于评选高等学校重点学科的暂行规定》主要依据。1987年教育部组织了评选重点学科的试点,专家组评选了经济、化学、电子学与通信、动力机械及工程热物理4个一级学科中的重点学科。在总结这一试点经验的基础上,教育部组织专家学者,历时两年,评选出416个全国重点学科,这些学科点覆盖了108所高校。在评选出这些重点学科之后,教育部向世界银行贷款1亿美元来进行这些重点学科的建设。由于经费仍然紧张,当时进行建设的只有一小部分学科点,成立了100多个国家重点实验室和重点专业实验室。这部分学科点都是理工科,教育部后来又追加了一些其他的重点学科,但支持力度较小。[132]

第四节　"211和985工程"阶段政策沿革(1995—2015年)

"211和985工程"阶段是我国高水平大学建设的内涵提升阶段,"211工程"议程的提出经过了一个相当长的过程,相对而言"985工程"出台较为迅速。虽然1993年《中国教育改革和发展纲要》和《国务院批转国家教委关于加快改革和积极发展普通高等教育意见的通知》提出决定设置"211工程"重点建设项目,但是1995年国务院批复同意的《"211工程"总体建设规划》才正式对"211工程"的具体任务、建设资金、管理程序做出明确全面规定,1995年国家教委也才正式开始"211工程"的预备立项和正式立项。因此,本书把1995年《"211工程"总体建设规划》作为"211工程"政策文本研究的起点,下面对这个阶段政策背景、政策文件、政策主体、政策客体进行研究。

一、科教兴国战略下的政策背景

(一)第一生产力指导思想

邓小平关于"科学技术是第一生产力"思想对我国20世纪末高等教育改革产生重要影响[137]。1992年春,邓小平指出"经济发展得快一点,必须依靠科技和教育。我说科学技术是第一生产力"。1992年党的十四大报告指出,必须把教育摆在首先发展的战略地位,这是第一次把科技和教育优先发展战略在全国代表大会报告中明确提出来[138]。江泽民在庆祝中国共产党成立80周年讲话中强调:"科学技术是第一生产力。""科学技术是第一生产力"的思想以及中央领导集体的高度重视为高等教育重点建设工程的实施创造了有利条件[139]。

我国重点建设高水平大学政策的演进与创新研究

(二)科教兴国战略提出

20世纪末21世纪初,在知识经济浪潮的影响下,催生了一个以科技实力为竞争目标的新时代的到来。1995年《关于加速科学技术进步的决定》首次提出全面实施科教兴国战略。1996年《中华人民共和国国民经济和社会发展"九五"计划和2010年远景目标纲要》将科教兴国作为一条重要的指导方针和发展战略上升为国家意志,主要从加快科学技术进步和优先发展教育入手。1998年3月,朱镕基宣布实施科教兴国战略是本届政府的最大任务[126]。2001年《全国教育事业第十个五年计划》指出,今后5到10年,必须坚定不移地实施科教兴国战略。2012年《国家教育事业发展第十二个五年规划》要求"十二五"时期,必须继续坚定不移地实施科教兴国战略。科教兴国战略是党中央从我国实际国情出发,为实现社会主义现代化建设宏伟目标做出的一项重大战略部署,对高等教育实现跨越式发展具有重要推动作用[138]。

(三)高等教育发展挑战

知识经济转型和科教兴国战略为我国高等教育改革发展带来了新机遇的同时,也促进我国高等教育发展面临新的挑战。20世纪90年代初,我国高等教育发展速度较为迅猛,高等教育规模正在逐步扩大,高校在校人数也与日俱增。1995年全国共有1054所高校,其中,原国家教委直属高校35所,行业、部委高校323所,本科院校616所,专科院校438所,在校本科生163.82万人,在校研究生14.51万人,其中博士研究生2.88万人[138]。市场经济体制的建立促进了我国整体实力迈上一个新台阶,初步形成了多种层次、多种形式、学科门类基本齐全的体系,为我国高校进一步优化学科布局和加强国际竞争力奠定了良好的现实基础。同时,20世纪末21世纪初,为了进一步加大高等教育体制改革力度和与国际教育体制接轨,我国高等教育领域进行了一次声势浩大的高校合并之风。1998年9月15日,浙江大学率先迈出合并的步伐,与杭州大学、浙江农业大学、浙江医科大学合并组建新浙大。在此之后,国内近千余所高校进行大规模调整,诞生了一批文、理、工、农、医学科门类齐全的综合性大学,改变了以往行业办学、部门办学的模式,提倡综合性、多元化、立体化办学思路[140]。

第二章　我国重点建设高水平大学政策的演变

> 我国1978年恢复高考之后用了很长一段时间,高等教育的体系才开始恢复。然后到20世纪90年代初高等教育院校面临巨大的问题。第一个是实验设备老化,损坏严重;第二是教师的收入极低;第三个问题还面临校舍、住宿等,甚至当时有一大批院士在1993年、1994年的时候还住筒子楼。
>
> ——来源于访谈者8

随着世界政治风云变幻,国际竞争日趋加剧,科技水平、高等教育水平成了世界范围的经济竞争以及综合国力竞争的重要影响因素。纵观新中国成立以来我国高等教育发展,虽然取得显著的成绩,但是总体发展水平仍然偏低,与欧美发达国家依然存在较大差距。例如,相当一部分高校存在着规模偏小、机构臃肿、部门重叠、教企不分、行政人员多于专职教师、尊师重教落不到实处等弊端[141]。教育思想、教学内容、教学方法还需要进一步加强和改进,教育体制和运行机制还不能与日益深化的经济、政治、科技体制改革相适应。高水平科研成果也相对不足,以高水平论文为例,1995年全国高校发表的被SCI收录的论文10832篇,而美国哈佛大学和麻省理工学院发表的被SCI收录的论文为11750篇[138]。人才培养模式尚不能适应现代化建设的需要,师资队伍问题也比较突出,在高等教育界知名或有影响力的学术大师数量较少。大学毕业生全球就业竞争力是人才国际竞争力的关键指标,而我国当时培养的毕业生的创新能力、实践能力、沟通能力,还无法适应经济全球化、市场化的发展,与国外著名高校培养的学生还存在显著差异。此外,教育投入相对不足,教师工资待遇偏低,办学条件有待改善等问题也亟待解决。

二、高度关联性和继承性的政策文件谱系

"211和985工程"阶段政策文本共49份,下面主要对"211工程""985工程"政策文本进行诠释。

（一）"211工程"

1991年时任国务委员李铁映第一次提出21世纪办好100所重点大学的

设想。1991年底,在李铁映的倡导下,三个部委在报告里向国务院提出"211工程"的请示,1992年国务院原则同意之后,国家教委成立了"211工程"办公室具体负责"211工程"相关工作。1993年《中国教育改革和发展纲要》(由国家教委起草)明确写入了"211工程"的主要内容,教育部于1993年在《国家教委关于重点建设一批高等学校和重点学科点的若干意见》向各部委、省行政部门和各高校发布了这一计划,同年成立"211工程"部际协调小组以及办公室[132]。1995年正式颁布《"211工程"总体建设规划》的建设意义、总体目标、具体任务等。此后,发布了系列相关政策,如图11所示,总体来看,不同政策的联系开始显著加强,其中《"211工程"总体建设规划》《关于"十五"期间加强211工程"项目建设的若干意见》《"211工程"建设实施管理办法》《关于做好"211工程"三期验收工作的通知》这四个文件政策关系联系较为密切,而且还可以发现《"211工程"建设实施管理办法》在整个政策关系中具有显著的中间连接性,是"211工程"1期和2期发展到一定阶段出台的具体实施管理办法,对"211工程"3期政策也具有较强的指导性和约束性。

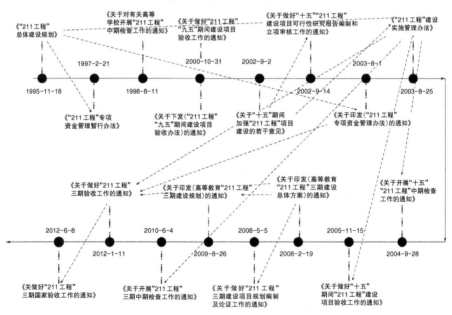

图11 "211工程"政策关系谱系图

1997年2月21日《"211工程"专项资金管理暂行办法》规定资金开支、管理与监督等。1998年8月11日《关于对有关高等学校开展"211工程"中期检查工作的通知》，对"211工程""九五"计划执行情况中期检查做出要求。2000年《关于下发〈"211工程""九五"期间建设项目验收办法〉的通知》规定了"211工程"的项目验收办法和验收流程。

2002年9月2日《关于"十五"期间加强"211工程"项目建设的若干意见》对"211工程"二期建设的指导思想、总体目标、主要任务、建设资金安排及相关政策提出指导意见。2002年9月14日《关于做好"十五""211工程"建设项目可行性研究报告编制和立项审核工作的通知》，对可行性研究报告编制和立项审核原则、主要内容、建设资金做出规定。为加强对"211工程"专项资金的管理，2003年8月1日《关于印发〈"211工程"专项资金管理办法〉的通知》规定了专项资金的管理办法。2003年8月25日《"211工程"建设实施管理办法》对"211工程"的组织实施、管理职责、建设资金、检查验收等管理办法重新规定。2004年9月28日《关于开展"十五""211工程"中期检查工作的通知》，对"十五"期间"211工程"计划执行情况进行中期检查。2005年是"十五"期间"211工程"建设的最后一年。2005年11月15日发布《关于做好"十五"期间"211工程"建设项目验收工作的通知》。

2008年2月19日《关于印发〈高等教育"211工程"三期建设总体方案〉的通知》对"211工程"三期的总体目标和主要任务等做出部署。2008年5月5日《关于做好"211工程"三期建设项目规划编制及论证工作的通知》，对建设项目设计原则、论证、申报、评审和审批等做出部署。2009年8月26日《关于印发〈高等教育"211工程"三期建设规划〉的通知》将"211工程"三期建设总体方案落实为建设项目。2012年1月11日《关于做好"211工程"三期验收工作的通知》，在2012年上半年对"211工程"三期建设项目进行验收。2012年6月8日《关于做好"211工程"三期国家验收工作的通知》决定自2012年6月起开展国家验收工作。

（二）"985工程"

北京大学建校100周年筹备校庆期间，国家教委有关领导人先后到北京大学考察，建议向中央提出"创建世界一流大学"的建设目标，以争取获得中

我国重点建设高水平大学政策的演进与创新研究

央政府的更大支持[142]。北京大学采纳了这一重要建议。1998年5月4日江泽民在北大100年校庆上提出我国要有若干所具有世界先进水平的一流大学的愿景。同时,北京大学着手起草一份报告,以北京大学和清华大学两校名义向党中央和国务院申请"建设世界一流大学"的经费。同时,北京大学和清华大学开始各自研究制定创建世界一流大学的规划。1998年《面向21世纪教育振兴行动计划》,发布了致力于建设争取若干所大学和一批重点学科进入世界一流水平的愿景。至此,在国家领导、高校的多方联动之下用了半年时间使得"985工程"成为一项国家级教育政策正式出台[132]。我国出台"985工程"建设相关政策关系谱系图如图12所示,其中《2003—2007年教育振兴行动计划》《关于继续实施"985工程"建设项目的意见》《关于印发〈"985工程"建设管理办法〉的通知》《关于做好"985工程"二期建设规划和编制"985"工程二期建设项目可行性研究报告的通知》《关于同意"985工程"二期建设项目可行性研究报告立项的通知》《关于加快推进世界一流大学和高水平大学建设的意见》《国家中长期教育改革和发展规划纲要(2010—2020年)》《关于印发〈"985工程"专项资金管理办法〉的通知》这几个政策在整个政策关系中占据重要影响作用,对其他政策文本具有较高的指导性和联系性。可以发现"985工程"阶段的政策一方面加强了与国家振兴计划和发展改革纲要的联系性,另一方面增加了"985工程"具体管理办法相关政策的连续性和一致性,不同政策的联系性、继承性和发展性得到提升。

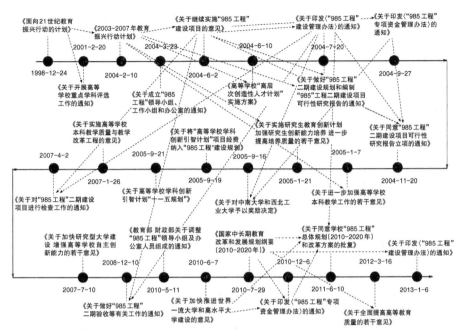

图12　"985工程"政策关系谱系图

2001年《关于开展高等学校重点学科评选工作的通知》颁布高等学校重点学科评选工作组织与实施的具体要求。2004年《2003-2007年教育振兴行动计划》要求努力建设一批高水平大学和重点学科。2004年3月23日《关于成立"985工程"领导小组、工作小组和办公室的通知》，公布各小组和办公室成员名单。2004年6月2日《关于继续实施"985工程"建设项目的意见》，鼓励努力建设若干所世界一流大学和一批国际知名的高水平研究型大学的决定。

2004年6月10日发布《高等学校"高层次创造性人才计划"实施方案》及《"长江学者和创新团队发展计划"长江学者聘任办法》《"长江学者和创新团队发展计划"创新团队支持办法》《"新世纪优秀人才支持计划"实施办法》《"青年骨干教师培养计划"实施办法》等相关文件。2004年7月20日教育部、财政部、"985工程"办公室发布《关于印发〈"985工程"建设管理办法〉的通知》和《关于做好"985工程"二期建设规划和编制"985"工程二期建设项目可行性研究报告的通知》。2004年9月27日《关于印发〈"985工程"专项资金

我国重点建设高水平大学政策的演进与创新研究

管理办法〉的通知》发布中央专项资金使用重点、管理原则等具体细则。2004年11月20日颁布《关于同意"985工程"二期建设项目可行性研究报告立项的通知》。2005年《关于进一步加强高等学校本科教学工作的若干意见》实施高等学校教学质量与教学改革工程。2005年9月16日《关于对中南大学和西北工业大学予以奖励的决定》对中南大学和西北工业大学予以表彰,每校奖励2000万元,用于学科建设和科技创新平台建设。2005年9月19日颁布《关于将"高等学校学科创新引智计划"项目经费纳入"985工程"建设规划》旨在推动高水平研究型大学建设的高层次人才引进计划。为推进高等学校人才强校战略的实施,2005年9月21日《关于高等学校学科创新引智计划"十一五"规划》决定联合实施高等学校学科创新引智计划(简称"111计划")。2007年4月2日教育部、财政部、"985工程"办公室发布《关于对"985工程"二期建设项目进行检查工作的通知》。2007年《关于加快研究型大学建设 增强高等学校自主创新能力的若干意见》要求加速高校科技创新能力、满足国家创新体系的需要。2008年12月10日教育部、财政部、"985工程"办公室发布《关于做好"985工程"二期验收等有关工作的通知》。2010年5月11日《教育部 财政部关于调整"985工程"领导小组及办公室人员组成的通知》调整"985工程"领导小组及办公室人员有关人员。

  2010年《关于加快推进世界一流大学和高水平大学建设的意见》提倡"985工程"建设中深入开展改革创新试点,加快推进世界一流大学和高水平大学建设。2010年《国家中长期教育改革和发展规划纲要(2010—2020年)》要求继续实施"985工程"、优势学科创新平台建设、"211工程"、启动特色重点学科项目。2010年《关于印发〈"985工程"专项资金管理办法〉的通知》对"985工程"专项资金的使用和管理作出新的规定。2011年6月10日教育部、财政部发布《关于同意学校"985工程"总体规划(2010—2020年)和改革方案的批复》。2013年《关于印发〈"985工程"建设管理办法〉的通知》中对"985工程"的具体管理办法和管理程序做出规定。

三、教育部、财政部为主的政策主体

(一)政策主体发文数量

这个阶段政策主体发文数量如表4所列,共有8个政策主体发文,联合发文政策主体分别各统计为1,其中教育部发文数量最多,其次是财政部,再次是"211工程"部际协调小组办公室。

表4　"211和985工程"阶段政策主体发文数量

序号	政策主体名称	发文数量(份)	占比(%)
1	教育部	37	41.11
2	财政部	28	31.11
3	"211工程"部际协调小组办公室	10	11.11
4	国家发展改革委	7	7.78
5	"985工程"办公室	5	5.56
6	国务院	1	1.11
7	国家中长期教育改革和发展规划纲要 工作小组办公室	1	1.11
8	国家外国专家局	1	1.11
	总计	90	100

(注:以发文数量排列)

(二)政策主体发文形式

"211和985工程"阶段政策主体发文形式如表5所列,主要以单独发文为主,占40.82%,其中"211工程"部际协调小组办公室发文量占单独发文的50%、教育部发文量占单独发文的40%。两个机构联合发文中主要以教育部和财政部联合发文为主,占两个机构联合发文的94%,主要涉及"985工程"总体规划、领导实施、专项资金、认定管理等方面。三个机构联合发文主要以国家发展改革委、教育部和财政部为主,占三个机构联合发文58%,主要涉及总体规划、专项资金管理办法、建设意见、项目规划编制及论证等。通过对比重点大学阶段政策主体发文形式可以发现,"211和985工程"阶段政策主体发文形式降低了单独发文的概率,加大了两个机构联合发文和三个机构联合发文的比重,即加大了教育部与财政部、国家发展改革委以及其他

部门的合作与联动。

表5 "211和985工程"阶段政策主体发文形式

序号	发文形式	发文数量(份)	占比(%)
1	单独发文	20	40.82
2	两个机构联合发文	17	34.69
3	三个机构联合发文	12	24.49
	总计	49	100

(三)政策主体合作网络

1.政策主体网络整体性。"211和985工程"阶段政策主体关系图谱如图13所示。虽然"211和985工程"阶段建设了近20年的历程,但是共发布了49份文件,仅有8个政策主体。

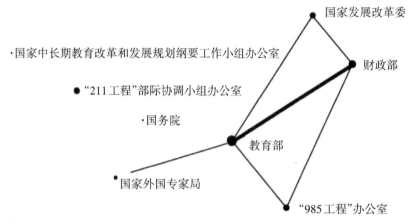

图13 "211和985工程"阶段政策主体图谱

图13表示了"211和985工程"阶段政策主体的合作情况不是全连通网络,包括"211工程"部际协调小组办公室、国家中长期教育改革和发展规划纲要工作小组办公室、国务院这三个节点是孤立的,说明他们都存在单独发文的情况,其他政策主体都曾有合作发文产生。第一,网络密度表征着各个节点联系的强度,数值越高代表着不同节点之间的关系越密切。"211和985工程"阶段政策主体整体网络密度为0.2143,网络凝聚系数0.750。"211和985工程"阶段相对重点大学阶段而言,由于政策主体的增加,网络的密度和凝聚性有所下降,说明这个阶段不同政策主体参与到政策制定和颁布中来,

但是合作的紧密程度有所下降。第二,在这8个政策主体中,其中教育部、财政部、国家发展改革委、"985工程"办公室节点较大,说明他们联合发文数量相对较多,处于政策主体合作网络的核心位置。此外,"211工程"部际协调小组办公室单独发文10次,节点也比较大。其余节点较小,说明它们参与政策主体合作网络的次数相对较少,位于"211和985工程"阶段政策主体网络的边缘位置。第三,从网络连接频数中看,教育部和财政部的连线最粗,说明"211和985工程"阶段教育部和财政部合作最为紧密,连线的值为28,说明教育部和财政部曾28次合作发文。其次是国家发展改革委与教育部、财政部连线也比较粗,说明国家发展改革委与教育部、财政部的合作也很频繁,连线的值都为7,实际上国家发展改革委共发文7份,都是与教育部、财政部一起联合发文的。再次是"985工程"办公室与教育部、财政部的连线也较粗,说明他们合作也较多,连线的值为5,实际上"985工程"办公室总计发文5次,都是与教育部、财政部的联合发文。

通过与重点大学阶段政策主体比较可以发现,"211和985工程"阶段政策主体数量呈现出增加趋势和部委级别降低的趋势,主要增加了财政部、"211工程"部际协调小组办公室、"985工程"办公室、国家中长期教育改革和发展规划纲要工作小组办公室、国家外国专家局,减少了中共中央、科技部、中央组织部。虽然国务院也有参加,但是发文数量明显少于重点大学阶段。同时,重点大学阶段政策主体主要集中于教育部以及上级管理单位中共中央、国务院,而"211和985工程"阶段政策主体主要集中于教育部、财政部、"211工程"部际协调小组办公室、"985工程"办公室等部级单位以及综合协调管理单位。

2.主体网络结构个体性。经过Ucinet标准化运算,得到表6。第一,从点度中心度和中间中心度可以发现,教育部居于最核心位置,说明"211和985工程"建设过程中教育部具有核心地位,具有重要的核心领导作用。第二,中间中心度中除了教育部,还包括财政部,就说明在"211和985工程"阶段教育部、财政部都扮演着重要的中间连接作用。第三,从接近中心度可以发现,国家外国专家局在"211和985工程"阶段政策主体合作网络方面独立性较强。与重点大学阶段政策主体中心性比较，虽然教育部的核心作用没有变化，但是"211和985工程"阶段国务院政策发文的参与度有所弱化，财政部的参与度显著加强。同时，"211和985工程"相应的统筹管理办公室的作用也非常明显。通过上述几个方面的分析，概言之这个阶段教育部、财政部作为主要的政策主体。

表6 "211和985工程"政策主体中心度比较

序号	政策主体	点度中心度	中间中心度	接近中心度
1	教育部	41.000	3.500	28.000
2	财政部	40.000	0.500	29.000
3	国家发展改革委	14.000	0.000	30.000
4	"985工程"办公室	10.000	0.000	30.000
5	国家外国专家局	1.000	0.000	31.000
6	"211工程"部际协调小组办公室	0.000	0.000	0.000
7	国务院	0.000	0.000	0.000
8	国家中长期教育改革和发展规划纲要工作小组办公室	0.000	0.000	0.000

四、综合性大学为主的政策客体

20世纪90年代，高等教育领域掀起了合并飓风，经过对原机械工业部、化工部、卫生部等隶属高校的合并，21世纪初诞生了一批新综合性大学，现在的浙江大学、四川大学就是当时合并而来。同时，我国高等教育管理体制和布局结构开始由苏联模式向欧美模式转变，这个阶段无论是"985工程"高校还是"211工程高校"主要以综合性大学为主。

（一）"211工程"建设高校[138]

"211工程"一期建设为1995—2000年，二期建设为2002—2005年，三期建设为2007—2011年。"211工程"立项包括自我预审、部门预审、专家评审和批准立项等四个程序。

"211工程"一期在99所高校中实施，主要建设602项重点学科和2个高等教育公共服务体系。从学科分布来看，人文社会科学领域62项、经济及政法领域57项、基础科学领域89项、环境资源领域42项、基础产业和高新技术领域255项、医药卫生领域66项、农业领域31项。

"211工程"二期在107所大学中实施,主要建设821个重点学科和3个全国高等教育公共服务体系建设项目。从学科分布来看,基础科学领域122项、人文社会科学领域87项、经济及政法领域85项、环境资源领域69项、基础产业和高新技术领域325项、医药卫生领域91项、农业领域42项。从高等教育公共服务体系建设来看,包括我国教育和科研计算机网高速地区主干网升级工程、高等教育文献保障体系二期工程、高等学校仪器设备和优质资源共享体系。

"211工程"三期在112所大学中实施,主要建设1073个重点学科和3个全国高等教育公共服务体系建设项目。从学科分布来看,基础科学领域153项、人文社会科学领域119项、经济领域54项、政法领域42项、管理领域51项、能源领域47项、信息领域42项、资源环境领域67项、基础产业和高新技术领域202项、医药卫生领域120项、农业领域68项、新兴学科交叉领域52项[143]。

（二）"985工程"建设高校

"985工程"建设项目的审批程序为自我项目论证报告、主管部门审核、专家论证、批复立项等。"985工程"一期建设从1999—2003年,二期建设从2004—2007年,985院校总计39所。"985工程"一期入选高校,一期34所。其中,北京大学和清华大学以教育部支持为主,其他高校以不同形式共建的方式为主。"985工程"二期入选高校又增加了5所,分别是中国农业大学、国防科技大学、中央民族大学、西北农林科技大学、华东师范大学。其后,"985工程"院校没有再进行增加或调整。"985工程"二期在一期建设基础上,强化了"国家科技创新平台和国家哲学社会科学创新基地建设",根据不同平台和基地类型和特点,采取不同建设模式和运行机制,共建设涵盖多个领域的各类科技创新平台和哲学社会科学创新基地372个,如表7所列。科技创新平台Ⅰ类是指面向世界科技发展前沿和经济建设、社会发展与国家安全重大需求的创新平台;科技创新平台Ⅱ类是指面向科技发展方向、国家经济与社会发展以及国家安全需求的创新平台。哲学社会科学创新基地Ⅰ类是指面向世界科技前沿问题和国家现代化建设中的重大理论和实践问题的基地，哲学社会科学创新基地Ⅱ类是指以服务国家经济社会发展和中国特色社会主义物质文明、政治文明和精神文明建设为导向的基地。

表7 "985工程"科技创新平台与哲学社会科学创新基地

类别	领域	小计	Ⅰ类	Ⅱ类
"985工程"科技创新平台	基础前沿科学	39	16	23
	生命科学	55	16	39
	信息	35	13	22
	材料与制造	40	18	22
	能源、环境与公共安全	54	12	42
	国家安全	35	11	24
	小计	258	86	172
"985工程"哲学社会科学创新基地	哲学、马克思主义	18	13	5
	政治学、法学、行政学	11	8	3
	文学、语言学、历史学	22	16	6
	经济学、社会学、企业管理	30	21	9
	国际问题、港澳台	10	8	2
	管理学	11	3	8
	教育学、心理学、信息传播	12	7	5
	小计	114	76	38
合计		372	162	210

第五节　世界一流大学阶段政策沿革（2015—2020年）

世界一流大学阶段是我国高水平大学建设的发展转型阶段，标志性起源是2015年10月24日国务院颁布的《统筹推进世界一流大学和一流学科建设总体方案》，此部分从政策背景、政策文件、政策主体、政策客体四方面展开研究。

一、创新驱动战略下的政策背景

（一）中国梦的提出

中国梦对"双一流"战略的提出和实施具有重要指导意义。2012年11月

29日习近平在参观《复兴之路》展览时首次提出并阐述实现中华民族伟大复兴的中国梦。中国梦本质是实现国家富强、民族振兴、人民幸福[144]。中国梦是对以往历届党和国家领导人思想的延续和发展,是对新时代建设高等教育的重要理论指导,也对高等教育改革发展提出新要求,促使我国高等教育探讨如何根据发挥自身特色优势,提升在国际舞台上的竞争力和领导力以及培育国家事业发展需要的优秀人才等。

(二)创新驱动发展战略的提出

2015年3月《中共中央 国务院关于深化体制机制改革加快实施创新驱动发展战略的若干意见》要求改革高等学校和科研院所科研评价制度,构建创新型人才培养模式,进一步推进创新驱动政策统筹协调。2016年《国家创新驱动发展战略纲要》要求实施重大科技项目和工程、实现重点跨越。2017年《国家教育事业发展"十三五"规划》对教育如何对接国家创新驱动发展战略再次部署,是我国放眼世界、立足全局根据经济社会发展现状的又一重要战略转型,使得高等教育科技创新能力、创新主体、创新内容面临新的挑战。

(三)高等教育历史机遇

随着我国经济转型发展,我国已经是世界第二大经济体,约占全球GDP总量的15%,据测算对世界经济增长的贡献率在30%左右,而且对世界经济的贡献率还在不断提高[145],为我国加快建设世界一流大学提供了有力保障。2016年《国家创新驱动发展战略纲要》明确要求建设世界一流大学和一流学科。同时,由于40多年重点大学建设、20年的"211和985工程"建设,我国高水平大学的办学实力得到了显著提升,学科建设水平取得重大进展,少数高校在有的学科领域已经达到或是接近国际先进水平,不少高校已经建立了一批高水平的师资队伍,为创建世界一流大学构建了良好的条件。

世界经济论坛《2017—2018年度全球竞争力报告》从12项一级指标114项二级指标来衡量全球经济体的竞争力,2017年我国综合位列全球第27位。然而从下辖指标来看,高等教育与培训位列全球第47位,数学和科学教育质量位列全球第50位,创新能力位列全球第44位[146]。这几项指标远低于综合排名,透视出全球经济背景下我国高等教育尤其是人才培养质量还不能够很好地与当前经济社会发展相匹配。欧洲工商管理学院发布的2018年《全球人才竞争力指数》显示我国位列第43位[147]，虽然通过纵向比较全球知识技能变迁可以发现，近5年高等教育中数学科学能力、人才影响力、创新能力正在逐步提升，但是横向来看仍然明显薄弱于欧美国家及新加坡、日本等亚洲国家。《2016年全球制造业竞争力指数》指出，首席执行官们一致将"人才"评为全球制造业竞争力最重要的驱动因素，尽管我国毕业的理工科人数遥遥领先，但大部分理工科毕业生缺乏足够的易于全球受雇的竞争能力[148]。汤森路透公司"高被引科学家数据库"收录了全球各个领域内被引总次数最多的科学家，共收录了6000余人，其中4000余人在大学工作，哈佛大学、斯坦福大学拥有100人以上，而我国39所"985工程"高校中只有3所学校各有1名高被引科学家，这反映出"985工程"高校中国际学术影响力较为广泛的教师还是非常少的[149]。因此，为了进一步提升我国高等教育竞争力，缩小与欧美发达国家的差距，加大顶尖高校为国家创新发展的驱动作用，建设世界一流大学和一流学科成为时代需要。

二、关联性日趋深化的政策文件谱系

在国家创新驱动发展战略影响下，为了增强国家核心竞争力，着力解决高等教育重点建设中存在身份固化、竞争缺失、重复交叉等问题，中共中央、国务院作出重大战略调整，决定创新重点建设的实施方式，提出建设"双一流"建设。2015年"双一流"提出至今，政策文本共19份，政策关系谱系图如图14所示，其中《统筹推进世界一流大学和一流学科建设总体方案》《统筹推进世界一流大学和一流学科建设实施办法（暂行）》在整个政策脉络中具有较高的指导性和联系性，通过政策文本脉络可以发展，这个阶段在上一个阶段基础上，尝试拓展了一流本科专业、一流本科课程类文件，使得高水平大学政策谱系不断拓展和深化。

第二章 我国重点建设高水平大学政策的演变

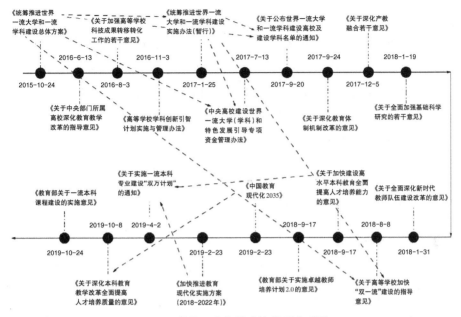

图14 世界一流大学政策关系谱系图

2015年《统筹推进世界一流大学和一流学科建设总体方案》出台标志着"双一流"建设正式开始。2016年《关于中央部门所属高校深化教育教学改革的指导意见》实施中央高校教育教学改革专项。2016年《关于加强高等学校科技成果转移转化工作的若干意见》要求加大高校科技成果转移转化工作。2016年《高等学校学科创新引智计划实施与管理办法》对引进国外高水平人才及其管理办法做出规定。2017年1月25日《统筹推进世界一流大学和一流学科建设实施办法（暂行）》，宣布"双一流"建设。2017年《中央高校建设世界一流大学（学科）和特色发展引导专项资金管理办法》颁布"引导专项"的分配、使用和管理原则等。2017年《关于公布世界一流大学和一流学科建设高校及建设学科名单的通知》教育部正式公布"双一流"建设的高校及学科。2017年《关于深化教育体制机制改革的意见》要求加快构建高等教育内涵发展的体制机制。2017年《关于深化产教融合若干意见》要求完善世界一流大学和一流学科建设推进机制。2018年《关于全面深化新时代教师队伍建设改革的意见》要求继续服务创新型国家和人才强国建设、世界一流大学和一流学科建设。2018年8月8日《关于高等学校加快"双一流"建设的指导意见》推动建设世界一流大学的步伐。2018年《关于加快建设高水平本科教育全面提高人才培养能力的意见》鼓励不同层次高校提高本科教育质量。2018年9月17日《教育部关于实施卓越教师培养计划2.0的意见》。2019年《中国教育现代化2035》和《加快推进教育现代化实施方案(2018—2022年)》建议分类建设一批世界一流高等学校。2019年4月2日教育部《关于实施一流本科专业建设"双万计划"的通知》,之后10月接着颁布《教育部关于一流本科课程建设的实施意见》,规定了一流本科、一流专业、一流课程的建设内容。

三、教育部、国务院为主的政策主体

(一)政策主体发文数量

世界一流大学阶段政策主体发文数量如表8所列,世界一流大学阶段共有7个政策主体发文,其中教育部发文数量最多,占37.5%;其次是国务院,占21.88%;再次是中共中央、财政部,各为12.5%;最后是国家发改委,占9.38%。通过对比重点大学阶段、"211和985工程"阶段可以发现世界一流大学阶段政策发文仍然以教育部为主,但是占比较前两个阶段有所下降。世界一流大学阶段政策主体数量较上一个阶段减少了一个,但是中共中央、国务院、国家发展改革委的发文量较上一个阶段有所回归,发文主体全部在部级单位以上,说明世界一流大学建设受到国家的高度重视。由于2015年才刚开始世界一流大学阶段,未来政策主体的变化还不能只根据前五年的情况作出整体判断。

表8　世界一流大学阶段政策主体发文数量

序号	政策主体名称	发文数量(份)	占比(%)
1	教育部	12	37.5
2	国务院	7	21.88
3	中共中央	4	12.5
4	财政部	4	12.5
5	国家发展改革委	3	9.38
6	科技部	1	3.13
7	国家外国专家局	1	3.13

序号	政策主体名称	发文数量(份)	占比(%)
	总计	32	100

(注:以发文数量排列)

(二)政策主体发文形式

世界一流大学阶段政策主体发文形式如表9所列,主要以单独发文为主,占47.37%,单独发文机构仍然以教育部为主,两个机构联合发文中共中央和国务院为主,中共中央和国务院联合发文主要针对教育体制改革、教育现代化。三个机构联合发文只有国家发展改革委、教育部和财政部的合作,主要针对世界一流大学和一流学科建设的实施办法、指导意见。从政策主体发文形式来看,世界一流大学阶段政策主体仍然存在三个机构联合发文的情况,说明世界一流大学阶段政策主体的合作联动性不断加强。

表9　世界一流大学阶段政策主体发文形式

序号	发文形式	发文数量(份)	占比(%)
1	单独发文	9	47.37
2	两个机构联合发文	7	36.84
3	三个机构联合发文	3	15.79
	总计	19	100

(三)政策主体合作网络

1.政策主体网络整体性。世界一流大学阶段政策主体关系图谱如图15所示。从图可以发现世界一流大学阶段政策主体的合作是全连通网络,没有孤立节点,说明世界一流大学阶段政策主体都曾有合作发文情况。虽然世界一流大学阶段建设了5年的历程,但是已经发布了19份文件,有7个政策主体。第一,世界一流大学阶段政策主体整体网络密度为0.7619,网络凝聚系数0.722。世界一流大学阶段网络密度高于"211和985工程"阶段与重点大学阶段。所以总体来看,政策主体之间的联系还算比较多。第二,在这7个政策主体中,其中教育部、财务部、国家发展改革委节点较大,说明他们联合发文数量较多,处于政策主体合作网络的核心位置。此外,科技部、国家外国专家局节点较小,说明参与政策主体合作网络的次数相对较少,处于网络的边缘位置。

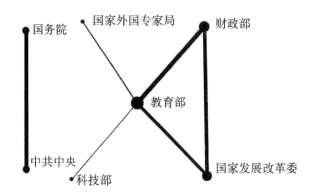

图15　世界一流大学阶段政策主体图谱

从这三个阶段政策主体变化可以发现,虽然教育部核心地位没有变化,但是其他政策主体的变化却比较明显。教育部、国家发展改革委、国务院在这三阶段都一直连续政策发文参与,中共中央、科技部参与了重点大学和世界一流大学阶段,财政部、国家外国专家局参与了"211和985工程"阶段、世界一流大学阶段。相对于"211和985工程"阶段,国务院的政策发文参与度有所回升,同时中共中央也重新回归。

2.主体网络结构个体性。经过Ucinet运算,得到表10。第一,从点度中心度和中间中心度来看,教育部居于最核心位置,第二,从接近中心度可以发现,中共中央和国务院在世界一流大学阶段建设中具有较高的独立性。相对前两个阶段,教育部的核心地位继续保持不变,但是财政部在第二个阶段中间作用比较显著,在世界一流大学阶段财政部的中间作用不再凸显。

表10　世界一流大学阶段政策主体中心度比较

序号	政策主体	点度中心度	中间中心度	接近中心度
1	教育部	9.000	5.000	18.000
2	财政部	7.000	0.000	20.000
3	国家发展改革委	6.000	0.000	20.000
4	国务院	4.000	0.000	36.000
5	中共中央	4.000	0.000	36.000
6	科技部	1.000	0.000	21.000
7	国家外国专家局	1.000	0.000	21.000

四、综合性大学为主的政策客体

通过竞争优选、专家评选、政府比选、动态筛选,2017年《关于公布世界一流大学和一流学科建设高校及建设学科名单的通知》,确定了一流大学建设高校名单、一流学科建设高校、"双一流"建设学科名单。一流大学建设高校42所,包括A类36所、B类6所,一流学科建设高校95所,"双一流"高校只占全国高校的5.3%。这次一流大学建设高校在"985工程"高校基础上,添加了新疆大学、云南大学、郑州大学;一流学科建设高校在"211工程"高校基础上,增加了25所高校。一流大学建设高校100%是部属高校和省部共建高校,一流学科建设高校89.5%是部属高校和省部共建高校。

这次评选出461项108个"双一流"建设学科,这些学科点覆盖了137所高校。从各高校一流学科数量来看,北京大学和清华大学最多,分别是41和34个,10~20个的高校有10所,其余高校学科点保持在1~9个区间。从学科点分布来看,材料科学与工程学科建设高校最多,30所高校建设这一学科;化学有25所高校建设这一学科;生物学有16所高校建设这一学科;数学和计算机科学与技术各有14所高校建设这一学科;生态学有11所高校建设这一学科;机械工程有10所高校建设这一学科;其余学科建设高校保持在1~9个区间。通过学科点的分布可以发现,主要以理工科为主。

从入选高校数、学科数和校均入选学科数区域分布来看,"双一流"建设仍然集中在东部和中部的部门重点高校或省部共建高校。在"双一流"高校遴选过程中试图进一步优化了高等教育资源配置,将云南大学、新疆大学纳入一流高校建设范畴,通过入选"双一流"学科的微调节,进一步缩小部属高校和地方高校的差距。建设期末,根据评价结果等情况,重新确定下一轮建设范围,开始实施有进有出机制。"双一流"建设就政策客体而言,鼓励和支持不同类型的高校差异化发展,尝试破除同质化的发展路径,尝试构建高校竞争机制,是我国高等教育重点支持的又一次变革。

第三章　我国重点建设高水平大学政策目标研究

　　政策演变首先表现为政策目标的转变,它既是政策问题的体现,也是政策方案制定的依据[150]。我国高水平大学政策目标是政策设计和政策执行的灵魂和核心,政策目标蕴含着政策设计的逻辑起点和内在旨归,对政策内容具有导向、制约、管理等作用,因此本章从政策目标着手,深入研究政策目标的基本内容、组成部分和价值导向。根据政策文本中政策目标的具体内容和特点,本书主要把三个阶段政策目标分为总体发展目标和重点领域目标展开研究。总体发展目标主要指我国高水平大学政策目标的集中体现,一般是指最高层次的战略目标,通常具有高度概括性和凝聚力,是各层级政策子目标和各类型政策子目标的全方位行动指南和总体方略。重点领域目标是高水平大学建设在总体发展目标的统筹下各个分领域的政策目标。由于不同政策文本对政策目标有不同规定,常规政策文本的基本结构就是开宗明义地阐明政策目标的主旨内容。所以本书从高水平大学建设政策目标入手,对三个阶段政策目标以及特征进行深入研究,并且利用质性编码和社会网络分析方法对政策目标的联系性和量化关系进行研究的基础上,同时对70年来政策目标的连续性、变化性等进行深入分析,试图揭示出我国高水平大学政策目标的层次性和复杂性,进而尝试深入探索政策目标中价值向度。

第一节　重点大学阶段的政策目标

一、总体发展目标

1954年10月5日《关于重点高等学校和专家工作范围的决议》确定重点高校建设是"为了学习苏联经验,又防止平均使用力量,促使重点高校先走一步,以此带动其他高校共同进步"。这份文件是最早确立我国重点大学建设政策的标志性文本,政策目标中包含着两层含义:一方面是学习苏联经验,由于政治经济体制原因,这个时期学习苏联高等教育模式对我国重点大学建设产生了深刻的思想渊源。20世纪30年代确立的苏联大学模式的特点是:大学是国家事业的一个组成部分,大学的任务是为无产阶级国家政权服务,为国家培养建设干部,大学直接服务于计划经济建设需要,大学类型主要由单科大学与文理科综合大学构成[3]。这个阶段开启的重点大学建设目标即有局部试点的性质,又为我国高等教育全面学习苏联模式动员的意图。另一方面倡导防止平均使用力量的以点带面差异化发展思路,通过对6所重点大学先走一步的试点,为其他高校树立典范以带动高等教育进步,这是重点论在高等教育领域的集中体现。

第一,没有经验,不知道怎么办,那时候旧的大学体制,是那种革命斗争,实事求是地说,不知道怎么办,只能学苏联。第二个是也没钱,一穷二白,所以只能集中有限的资源,先建好几所大学,等这几所大学建好了,别人跟着办、跟着学。第一跟着学就是吸取经验,第二也没那么多钱,只能先重点建设几所。所以当时的重点建设大学的一项任务就是为普通高校培养师资,还有这样的任务,所以当时是这样。

——来源于访谈者29

我国重点建设高水平大学政策的演进与创新研究

1959年《中共中央关于在高等学校中指定一批重点学校的决定》指出，"为了既能发展高等教育，又能防止平均使用力量，招致高等教育质量的普遍降低，从现有的比较有基础的高等学校中，指定少数学校，从现在起就采取措施，着重提高等教育质量。"20世纪50年代末我国已经根据苏联大学模式完成了三次院系调整，在我国高等教育系统基本建立了发展工科院校为主的宏观布局。1959年的这次文件总体目标中包含着两层含义：一层含义是坚持重点支持少数高校发展的思路不变；另一层含义是提出"高等教育质量"的要求，这是我国70年来高等教育重点建设总体目标中第一次正式提出质量的规定，既要求高校提升人才和教师质量，也包括为全国高等教育质量服务的要求。

1978年《教育部关于恢复和办好全国重点高等学校的报告》中要求"力争在三年以内实现大治，八年以内使教学和科研水平进入国际先进行列，为在本世纪内把我国建设成具有四个现代化的社会主义强国，做出更大的贡献"。这次文件中的总体目标中包含着三层含义：一是高等教育整治作用，此时"文革"刚结束，高校的培养能力和教育质量大幅度下降，恢复重点高校建设既是一项战略性措施，也具有整顿和恢复高等教育战线的作用，主旨追求在于恢复高等教育正常秩序。二是把教学和科研放到同等位置，这是我国高水平大学政策总体目标第一次把科研纳入范畴，从此之后科学研究成了高等教育建设的重要目标之一，转变了以前高校主要以教学为主的范式，此后科研目标成为常态化要求。三是"国际先进行列"的比较意图，20世纪70年代我国政治外部环境发生巨大转变，先后与西方各国建交，一方面学习借鉴世界各国高等教育成功经验；另一方面加大对高校教学和科研能力的国际比较的要求，特别是开始重视高校科研能力的建设向度。四是强化高等教育为国家服务意识，调整高等教育与社会主义建设严重不相适应的状况，蕴含着扩大高等教育与国家发展契合度和贡献度的双重旨归。这个阶段总体目标仍然遵从服从国家战略的合法性基础上，体现出一定的超前性设计思维，从总体上对未来8年发展进行规划，虽然超前性是对以往总体目标设计的优化和进步，奠定了我国高水平大学政策目标国际维度的设计思

第三章 我国重点建设高水平大学政策目标研究

路,但是基于我国当时的经济水平和高等教育质量,"国际先进行列"目标的可实现性还无法真正达到。

1984年4月2日《国务院关于教育部、国家计委将10所高等院校列入国家重点建设项目请示报告的批复》要求"在重点大学中再遴选几所高校优先发展"。这次政策目标是在1981年全国已经建设98所重点大学的基础上,再遴选10所高校列入国家重点项目,又称为"重中之重"项目,由于20世纪70年代以前我国的科研工作不仅薄弱,更多集中在中国科学院系统,因此这次文件中总体目标不仅拓展了重点高校建设任务,使得重点建设配备专项补助成为固定模式,并且引导我国重点建设目标真正走向科研向度的追求。1991年《国务院批转国家教委、国家科委关于加强高等学校科学技术工作意见的通知》要求"重点学科比较集中、研究生培养任务重、教学科研基础好的高等学校,要切实办成既是教育中心、又是科学研究中心,在提高我国科技水平与高等教育质量中起带头作用"。这次文件中涉及总体目标仍然坚持重点发展思路是没有变化的,但是加大了对学科的关注度和要求。1993年《中国教育改革和发展纲要》指出"集中力量办好一批重点大学和重点学科,办学效益有明显提高"。这次政策目标中开始衔接"211工程"建设,政策意图中已经开始把重点大学和重点学科放到首要位置,而且对办学效益提出更高要求。政策中效益的内容广于效率的内涵,效率主要是投入产出的比例,效益蕴含着在效率的基础上扩大对社会影响和贡献的旨归。因此,20世纪重点大学阶段末期和"211工程"伊始政策目标中对高等教育重点建设的效益已经成为行动指南。

综观重点大学阶段的总体目标,我国高水平大学政策总体目标的内涵逐步深化,在重点支持少数高校发展的思路不变的情况下,从1954年最初的学习苏联经验和非平均化发展,到1959年加入"高等教育质量"的要求,再到1978年加入科研和"国际先进行列"发展重点大学科研目的和国际比较意图,1984年明确要求重点大学建设目标包含高水平科学研究成果,1993年把重点大学和重点学科同时提出,总体目标的内涵逐步拓展,逐渐将教学、科研、学科、国际比较纳入总体目标范畴。换言之,对重点大学带动其他高校和高等教育系统的以点带面的思维是明确的和一贯不变的,旨在提升高等教育质量,可以发现具备合法性、整体性特征。政策目标的合法性体现着政府行为的规范性和约束力,本身具有一定法律和强制性标准,是通过国家强制力量监督执行的;政策目标的整体性是极其重要的,政策目标的整体性强化目标的整体功能和整体作用的统摄和凝聚作用,是整个政策高度概括和约束的目标集合。政策目标的超前性是保障政策稳定实施的必要条件,是社会资源分配的有力保障[151]。第一,合法性。重点大学总体目标来源于国家宏观战略,总体目标的设计是根据我国社会发展变化做出的调整,特别是重工业发展导向和计划经济模式,确立了重点大学建设总体目标的合法性以及对政策内容以及实践的约束性。第二,整体性。重点大学总体目标的整体性是指涵盖重点建设的层面以及领域,对高等教育质量要求是重点建设整体性的集中体现,不仅包括人才培养质量和不断加大对科研质量的需求,而且重点大学末期学科建设思维也逐渐纳入总体目标。第三,一定程度的超前性。重点大学政策目标超前性是指对政策行为及其发展的趋势预测,在1978年恢复全国重点高等学校中要求八年以内使教学和科研水平进入国际先进行列具有典型的超前性特征。政策目标不仅需要根据现实条件量力而行,更需要依据现实发展具备可行性。因此,政策目标需要考虑社会环境,诸如社会的多元化程度、价值偏好的协调程度以及国际因素等是否也会为公共政策目标实现提供可能性。政策目标的可能性并不是说要保守降低目标取向,而是说政策目标要源于现实但又要高于现实,是经过主观努力应该能够达到的目标,力戒目标偏高或偏低[152]。但是此时的总体目标超前的适度性和可能性较弱,造成总体发展目标与高等教育发展实际之间存在巨大差距鸿沟的矛盾,并且通过对所有总体发展目标文本分析,发现这个阶段政策目标都是目标项的描述性规定,没有目标值的具体规划。概言之,虽然重点大学阶段总体目标超前性设计还有待科学规划,但是政策目标确定了我国高等教育重点支持先河的合法性基础和整体性向度,树立了高等教育重点发展的基本雏形。

二、重点领域目标

总体来看,重点大学阶段重点领域的各目标如表11所列。第一,从数量来看,人才培养、科学研究、学科建设的目标较多,师资建设、资源保障和组织管理目标相对较少,国际交流目标数量最少,远少于其他政策目标。第二,从发展脉络来看,人才培养目标的要求一直处于本位核心,其他各个重点领域子目标逐渐分化出来,科学研究目标从20世纪70年代末恢复重点大学时正式被提出来,80年代中期学科建设正式加入重点大学建设目标的进程中来。第三,自给自足的高级专门人才培养。重点大学阶段主要培养能够具有扎实的专业知识和实际技能高级专门人才,旨在确保高级专门人才的培养基本上立足于国内,培养的专门人才能够适应经济、科技和社会发展的需求。第四,提升高校科研能力,加大科研成果产出。虽然1954年教育部关于清华大学的任务时提出了开展科学研究工作,但是并没有拓展为所有重点大学建设目标,亦没有在1954—1978年的相关政策文本中作为明确目标被提出来,70年代末重点大学阶段科研目标被正式提出之后,成为我国高等教育重点建设的关键目标之一,对后续我国世界一流大学建设产生的重要影响。第五,重点学科建设目标,1958年对清华大学专业的调整主要是为了更好地与其他高等工业学校合理分工,并没有上升到对现代意义上的学科建设,1985年"七五"期间择优建设600个重点学科点正式使得学科建设成为重点建设的核心领域之一。第六,师资队伍建设目标,特别是新中国成立初期更多的是聘请苏联专家的基础上,培养能够开课的教师人员,补充师资队伍的不足,助力高校培养又红又专的教师队伍。从1991年之后,相关文件中陆续要求注重培养高水平学科带头人的学科梯队和学术骨干,着力提高教师队伍结构和素质能力。

我国重点建设高水平大学政策的演进与创新研究

表11 重点大学阶段重点领域代表性政策目标

重点领域	政策目标内容及来源政策文本
人才培养目标	高级检索人才（1954年《关于重点高等学校和专家工作范围的决议》） 高质量工程师和高等工业学院师资及工程技术科学的研究人员（1954年《高等教育部关于清华大学工作的决定》） 高级专门人才等社会主义革命和社会主义建设所需人才（1978年《教育部关于讨论和试行全国重点高等学校暂行工作条例（试行草案）的通知》） 在本门学科上掌握坚实而宽广的基础理论、系统而深入的专业知识，具有独立进行科学研究和教学工作的能力（1980年《关于一九八〇年全国有关重点高等学校选拔四年制研究生的暂行办法》）
科学研究目标	使科研水平进入国际先进行列，通过科学研究发展，促进学术水平提高（1978年《教育部关于恢复和办好全国重点高等学校的报告》） 做出高水平的科学成果（1978年《教育部关于讨论和试行全国重点高等学校暂行工作条例（试行草案）的通知》） 提高科学研究能力，向国家提供高水平的科学研究成果（1984年《国务院关于教育部、国家计委将10所高等院校列入国家重点建设项目请示报告的批复》）
学科建设目标	1958年以前陆续增设机械制造工业的经济和组织、远距离电气机械装置及远距离电气自动装置等10个专业（1954年《高等教育部关于清华大学工作的决定》） 在第七个五年计划期间，将从对"四化"建设有重要意义的学科领域内，择优建设600个左右的重点学科点（1985年《国家教委关于高等学校科学技术工作贯彻中共中央科学技术、教育体制改革决定的意见》） 高等学校中有计划地建设一批重点学科（1987年《关于评选高等学校重点学科的暂行规定》）
师资建设目标	保证于1957年开始抽出一部分开课教师并自1958年起每年培养能够开课的教师不得少于50人，以支援其他学校（1954年《高等教育部关于清华大学工作的决定》） 全面安排教师的工作，把有经验的教师尽可能用在教学第一线（1961年《教育部关于全国重点高等学校安排新学年工作必须注意劳逸结合的通知》）
组织管理目标	必须改变过去条条为主的管理体制，根据中央集权和地方分权相结合的原则，加强地方对教育事业的领导管理（1985年《中共中央、国务院关于教育事业管理权力下放问题的规定》）
资源保障目标	清华大学今后3年（1955年至1957年）设备费1000亿至1200亿元（包括额定设备费及重点设备费），1955年度修建校舍4万平方米、1956年度修建校舍5万平方米、1957年度修建校舍6万平方米（1954年《高等教育部关于清华大学工作的决定》）

续表

重点领域	政策目标内容及来源政策文本
国际交流目标	进一步加强国际教育交流与合作,扩大教育对外开放(1994年《国务院关于〈中国教育改革和发展纲要〉的实施意见》)

三、政策目标网络结构

通过Atals.ti软件对重点大学阶段政策目标进行质性编码,获得此阶段政策工具的编码矩阵,为了深化研究政策目标的结构以及相关关系,本部分采用Ucinet主要从整体性和个体性两个方面对编码矩阵进行网络可视化研究。

（一）整体性

经过对所有开放编码政策目标的凝练总结后,合并归纳为总体发展目标、国际交流目标、科学研究目标、人才培养目标、师资建设目标、学科建设目标、组织管理目标、资源保障目标八个主轴编码。经过Ucinet政策目标网络化分析,获得重点大学政策目标图谱如图16所示,样本数量28,网络规模节点数量为9。重点大学阶段政策目标的网络密度为0.4987,凝聚系数为0.643。第一,从密度和凝聚系统来看,我国重点大学阶段建设政策目标的密切性和凝聚性普遍较低,说明重点大学建设政策目标之间联系不是特别密切,属于稀疏型网络结构。第二,从连线粗细来看,最粗的是人才培养目标与科学研究目标,其次是总体发展目标和科学研究目标、资源保障目标和人才培养目标。组织管理目标处于最为边缘的位置,而且没有与任何其他目标共现。第三,从政策目标关系来看,重点大学阶段人才培养目标和科学研究目标的关系最为密切,总体发展目标主要与科学研究目标、人才培养目标联合制定和搭配使用。

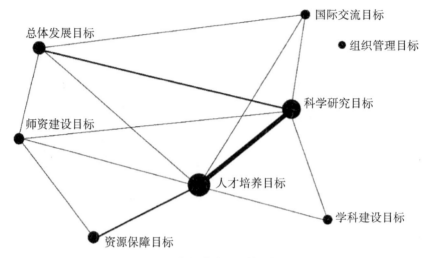

图16　重点大学阶段政策目标图谱

(二)个体性

经Ucinet测算得到点度中心性、中间中心性、接近中心性如表12所列。从政策目标节点来看,说明重点大学阶段人才培养目标、科学研究目标、总体发展目标占据核心地位。第一,从点度中心性和接近中心性可以发现,人才培养目标数值最高,即人才培养目标与其他政策目标的共现性最多,说明人才培养目标与其他目标共现35次,表示人才培养居于核心位置,证明重点大学阶段政策目标的核心是人才培养。第二,从中间中心性可知,人才培养目标、科学研究目标、总体培养目标、师资建设目标,说明在重点大学阶段这四个目标具有中介性作用,可以有助于其他政策目标的连通。

表12　重点大学政策目标中心度比较

序号	政策目标	点度中心度	中间中心度	接近中心度
1	人才培养目标	35.000	4.833	14.000
2	科学研究目标	29.000	1.833	15.000
3	总体发展目标	14.000	1.000	16.000
4	师资建设目标	11.000	0.333	16.000
5	资源保障目标	10.000	0.000	18.000
6	学科建设目标	6.000	0.000	18.000
7	国际交流目标	3.000	0.000	17.000
8	组织管理目标	0.000	0.000	0.000

第二节　"211和985工程"阶段政策目标

一、总体发展目标

"211和985工程"阶段总体发展目标包括"211工程"一期、二期和三期相关建设目标和"985工程"一期、二期相关建设目标等。虽然"2011计划"是在"211和985工程"中的又一次转型,试图打破高校组织的壁垒,但是2015年"双一流"战略提出之后,"2011计划"逐渐退出政策舞台,执行时间比较短。因此,本书主要对以下两个方面展开研究:

(一)"211工程"总体建设目标

1995年《"211工程"总体建设规划》中指出"211工程"一期建设目标主要在"九五期间重点建设一批高等学校和重点学科,并在此基础上经过若干年的努力,使100所左右的高等学校以及一批重点学科在教育质量、科学研究、管理水平和办学效益等方面有较大提高"。1995年教育部正式开始"211工程"的预备立项和正式立项,这个时候提出的"211工程"目标也称为"211工程"一期目标。2002年《关于"十五"期间加强"211工程"项目建设的若干意见》中规定211工程二期总体目标主要是继续重点建设"211工程"院校,使其中大多数学校整体教学、科研水平达到国内领先地位,成为国家和地方解决经济、科技和社会发展重大问题的基地,并指出重点放在重点学科、公共服务体系建设上。2008年《高等教育"211工程"三期建设总体方案》指出"211工程"三期总体目标是"围绕创新型国家建设,加大学科结构调整、队伍建设和高层次创新人才培养力度,优化重点学科体系的结构和布局,使更多的学科接近或达到国际先进水平",仍然以公共服务体系、重点学科建设这两个方面为着力点。总体来看,政策目标中虽然已经正式把大学和学科放到并列地位,但是更偏重于学科建设,通过学科建设缩小与世界一流大学的差距,促进更多学科和高校接近或达到国际先进水平,并且扩大我国高等教育影响力。"211工程"建设目标包括三方面含义：其一,对教学水平、科研、办学效益提出要求,仍然沿用重点大学政策目标基础上,从可见的、现实的外部社会需求逻辑制定重点建设目标。其二,目标层面明确要求办学条件得到明显改善,重点加强公共服务体系建设。由于我国20世纪高校办学条件偏低,大部分高校科研仪器陈旧,教学科研用房十分紧张,"211工程"高校专任教师中具有博士学位的比例仅为6.67%,师资队伍断层问题比较突出[153],因此政策目标针对办学条件的要求成为指导政策任务和资金拨款的重点方向。其三,增加了管理层面的要求,开始注重从组织管理角度优化行政惯性逻辑,促进高水平大学内生发展规律的构建。

(二)"985工程"总体建设目标

主要包括"985工程"建设目标以及二期相关目标。"985工程"一期政策目标是1998年《面向21世纪教育振兴行动计划》指出的"要相对集我国家有限财力,调动多方面积极性,从重点学科建设入手,加大投入力度,对于若干所高等学校和已经接近并有条件达到国际先进水平的学科进行重点建设"。2004年《"985工程"建设管理办法》规定"985工程"二期建设目标是"巩固一期建设成果,为创建世界一流大学和一批国际知名的高水平研究型大学奠定坚实基础,使一批学科达到或接近国际一流学科水平,经过更长时间努力,建成若干所世界一流大学"。2013年《"985工程"建设管理办法》提出"985工程"建设目标是"通过持续重点支持,加快推进世界一流大学和高水平大学建设,力争到2020年前后,形成一批达到国际先进水平的学科,若干所大学跻身世界一流大学行列"。综观"985工程"相关目标,总体发展目标旨在促进高校和学科发展成为世界一流水平,但是重心是促进高校发展为世界一流大学。概言之,主要包括以下含义：第一,高水平研究型大学,从政策目标文本中可以发现"985工程"旨在建设研究型大学,而且后期建设目标呈现出差异化态势,一批是国际知名的,一批是特色鲜明的,这蕴含着研究型大学的目标出现两种发展向度,一种是综合性大学,另一种是多科性大学,但是都是以科研为主的目标导向模式。第二,以组织管理创新推动世界一流大学内生发展规律。随着我国世界一流大学建设的深入,"985工程"建

第三章 我国重点建设高水平大学政策目标研究

设旨在通过管理体制和运行机制创新,政策目标愈发关注高等教育制度生态系统和内在逻辑理路生成的理念,试图构建适应世界一流大学建设的体制机制。第三,以科技创新平台和哲学社会科学创新基地为主要抓手。特别是"985工程"二期建设政策目标指明了建设核心是通过平台和基地推动研究型大学建构,以平台和基地整合科研、师资、教学、资源的有机衔接,增强高校创新能力和科研能力,催生学科优化调整和前沿科技成果。

纵观这个阶段总体发展目标仍然具有典型的合法性、整体性、超前性特征。第一,合法性,政策目标的合法性主要受到科教兴国战略和《面向21世纪教育振兴行动计划》的影响,科教兴国战略要求实施关键性计划并集中力量重点突破,采取"有所赶,有所不赶"的有限战略,力争在我国具有优势领域中有重大突破。而《面向21世纪教育振兴行动计划》是为了实现党的十五大所确定的目标与任务,全面落实科教兴国战略在教育领域推行的配套行动计划。"211和985工程"的总体目标就是遵从宏观战略在高等教育领域重点攻关部分学科和高校走向世界前沿的战略选择,体现了自上而下行政合法性逻辑。第二,整体性。"211和985工程"阶段政策目标整体性来看终极目标是建设世界一流大学和世界一流学科,既涵盖教育质量、科学研究、学术团队、管理体制、办学效益等方面要求,也包括科技创新平台、哲学社会科学创新基地、公共服务体系等平台与硬件条件建设宗旨。总体目标的整体性中政策目标的内容不断调适,呈现出局部性改进和边际性变革过程,具有典型渐进调适、改良优化、补救完善的特点,也只有这样才能最终实现"积小成大、稳中求变"的由量变到质变的动态衔接,这种渐进性目标调适模式蕴含着均衡演进逻辑思维,从哲学基础上看更符合质量互变的辩证法精神[154]。例如"985工程"二期目标在一期目标模糊的基础上,确定二期目标建设关键是平台和基地。第三,超前性。长期目标是政策制定的方向标,是政策改革、政策走向的决定因素和指导因素,也是整个政策过程的主要标尺和方向指南[154]。"211和985工程"重点建设世界一流学科和世界一流大学的超前性可以防止高校驻足不前,也基本符合高等教育未来发展趋势。科学的总体发展目标不仅需要体现出长期目标的发展指向和短期目标的具体内容,而且需要中期目标的目标值和目标项的衔接。简言之,这个阶段总体目标超前性基本符合社会发展需求和高等教育发展规律,蕴含着显著的世界一流长期目标向度,但是缺乏中期目标的相应衔接。

二、重点领域目标

这个阶段重点领域目标如表13所列。总体来看,各个重点领域目标逐渐细化到具体要求,各个重点领域目标呈现出逐步细化的特点。第一,人才培养目标。这个阶段人才培养目标主要是培养创新人才,从文本中可以发现主要使用"高层次拔尖创新人才"和"拔尖创新人才",通过教育教学改革、研究生教育改革,强化培养人才的创新能力。第二,科学研究目标。科学研究目标包括哲学社会科学相关目标、高校科技创新和技术专业化目标类型。科学研究目标更多的是依托于国家创新体系的总体布局,结合"985工程"和"211工程",按照坚持面向科技前沿和现代化建设需要重点建设一批科技创新平台和哲学社会科学创新基地,以此带动国家高新技术产业的发展,为培育经济新的增长点做贡献。第三,学科建设目标。学科建设目标包括"211工程""985工程"相关学科建设、重点学科建设以及专业调整相关目标等。这个阶段学科建设目标旨在力争使其中部分学科接近或达到世界先进水平,对高校学科建设方向进行引导和示范,构筑适应21世纪发展需要的布局合理、各具特色的重点学科体系。第四,师资建设目标。师资建设目标主要是培养和汇聚一批学科带头人、中青年学术骨干,提升我国高校的科技创新水平和学术竞争力。为了保障师资建设目标的达成,"211和985工程"期间相继实施了高层次创造性人才计划、高等学校学科创新引智计划、高素质教师和管理队伍建设工程等。第五,组织管理目标。组织管理目标包含"211工程"检查验收、"985工程"检查验收和管理、管理体制改革以及其他管理制度目标。组织管理目标中重点工程验收目标次数特别突出,2005年《关于做好"十五"期间"211工程"建设项目验收工作的通知》、2008年《关于做好"985工程"二期验收等有关工作的通知》、2012年《关于做好"211工程"三期验收工作的通知》都对验收目标做出要求,旨在检查建设目标、建设任务、资金使

第三章　我国重点建设高水平大学政策目标研究

用管理情况、项目管理情况以及建设成效等,总结建设项目对学科建设、学校整体发展和提高高等教育质量。第六,资源保障目标。资源保障目标包括资金管理、教育信息化条件、教师住房等目标类型。最为重要的是资金方面的目标,包括"211工程"专项资金与"985工程"专项资金管理目标,旨在保障重点工程顺利实施并使资金发挥最大效益。第七,国际交流目标。总体来看,这个阶段国际交流目标比较少,核心文本中不显著,关联文本中有所涉及,主要是引进优质教育资源,开展多层次、宽领域的教育交流与合作,加强高层次的国际交流与合作水平。

表13　"211和985工程"阶段重点领域代表性政策目标

重点领域	政策目标内容及来源政策文本
人才培养目标	教育质量方面有较大提高(1995年《"211工程"总体建设规划》) 加大高层次创新人才培养力度(2008年《高等教育"211工程"三期建设总体方案》) 加大高层次创新人才培养力度(2009年《关于印发〈高等教育"211工程"三期建设规划〉的通知》) 在造就培养拔尖创新人才方面取得突破,为建设创新型国家、实现从人力资源大国向人力资源强国转变做出更大贡献(2010年《关于加快推进世界一流大学和高水平大学建设的意见》)
科学研究目标	科学研究有较大提高(1995年《"211工程"总体建设规划》) 结合国家创新体系建设,重点建设一批"985工程"科技创新平台和"985工程"哲学社会科学创新基地(2004年《关于继续实施"985工程"建设项目的意见》) 推动"211工程"学校进一步缩小与世界一流大学的差距,使之成为解决经济、科技和社会发展重大问题的基地(2009年《关于印发〈高等教育"211工程"三期建设规划〉的通知》) "985工程"建设学校的整体水平、综合实力、自主创新能力进一步提高,国际竞争力显著提升(2010年《关于加快推进世界一流大学和高水平大学建设的意见》)
学科建设目标	一部分重点学科,接近或达到国际同类学校和学科的先进水平(1995年《"211工程"总体建设规划》) 通过重点建设,逐步在全国范围内形成布局合理、各具特色和优势的重点学科体系(2001年《关于开展高等学校重点学科评选工作的通知》)

我国重点建设高水平大学政策的演进与创新研究

重点领域	政策目标内容及来源政策文本
学科建设目标	加强重点学科建设,加大学科结构调整力度,支持发展新兴和交叉学科,力争使其中部分学科接近或达到世界先进水平,建成布局和结构比较合理的高等教育重点学科体系(2002年《关于"十五"期间加强"211工程"项目建设的若干意见》)
	加强重点学科建设,加大学科结构调整力度,支持发展新兴和交叉学科,构筑适应21世纪发展需要的高等教育重点学科体系(2003年《"211工程"建设实施管理办法》)
	促进一批世界一流学科的形成和推动学科建设(2004年《关于继续实施"985工程"建设项目的意见》)
	使一批学科达到或接近国际一流学科水平(2004年《"985工程"建设管理办法》)
	加大学科结构调整,优化重点学科体系的结构和布局,使更多的学科接近或达到国际先进水平(2008年《高等教育"211工程"三期建设总体方案》)
	加大学科调整,优化重点学科体系结构和布局,使更多的学科接近或达到国际先进水平(2009年《关于印发高等教育"211工程"三期建设规划的通知》)
	力争到2020年前后,形成一批达到国际先进水平的学科(2013年《关于印发〈"985工程"建设管理办法〉的通知》)
师资建设目标	造就和引进一批具有世界一流水平的学术带头人和学术团队(2004年《关于继续实施"985工程"建设项目的意见》)
	加大队伍建设(2008年《高等教育"211工程"三期建设总体方案》)
	加大队伍建设(2009年《关于印〈发高等教育"211工程"三期建设规划〉的通知》)
	在造就学术领军人物和集聚创新团队方面取得突破(2010年《关于加快推进世界一流大学和高水平大学建设的意见》)
组织管理目标	管理水平有较大提高,在高等教育改革特别是管理体制改革方面有明显进展(1995年《"211工程"总体建设规划》)
	通过管理体制创新,运行机制创新,积极探索世界一流大学建设的新机制(2004年《关于继续实施"985工程"建设项目的意见》)
	进一步加强"十五""211工程"建设管理,提高工程建设质量和效益,确保工程建设的顺利进行(2004年《关于开展"十五""211工程"中期检查工作的通知》)
	在创新机制体制方面取得突破(2010年《关于加快推进世界一流大学和高水平大学建设的意见》)
	进一步加强"985工程"专项资金管理,提高资金使用效益(2010年《关于印发〈"985工程"专项资金管理办法〉的通知》)

续表

重点领域	政策目标内容及来源政策文本
资源保障目标	大部分学校的办学条件得到明显改善(1995年《"211工程"总体建设规划》) 加快高等教育信息化步伐,增强高等教育公共服务体系的服务能力,构建起辐射全国高等学校、带动我国高等教育整体发展的信息服务资源共享平台(2003年《"211工程"建设实施管理办法》) 以信息化带动教育现代化,构建具有国际先进水平的高等教育公共服务平台(2008年《高等教育"211工程"三期建设总体方案》)
国际交流目标	扩大教育对外开放(2004年《2003—2007年教育振兴行动计划》) 扩大教育开放(2010年《国家中长期教育改革和发展规划纲要(2010—2020年)》)

三、政策目标网络结构

通过对"211和985工程"阶段政策目标的质性编码,获得此阶段政策目标的编码矩阵,为了进一步深化研究政策目标,本部分采用Ucinet对编码矩阵进行网络可视化分析,主要从整体性和个体性两个方面展开:

(一)整体性

经过对所有"211和985工程"阶段政策目标的凝练总结后,合并归纳为总体发展目标、国际交流目标、科学研究目标、人才培养目标、师资建设目标、学科建设目标、组织管理目标、资源保障目标共8类政策目标。经过Ucinet政策目标网络化分析,获得"211和985工程"政策目标图谱如图17所示,样本数量为49,网络规模为8。第一,"211和985工程"阶段政策目标结构的网络密度为1,凝聚系数为1。从密度和凝聚系统来看,政策目标的密切性和凝聚性都非常高,说明这个阶段高水平大学政策目标联系非常密切。第二,节点从大到小依次是人才培养目标、组织管理目标、总体发展目标、资源保障目标、师资建设目标、国际交流目标、学科建设目标、科学研究目标。第三,从连线粗细来看,最粗的是人才培养目标与组织管理目标,其次是总体发展目标和人才建设目标。说明此阶段政策目标网络中,人才培养目标和组织管理目标联系最为密切,其次是人才培养目标与总体目标联系亦非常频繁。

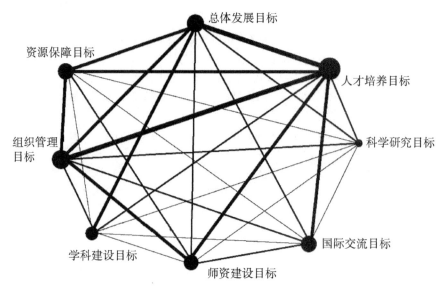

图17 "211和985工程"阶段政策目标图谱

(二)个体性

主要从点度中心性、中间中心性、接近中心性展开研究,经Ucinet中心性测算得到表14。人才培养目标居于核心地位。其一,从点度中心性来看,人才培养目标点度中心性最高,其他依次是组织管理目标、总体发展目标,它们三个点度中心性数值都在500以上,说明这三个目标在"211和985工程"政策目标方面发挥主要连接作用。其二,从中间中心性和接近中心性来看,各个目标的值是一样的,说明在"211和985工程"阶段各个主题目标都没有处于边缘位置。

表14 "211和985工程"政策目标中心度比较

序号	政策目标	点度中心度	中间中心度	接近中心度
1	人才培养目标	686.000	0	7.000
2	组织管理目标	597.000	0	7.000
3	总体发展目标	530.000	0	7.000
4	资源保障目标	362.000	0	7.000
5	师资建设目标	300.000	0	7.000
6	国际交流目标	210.000	0	7.000
7	学科建设目标	152.000	0	7.000
8	科学研究目标	39.000	0	7.000

第三节　世界一流大学阶段政策目标

一、总体发展目标

世界一流大学阶段总体发展目标包括教育现代化总体目标、"双一流"相关政策目标、高水平本科教育总体目标等类型,其中最为重要的是"双一流"总体目标。2015年《统筹推进世界一流大学和一流学科建设总体方案》中指出总体目标是"推动一批高水平大学和学科进入世界一流行列或前列;到2020年,若干所大学和一批学科进入世界一流行列,若干学科进入世界一流学科前列;到2030年,更多的大学和学科进入世界一流行列,若干所大学进入世界一流大学前列,一批学科进入世界一流学科前列,高等教育整体实力显著提升;到本世纪中叶,一流大学和一流学科的数量和实力进入世界前列,基本建成高等教育强国"。这个阶段政策目标含义包括:第一,世界一流大学、世界一流学科的精准定位。这个时期经历了前两个阶段的发展,在原来国际同类学校和学科的先进水平的基础上,更加明确了未来的发展方向是世界一流水平,不仅迈入世界一流行业,更加希望能够进入世界一流前列,蕴含着对高校国际竞争引领趋势的要求。第二,总体目标设置更加注重科学性设计,总体目标中首次对2030年中期目标做出界定,这样有助于提高政策目标的系统性和衔接性。第三,对建设高等教育强国的终极目标做出明确界定,前两个阶段更多是希望高水平大学起到骨干、示范作用,也就说明这个时期世界一流大学阶段不仅提升高水平大学的国际竞争力,更要加强高等教育系统的总体实力和国际影响力显著提升整体水平和实力,实现高等教育现代化,迈入高等教育强国行列。第四,文化传承要求。"双一流"政策目标中在原来发展基础上,增加了文化传承的要求,一方面呈现以中国特色世界一流为核心的宗旨,另一方面进一步强化高等教育内涵式发展为主线。

我国重点建设高水平大学政策的演进与创新研究

世界一流大学阶段总体发展目标仍然具有典型的合法性、整体性、衔接性特征。世界一流大学总体发展目标深受国家创新驱动战略的影响,是高等教育对该战略的响应,也是"双一流"政策的合法性基础。整体性方面来看,这个阶段总体发展目标在前两个阶段基础上,在保持人才培养和科学研究的基础上,强化了社会服务建设向度,增加了文化传承的要求,这蕴含着世界一流大学建设的内涵不断拓宽,预示着政府并不是仅想培育世界一流大学的头衔,更是希冀世界一流大学成为创新能力促进社会发展、先进思想文化启蒙的策源地,促进高等教育由外延式建设向内涵式建设的转变。衔接性在总体发展目标体现得非常显著,对2030年、2050年的发展目标进行规划和衔接,代表着总体发展目标包含着中长期发展目标,这是在前两个阶段总体目标的优化与改进,也表示我国高水平大学政策总体目标的制定更好科学规范。由于我国已经成为世界第二大经济体,我国的高等教育在学总体规划也已经是世界第一。由此,世界一流大学阶段总体目标超前性基本适度,符合我国高等教育基本规律和高等教育发展现实条件。

二、重点领域目标

世界一流大学阶段重点领域目标如表15所列。这个阶段重点领域目标相对较少,并且更多是依附于总体发展目标而存在,与总体发展目标保持着高度的一致性和连贯性。第一,人才培养目标。这个阶段人才培养目标更突出人才培养世界一流程度,进一步强化创新能力和国际竞争力发展向度。第二,科学研究目标。在国家创新驱动战略的大背景下,对高校科技创新能力和科技成果转化提出更高要求,提高科研服务社会发展的推动力。第三,学科建设目标。学科建设目标是争取更多的一批学科进入世界一流行列和世界一流学科前列,提升国家自主创新能力和核心竞争力是学科建设的两个重要宗旨。第四,师资建设目标。师资建设目标在继续加大顶级学术大师及一大批学术骨干的人才引进力度,鼓励与国内优秀学科带头人和创新团队相互融合,使得教师综合素质、专业化水平和创新能力大幅提升,构建高水平的师资队伍。第五,组织管理目标。组织管理目标主要是深化教育体制机制改革,构建高等教育治理体系和推进治理能力现代化,希冀形成有利于科学发展的高等教育体制机制。第六,资源保障目标。资源保障目标主要是引导专项目标,通过对引导专项调节功能,进一步引导高校根据客观条件特色发展,并鼓励相关地方政府通过多种方式,对中央高校给予资金、政策、资源支持。第七,国际交流目标。国际交流目标是继续教育对外开放新格局,在原来发展基础上通过各项教育行动、国际组织多边合作、出国留学、来华留学以及参与国际教育规则、标准、评价体系的研究制定等,全面提升国际交流合作水平。

表15　世界一流大学阶段重点领域代表性政策目标

重点领域	政策目标内容及来源政策文本
人才培养目标	提高高等学校人才培养水平,使之成为培养各类高素质优秀人才的重要基地(2015年《统筹推进世界一流大学和一流学科建设总体方案》) 提升一流人才培养与创新能力(2019年《中国教育现代化2035》)
科学研究目标	提高高等学校科学研究水平,使之成为知识发现和科技创新的重要力量的重要源泉的重要基地(2015年《关于印发统筹推进世界一流大学和一流学科建设总体方案的通知》)
学科建设目标	重点建设100个世界一流的学科创新基地,努力取得具有重大国际影响的科研成果,提高高等学校的整体水平和国际地位(2016年《高等学校学科创新引智计划实施与管理办法》)
师资建设目标	从世界排名前100位的大学、研究机构或世界一流学科队伍中,引进、汇聚1000名海外顶级学术大师以及一大批学术骨干,与国内优秀学科带头人和创新团队相互融合,形成高水平的研究队伍(2016年《高等学校学科创新引智计划实施与管理办法》)
组织管理目标	加快高等教育治理体系和治理能力现代化(2015年《统筹推进世界一流大学和一流学科建设总体方案》)
资源保障目标	引导专项用于引导支持符合条件的中央高校加快推进世界一流大学和一流学科建设,引导支持其他中央高校特色发展,引导中央高校合理定位,在不同层次、不同领域办出特色、争创一流(2017年《中央高校建设世界一流大学(学科)和特色发展引导专项资金管理办法》)
国际交流目标	开创教育对外开放新格局(2019年《中国教育现代化2035》)

三、政策目标网络结构

通过对世界一流大学阶段政策目标的质性编码,获得此阶段政策目标的编码矩阵。虽然世界一流大学阶段在前面两个阶段基础上又增加了本科教育目标,但是结合政策内容的剖析,本科教育目标及本科教育内容不作为本书的核心部分。为了进一步深化研究政策目标,本部分采用Ucinet对编码矩阵进行网络可视化分析,主要从整体性和个体性两个方面展开:

(一)整体性

经过对所有政策目标的凝练总结后,合并归纳为总体发展目标、国际交流目标、科学研究目标、人才培养目标、师资建设目标、学科建设目标、组织管理目标、国际交流目标、本科教育发展目标共9类政策目标。经过Ucinet政策目标网络化分析,获得世界一流大学阶段政策目标图谱如图18所示,样本数量19,网络规模9。第一,世界一流大学阶段政策目标的网络密度为0.4167,凝聚系数为0.848。可以发现,政策目标凝聚有所下降。从凝聚系数和密度来看,说明世界一流大学阶段政策目标的联系性和凝聚性稍低,关联性有所弱化。由于世界一流大学阶段建设刚刚执行5年,相对于重点大学以及"211工程"和"985工程"的建设时限还较短,未来还需根据后续政策发文和政策目标继续深入研究。第二,从节点大小来看,总体发展目标、科学研究目标、人才培养目标、师资建设目标比较显著,说明这几方面在世界一流大学阶段政策目标要求中特别突出。第三,从连线粗细来看,最粗的是科学研究目标与人才培养目标,其次是总体发展目标和学科建设目标、资源保障目标,其余连线数值不高,说明世界一流大学阶段强化了科学研究目标和人才培养目标的共性和组合要求。

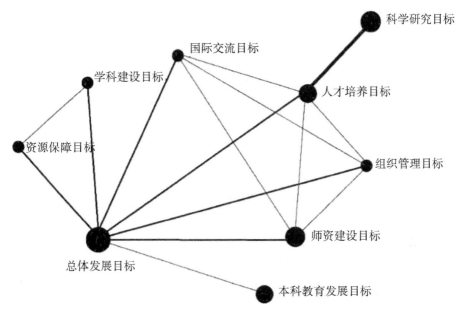

图18　世界一流大学阶段政策目标图谱

（二）个体性

主要从点度中心性、中间中心性、接近中心性展开研究,经过Ucinet中心性测算得到表16。其一,点度中心性。从点度中心性来看,总体发展目标位于最核心位置,其次是人才培养目标。其他政策目标点度都小于10。说明目前世界一流大学建设中,总体目标和人才培养目标发挥着重要作用。其二,中间中心性。从中间中心性来看,总体发展目标和人才培养目标仍然处于领先地位,说明这两个目标对于其他目标具有中间联系作用,是其他政策目标的中间纽带。其三,接近中心性。从接近中心性来看,国际交流目标和本科教育发展目标相对其他目标而言,和其他目标的联系性稍低,居于世界一流大学政策目标网络的外围位置。

表16　世界一流大学阶段政策目标中心度比较

序号	政策目标	点度中心度	中间中心度	接近中心度
1	总体发展目标	15.000	17.000	9.000
2	人才培养目标	13.000	7.000	11.000
3	科学研究目标	8.000	0.000	18.000
4	师资建设目标	5.000	0.000	12.000

序号	政策目标	点度中心度	中间中心度	接近中心度
5	组织管理目标	5.000	0.000	12.000
6	国际交流目标	5.000	0.000	12.000
7	资源保障目标	4.000	0.000	15.000
8	学科建设目标	4.000	0.000	15.000
9	本科教育发展目标	1.000	0.000	16.000

第四节　政策目标演变脉络

我国高水平大学政策属于渐进型政策模式,从政策科学的分析视角来看,渐进型政策通常有稳定性和渐变性两个分析视域,因此本书下面从稳定性和渐变性展开深入研究。

一、政策目标的稳定性分析

(一)总体目标发挥凝聚统筹作用

总体发展目标是对所有目标的共同集合,是对政策行为所要达到的目的、指标和效果等总体要求,应该具有针对性、预期性和多元性特征。总体政策目标的价值主要体现能够为政策方案制定与政策实施指明方向和提供评价标准。从三个阶段的政策目标图谱中可以发现,总体发展目标占据核心地位,不仅总体发展目标数量较多,而且与其他目标具有较高的关联度和凝聚性。从各个目标占比百分数来看,总体发展目标在三个阶段占比都是最高的,分别是26.7%、34.67%、28.3%。说明我国高等教育重点建设从重点大学到世界一流大学建设,总体目标对其他分目标一直发挥着重要的影响作用,不仅规范着分目标的具体内容,而且凝聚着分目标的网络关系,并且对各个分目标具有中间链接作用。

(二)重点领域目标基本覆盖

通过三个阶段重点领域目标内容特征分析和政策目标的网络图谱分

析,可以发现各个阶段重点领域目标都基本覆盖高水平大学关键维度的各个方面,虽然各个重点领域目标的频次和比重有所差异,但是主要政策目标节点间存在共性使用现象。这说明重点领域目标作为总体发展目标的子目标,一方面对总体发展目标具有支持和细化的作用,是高水平大学建设政策目标不可或缺的部分;另一方面基本包含世界一流大学要素,体现出我国这70年高水平大学政策,虽然具有典型的行政惯性逻辑思维,但是始终包含着世界一流大学关键维度的内在意蕴。概言之,重点领域目标在我国高水平大学政策中是稳定性存在的。

（三）人才培养目标居于首位

从重点大学阶段、"211和985工程"阶段、世界一流大学阶段的政策目标关系图谱可以得到,人才培养目标居于重点领域目标的重要地位,人才培养目标次数和关联性都较高。从中间中心度数值发现,三个阶段的人才培养目标在中间中心性的相关目标中具有显著的中介作用,说明人才培养目标对政策目标网络具有链接桥梁功能。当前学界对不同阶段政策目标的核心各有不同的认知和判断,有的学者认为我国高水平大学建设主要是科学目标,是偏离人才培养目标的。通过政策目标质性编码和量化分析,证明了我国高水平大学政策目标中人才培养目标的追求是始终位于中心位置。

二、政策目标的渐变性分析

（一）不同阶段政策目标动态调整

政策目标的层次性是对政策目标的纵向分析和横向分类,分层的政策目标是统摄和规范政策内容的有力支撑,是政策目标具体化和可操作化的有效表征。按照系统论的能级原则,不同层次的系统要素具有不同的能级。政策目标的多样性是指政策目标能够包容多样复杂的因素和目的,政策目标可以划分为子目标或分类目标等[151]。综观重点大学时期的政策目标可以发现具备整体性、合法性等特征。政策目标的整体性强化目标的整体功能和整体作用的统摄和凝聚作用,是整个政策高度概括和约束的目标集合。政策目标的超前性是保障政策稳定实施的必要条件,是社会资源分配的有力保障。政策目标的合法性体现着政府行为的规范性和约束力,本身具有一定法律和强制性标准,是通过国家强制力量监督执行的,政策目标的合法性是极其重要的政策要求[151]。重点大学时期的政策目标确立了我国高等教育重点支持先河的合法性基础和合理性地位,阐明了高等教育重点支持的整体要求和发展向度。"211和985工程"时期政策目标具有显著的层次性和多样性。世界一流大学阶段政策目标在前两个阶段基础上,更加精准细化对不同政策目标层次、政策目标类型的科学规划,加强对2030年、2050年中长期目标的制定和统合,这是以前政策目标中所没有的,凸显了政策目标的规范性和超前性,更加注重未来发展方向的科学预测和宏观指导。

不同阶段政策中各个政策目标的占比都不相同(图19)。重点大学阶段各个分目标占比中人才培养目标、科学研究目标、学科建设目标、师资队伍建设目标、组织管理目标依次占比较高。"211和985工程"阶段各个分目标占比中,组织管理目标、人才培养目标、资源保障目标依次占比较高。在世界一流大学阶段各个分目标占比中,科学研究目标、师资建设目标、人才培养目标、国际交流目标依次占比较高,并添加了对本科教育发展目标。通过政策目标对比可以发现,除去总目标所包含内容外,每个阶段内部也存在显著差异特征,政策目标的变化很大程度上依赖于我国提出某项政策调整而引起的转向。

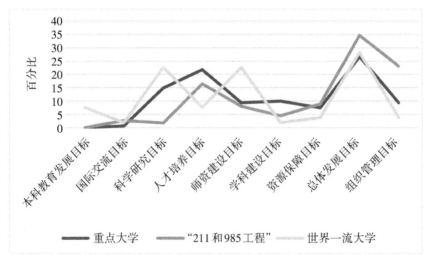

图19　三个阶段政策目标百分比图

第三章　我国重点建设高水平大学政策目标研究

我觉得像"211、985"，每个阶段还有每个阶段的核心任务。"211"阶段是解决基本条件，解决有无问题，就是教学科研的一些基本的条件都不具备，很艰苦。所以"211"我觉得是解决基本的办学条件。到了"985"，可能就是在能力提升上，主要建平台，就是整体能力提升，也就是创新能力，然后协同着培养能力的提升。到现在"双一流"阶段，现在感觉人是关键。这是我从这个角度来思考咱们国家的大学建设，就连着这几大工程，"211工程""985工程""双一流"，其实也是按照工程化的这种方式推进。

——来源于访谈者28

重点大学阶段除了人才培养目标以外，科学研究和学科建设占比较高，主要原因是1984年之后陆续加入了重点建设项目和重点学科导致的，1985—1995年的科学研究目标占重点大学阶段科学研究总数的96%，1985—1995年的学科建设目标占重点大学阶段学科建设目标总数的94%。针对1954—1984年政策目标而言，人才培养目标约占36%，资源保障目标21%，师资建设目标约占16%。国际交流目标和组织管理目标没有占比，主要原因是在这30年之间，对具体相关政策文本书中，发现这两个政策目标不明确导致的。科学研究目标和学科建设目标在这30年间，占比约为3%，也印证了新中国成立初，我国重点大学建设政策目标主要针对人才培养、资源保障和师资建设。

"211工程"相关政策目标中，除了总体发展目标占比最高以外，依次是组织管理目标、学科建设目标、资源保障目标。众所周知，"211工程"建设的核心就是重点建设一批重点学科，所以"211工程"总体发展目标全部涉及对重点学科建设的要求，因此导致单独学科建设目标占比不高的原因。组织管理目标是其他分目标中最高的原因是在"211工程"实施以来，不仅有总体规划、总体方案和具体实施的管理目标要求，而且主管部门还相继出台了对建设过程中的中期检查、尾期验收等管理目标。"985工程"相关的政策目标中,除了总体发展目标占比最高以外,依次是人才培养目标、组织管理目标、资源保障目标、师资建设目标。从单独科学研究目标和学科建设目标来看,占比是非常低的,主要原因是总体发展目标中已经明确了要建设世界一流大学和一批国际知名高水平研究型大学,使一批学科达到或接近国际一流学科水平。组织管理目标很高的原因是在"985工程"建设期间,为了确保建设的有效实施,主管部门陆续出台了管理办法目标、可行性研究管理目标、中期检查目标、改革管理目标、验收目标等。其他政策目标占比都很小。

(二)总体发展目标日益凸显国际竞争能力

我国高水平大学建设总体发展目标从确定合法性、超前性和整体性,向"211和985工程"阶段的多样性、层次性转化,到"双一流"时期更加科学凸显超前预测性和层次规划性。总体发展目标是从"国内第一流""国际先进行列"到"世界先进水平""世界一流水平"再到"世界一流行列""世界一流前列"的过程。一方面,总体目标的内涵高度逐步提升,国际化竞争程度相应加深,总体目标对高水平大学国际竞争力要求正在一步步强化;另一方面,总体目标变化蕴含着我国高水平大学建设从学习苏联模式、欧美模式的模仿学习阶段,到加强国际互动、国际竞争的平等交互要求,再到追求中国特色、中国模式国际引领的内在转型脉络。此外,我国高水平大学建设总体发展目标也存在着从几所、少数、部分、一批、更多到高等教育强国广度范围上的扩展。

重点大学建设伊始旨在学习苏联先进经验,重点高校在各方面能够先走一步,取得经验并总结推广,以带动其余学校共同前进。这时体现了重点大学建设目标是追求"国内第一流",主要强化重点高校对国内其余高校的带动作用。重点建设项目中开始增加了对国际维度的要求,希望这次重点支持高校对内有引领示范效果,对外能够代表我国先进水平,能够进行国际先进行列。新中国成立初期,我国重点大学建设经历了学习苏联模式、欧美模式的转变。

"211和985工程"旨在加快我国高校接近和达到国际先进水平、确立我国高校国际声誉和地位,是我国高等教育面向现代化、面向世界的战略调整,对高等教育发展水平和发展质量提出新的要求。"211工程"的政策目标是：一期要求"一部分重点高等学校和一部分重点学科,接近或达到国际同类学校和学科的先进水平";二期要求"力争部分学科接近或达到世界先进水平";三期要求"使更多的学科接近或达到国际先进水平;构建具有国际先进水平的高等教育公共服务平台;进一步缩小与世界一流大学的差距,使'211工程'部分学校建成特色鲜明、优势突出、部分学科达到世界先进水平的国际知名大学"。从"211工程"三期政策目标变化中可以发现,政策目标从学科数量和质量上都在逐步要求接近、比肩学科的水平。

"985工程"政策目标凸显促使高校整体实力迈向世界一流大学的内在要求。根据现有研究,普遍视1998年《面向21世纪教育振兴行动计划》中"创建若干所具有世界先进水平的一流大学和一批一流学科"为"985工程"一期的政策目标,此时我国少数大学在少数学科和高新技术领域已达到和接近国际先进水平,为创建世界一流大学创造了条件。"985工程"二期是以建设若干所世界一流大学和一批国际知名的高水平研究型大学、使一批学科达到或接近国际一流学科水平为目标。2013年提出"985工程"建设目标是"加快推进世界一流大学和高水平大学建设,力争到2020年前后,形成一批达到国际先进水平的学科,若干所大学跻身世界一流大学行列;一批学校整体水平和国际影响力跃上一个新台阶,成为国际知名的高水平研究型大学"。

"双一流"建设总体发展目标中体现了政策目标的阶段发展性和未来规划性,不仅设定了2020年、2030年、2050年的阶梯目标,而且增加了走有中国特色的建设世界一流大学之路和建设高等教育强国整体高等教育发展的路线。总体要求是"推动一批高水平大学和学科进入世界一流行列或前列;2020年,若干所大学和一批学科进入世界一流行列,若干学科进入世界一流学科前列;2030年,更多的大学和学科进入世界一流行列,若干所大学进入世界一流大学前列,一批学科进入世界一流学科前列,高等教育整体实力显著提升;21世纪中叶,一流大学和一流学科的数量和实力进入世界前列,基本建成高等教育强国"。

（三）人才培养目标趋向创新能力

高水平大学人才培养目标从"高级专门人才"到"高层次应用型、复合型创新人才"再到"创新型、应用型、复合型拔尖创新人才"。人才培养目标的变化体现了建设过程中我国人才培养目标层次和类型的适度调整，可以发现我国人才培养类型从专门人才转为复合型人才，人才培养能力要求从工程技术以及管理专业能力转变为应用实践操作能力和综合能力，再到创新能力、跨学科能力、迁移能力等，形成知识、能力与素质三位一体的有机融合。重点大学阶段，人才培养政策目标是为国家培养数量较多、质量较高的"高级专门人才"，例如高级检索人才、培养高等工业学校的师资、工程技术科学的研究人员，以及为各有关的工业企业培养具有较高水平的建设、施工和管理的工程师和其他社会主义革命和社会主义建设所需要的各种专门人才。"211和985工程"阶段政策目标相较于重点大学，加强对人才培养目标中人才规模、入学率、师生比、招生、教学及教学改革等具体培养规格要求以外，重点突出培养各类"高层次应用型、复合型拔尖创新人才"和尝试培养"跨专业、跨学科的复合型人才"。这个阶段开始突破传统学术型、基础型的培养模式，实施"宽口径、厚基础"的人才培养目标，加强学校之间、校企之间、学校与科研机构之间合作以及中外合作等多种联合培养人才方式，要求构建体系开放、机制灵活、渠道互通、选择多样的人才培养体制，努力使人才培养接近或达到发达国家水平。世界一流大学阶段人才培养目标是培养"创新型、应用型、复合型拔尖创新人才"以及相关国际化人才，注重创新精神和创新能力的培养。特别是高水平研究型大学主要以培养创新型人才为主，开展理论研究与实践创新，并积极探索建立跨院系、跨学科、跨专业交叉培养新机制。

（四）科学研究目标愈加体现服务国家要求

科学研究目标变化主要体现在从保障科研条件努力进入国际先进行列，到国内领先基础上、通过平台和基地建设促进科研达到世界一流水平，再到追求世界一流的基础性科研和创新性科研、加大科技成果转化力度的转变。科研目标转化不仅对科研水平走向国际提出要求，而且对科研类型以及科研服务要求指明方向。重点大学阶段科研目标中在明确科研力量调配、科研队伍、科研管理、科研基地等基础上，要求解决一批经济建设、国防建设及社会发展中急需解决的重大科技问题，不断提高科学研究水平，助力我国赶超世界先进水平。1978年恢复重点高校的报告中提出希望经过八年时间科研水平目标是进入国际先进行列，1991年要求一些科技领域进入世界先进行列，在20世纪90年代初希望加快科技成果转化的目标要求。"211工程"科学研究目标是使大多数"211工程"院校科研水平达到国内领先地位。"985工程"科研目标是通过促进科技创新平台和哲学社会科学创新基地建设争取具备世界一流科研能力和产出世界一流科研成果。世界一流大学阶段要求提高高等学校科学研究水平，使世界一流大学建设高校成为知识发现和科技创新的重要力量，并且提高对基础科学研究目标和科技成果转化目标的要求。例如基础科学研究目标要求是2020年科学研究整体水平和国际影响力显著提升、2035年我国基础科学研究整体水平和国际影响力大幅度跃升、到21世纪中叶把我国建设成为世界主要科学中心和创新高地。科技成果转化目标引导科研工作和经济社会发展需求更加紧密结合。

（五）学科建设目标结构质量协同布局

学科建设目标主要包括专业建设和学科建设目标两个方面。学科建设目标在重点大学时期注重学科成为教育与科学的基础，还没有完全上升到与国际比较的高度。"211和985工程"阶段转为优化重点学科结构布局，促使部分学科接近或达到国际先进水平。世界一流大学阶段在学科建设质量和数量都加大要求，更加强调更多学科进入世界一流行列和前列。重点大学阶段学科建设目标是，在高等学校中有计划地建设一批门类结构比较合理的重点学科，促进重点学科比较集中的学校形成教育中心、科学研究中心，并希望到20世纪末，能够解决社会发展和学科发展中的重大科学技术问题，逐步建成开放型的教学、科学研究先进基地。"211和985工程"阶段力争使其中部分学科接近或达到世界先进水平，加速世界一流学科的形成，建成布局和结构比较合理的高等教育重点学科体系。世界一流大学阶段力争一批学科进入世界一流行列，若干学科进入世界一流学科前列。

因为原来就是一流大学,后来搞一流学科,可能是两个目的,一个从国外来看,有一种理论认为国外强调的是学科,对吧?孩子们考大学,不是选择最好的学校,是选择最好的学科,那么最好的学科不一定都在一流大学,大部分的好学科都在重点大学,但是不是所有的好学科都在重点大学,这是一个概念。因此根据国外的发展和我们自己,自己也是这样。我也知道有一些普通大学有一些好的学科,那么为了支持这些好的学科,搞出了一流大学和一流学科建设,那么这个应该说是在原来基础上,我认为是个进步,这应该肯定,它会把那些好的学科能够支持它的发展,同时也有利于带动其他普通大学的发展,普通大学有一个好学科,它发展起来对大学的发展也会更好,这样起到了这种种子和引领的作用,我想从这个意义上来讲是需要的,这是一个值得肯定的问题。同时来讲可能国家财力也在逐步的充实,有条件支持这些发展,我想这个方向要肯定。

——来源于访谈者24

(六)师资建设目标更加注重引进和自主培养并重

师资建设目标体现了我国师资队伍建设中高度计划管理、主要依靠自主培养为主,转变为国际引进和国内培养以及逐步深度融合趋势,从关注教学能力转移到科研能力,从注重教师素质能力培养到追求搭建国际化学术团队。重点大学阶段师资培养目标包括对教师留校规定、工作分配、劳动安排以及能力要求等。这个阶段师资补充、调配主要由教育部或主管部委商同人事部决定和计划性安排,特别是建设初期主要是聘请苏联专家到校指导和帮助工作,培养我国又红又专的教师队伍。20世纪八九十年代,开始重视对学术带头人和骨干的培养,开始优化师资队伍结构、提高素质能力要求。"211和985工程"阶段师资队伍建设目标是引进、培养和汇聚能够领导高校和学科进入国际先进水平的优秀学术带头人和校长、具有世界先进水平的中青年学术攻坚人才等,为高校集聚一批具有国际影响的教学名师和学科领军人才。世界一流大学阶段师资队伍建设目标是继续加大成建制引进海外人才的力度,促进海外人才与国内科研骨干的融合,提升教师综合素质、专业化水平和创新能力,培养一批世界一流的骨干教师、卓越教师等。例如2016年高等学校学科创新引智计划(简称"111计划")总体目标是从世界排名前100位的大学、研究机构中引进、汇聚1000名海外顶级学术大师以及一大批学术骨干,与国内优秀学科带头人和创新团队相互融合,形成高水平的研究队伍。

(七)组织管理目标更加重视制度建设

组织管理目标改变过去条条为主的管理体制和政府包揽办学的格局,转变为中央与省两级管理、两级负责为主的管理体制,再到依法管理、依法办学、权责明确的教育管理体制。重点大学阶段组织管理目标主要涉及体制改革目标。重点大学建设时期组织管理目标主要是捋顺政府与高等学校、中央与地方、国家教委与中央各业务部门之间的关系,逐步建立政府宏观管理、学校面向社会自主办学的体制,争取基本建成举办者、管理者和办学者职责分明的目标。"211和985工程"阶段组织管理目标主要涉及"211工程""985工程"相关检查和验收目标与体制改革目标。这些检查和验收目标主要是检查建设目标、建设任务和建设资金完成情况,总结取得的基本成绩、成功经验和存在问题,提高具体工程建设质量和效益,确保工程建设的顺利进行。"211和985工程"阶段体制改革目标主要是健全政府主导、社会参与、办学主体多元、办学形式多样、充满生机活力的办学体制。世界一流大学阶段体制改革目标是政府依法宏观管理、学校依法自主办学、社会有序参与、各方合力推进的格局更加完善。

(八)资源保障目标更加强调融资渠道多元

资源保障目标最大的变化就是不仅转变了教育投资形式、投资来源,而且资源支持手段、投资导向也发生转变。从重点大学早期依靠行政手段进行荣誉分配而获得基础条件方面倾斜性计划资源分配的方式,到重点建设项目衍生为高校获得"专项补助投资"的方式,再到"211和985工程"阶段给予高校和学科配备"专项资金"扶持的目标,再到世界一流大学阶段中央"引导专项资金"的形式。此外,70年来资源保障目标中从专项补助逐步转变为常态化拨款,不仅要求国家投资,而且倡议加大地方投资等资金来源渠道,同时要求充分发挥绩效导向提高资金使用效率。重点大学阶段资源保障目标主要为校舍建设、设备与设备费、仪器物资供应管理为主。1984年国家重点项目开始安排的"专项补助投资"用于项目建设的目标。"211和985工程"阶段资源保障目标主要是奖金、投资以及"专项资金"管理等与经费有关的目标,旨在发挥资金的最大效益,要求把教育投资作为一种基础性的投资,希望构建以政府投入为主、多渠道筹集教育经费的体制。世界一流大学阶段资源保障目标主要是针对"引导专项资金"使用目标,并鼓励相关地方政府通过多种方式,对中央高校给予资金、政策、资源支持。

(九)国际交流目标更加要求全方位、高层次

国际交流目标从模仿学习苏联经验转为学习欧美经验提高我国国际化水平的多层次、宽领域交流合作,再转变为全方位、高层次的高等教育国际合作交流。国际交流目标的范围从窄领域到多领域,从相对有限转变为全方位、多层次范畴,从借鉴模仿到参与国际教育规则标准研制。国际交流目标在重点大学建设早期主要是与苏联在科研项目、人才培养、师资建设方面的交流互动,中美建交之后,我国又加大与欧美国家教育国际交流与合作。重点大学时期我国的国际交流目标主要是扩大教育对外开放,学习借鉴世界各国高等教育成功经验。"211和985工程"阶段国际交流目标是继续扩大高等教育对外开放力度,深化留学工作制度改革,扩大国家间高层次学生、学者交流,提高我国教育国际化水平。世界一流大学阶段国际交流目标是开创教育对外开放新格局,全面提升国际交流合作水平,积极参与全球教育治理和国际标准制定等。

第五节　政策目标价值取向

价值因素在公共政策目标界定的过程中始终存在,并在深层次影响着

第三章　我国重点建设高水平大学政策目标研究

公共政策目标的遴选和确定,对价值因素的分析和判断,也成为公共政策目标确定过程中深入挖掘和认真对待的因素[154]。政策设计和出台的背后蕴含着各种价值观的多元统筹,这些价值观所包含的政治偏好、政策取向就是政策价值研究的核心领域。价值取向决定了政策目标的内容和方向,也决定了政策设计和政策实践的有效性。如果政策没有正确的价值导向,那么这样的政策也就没有灵魂。高水平大学政策不仅包括外在价值、现实价值、显性价值,更包括内在价值、理想价值、隐性价值是高等教育内生性价值取向的重要表现,蕴含着质量效率的目标达成价值取向,最终追求的是高质量效果、高产出效率、高贡献效益。

一、重点论的价值取向

公共政策价值取向核心是价值分配的利益要求,实际上就是优先权问题,在优先权上孰轻孰重决定了政治安排的基础走向以及生存空间。从某种意义上来说,这些价值在某种程度上建构了政治安排的价值准则和价值标准,决定了政策客体作为与不作为,也限定了政治空间和政策空间[155]。高等教育政策价值观选择是基于多种价值选择中的价值平衡,是对政策本质属性的表达。在对高水平大学政策价值研究不仅有助于厘清价值本质与价值类型,更有利于明晰价值关系与辨识价值问题。重点论作为我国高水平大学政策的指导思想,是指集中社会资源解决特定时期经济社会矛盾,达到巩固政权和维护社会稳定的目的,对社会公共资源分配起基础性调节作用,是新中国成立初期高度计划的特殊体制的产物,重点论强调教育活动计划性与政治、经济的高度一致性[156]。重点论是高水平大学政策的主旨思想,70年来系列政策都一直沿用了重点论,呈现出主旨思想不断维持的行政逻辑历史惯性。

我国高水平大学政策稳定性主要体现在政策的价值导向是稳定的,稳定性主要是自始至终都是集中资源重点建设的理念,渐进性主要表现在政策目标、政策任务和政策内容这三个方面,政策目标从开始到

我国重点建设高水平大学政策的演进与创新研究

现在一直都是深化的,从培养各类专门人才到提高高等教育质量,科研能力的提升以及到现在建立一流大学一流学科,所有政策目标都是在一直的深化。从"211工程""985工程"然后到世界一流大学,它的目标还是要建设高质量的高等教育,推动高等教育的高质量发展。我觉得基本的基调一直都是没有变的,是我国的高等教育能够走进世界的一流方阵中。我们过去的高等教育在苏联模式的影响下,走的是苏联的道路。前期20世纪50年代受计划经济的影响,高等教育更多的是苏联模式,到后来我们可能慢慢进入了美国模式、英国模式,高等教育最大的特点就是一种行政主导。

——来源于访谈者13、15

重点论在各项重点建设项目文件的指导思想和政策目标中都有明确要求。1954年第一个正式重点大学建设文件《关于重点高等学校和专家工作范围的决议》就要求,重点高等学校是为了使这些学校在各方面能够先走一步,取得经验,以带动其他学校,共同前进。1959年《中共中央关于在高等学校中指定一批重点学校的决定》指出为了将来逐步提高高等教育质量,从现有的比较有基础的高等学校中,指定少数学校。1995年《"211工程"总体建设规划》指出面向21世纪在"九五"期间重点建设一批高等学校和重点学科,使其总体处于国内先进水平,起到骨干和示范作用。2004年《关于继续实施"985工程"建设项目的意见》中明确指出"985工程"要集中资源,突出重点,坚持重点建设与整体统筹相结合。2012年《关于实施高等学校创新能力提升计划的意见》指导思想是以重点学科建设为基础,构建协同创新的新模式与新机制。2015年《统筹推进世界一流大学和一流学科建设总体方案》目标要求是推动一批高水平大学和学科进入世界一流行列或前列,其实也是通过重点支持少数高校带动高等教育系统的整体竞争力提升。通过上述分析可以发现我国高水平大学政策目标中重点建设、集中资源的思路是非常明确的。关于现代化有两种区分维度,一个维度是先发与后发,另一个维度是内生和外生,我国高等教育现代化类型属于后发外生型[157],我国高水平大学建设亦属于后发外生型。重点论是我国70年来高等教育重点建设的灵魂，不仅构建相对稳定的高等教育建设的基本秩序，主旨思想可以概括为确定一批重点高校优先建设，具有典型以点带面的内在要求，带动高等教育系统整体发展，缩小我国高等教育与先发内生型国家的差距，促进我国后发外生型高等教育现代化进程，是宏观上规范、引导、调节高水平大学建设的意识形态和价值追求。

二、服从国家战略的价值取向

高水平大学建设具有服从战略的国家发展价值取向，包括自上而下服从国家发展价值正当性取向、服务工业的教育发展有益性价值取向、非公正的动态博弈价值取向，是教育工具性、公共性、功利性等外生性价值取向的行为表征，体现着高水平大学在国家经济、政治、社会、文化、生态文明、建设中所起作用的认可和要求。

（一）自上而下服从国家发展价值正当性取向

我国高等教育政策基本特征就是体现国家意志的公共利益选择，如果政策能够适应国家社会发展需求，这样政策价值取向和国家政治取向就会比较契合，否则其存在的正当性、合法性就会受到质疑。因此，政府如果希望始终保持自身价值观念的合理性，避免产生合法性危机，就需要不断调整政策目标以满足社会公共利益的需求。高水平大学建设是国家从战略高度确定了高等教育重点建设的地位，体现着重点建设的服务国家的政治正当性价值取向。任何政策设计变迁都无法脱离历史逻辑而存在，具有历史依存性。我国高水平大学政策遵从历史逻辑上的正当性，与历史阶段国家战略相匹配，具有典型的宏观国家战略下嵌套性高等教育子战略的表征。重点大学时期，国家实施重工业发展战略为主，重点建设目标更多是为其他高等院校作出示范，为国家培养数量更多、质量更好的高级建设人才和向国家提供高水平的科学研究成果来支持重工业发展道路。此阶段的重点大学系列政策是国民经济发展战略中的一项重要措施，高校在学习苏联经验的基础上主要以教学为中心，主要围绕新中国重工业建设培养社会发展需求的

我国重点建设高水平大学政策的演进与创新研究

各种高级专门人才、培养研究生以及重点试验等。1995年《关于加速科学技术进步的决定》首次提出在全国实施科教兴国战略，标志着我国开始实施科技实力为竞争目标新时代，科教兴国作为一条重要发展战略对国家建设产生了20多年的影响，而"211和985工程"政策目标的核心是重点建设一批高等学校和重点学科，促使能够提升高校和学科的科技发展水平和国际竞争能力，是为了实施科教兴国战略在高等教育领域实施的关键性计划和集中力量重点性突破。"双一流"建设是国家创新驱动战略在高等教育重点领域和关键环节的任务部署，服务国家战略的政治意图更加显著，把高校视为原始创新的源头和主体，提升人才培养、学科建设、科技研发三位一体创新水平，以推动一批高水平大学和学科进入世界一流行列或前列为方针，系统性增强我国原始创新能力和服务经济社会发展能力。

> 实际上主要是要考虑：第一原来优点继承，这是咱们一以贯之的；第二，原来的缺点避讳掉；再者是要考虑咱们的国情，我觉得是这样。中国重点建设就是一种国家意志，就用国家给投钱的，实现国家意志当然就属于目标导向，通过建设起到作用。我们一种理想是一种目标导向，那么与目标有多远，理想达没达到，这就是中间遇到的情况，就是要改革的、就是要解决的问题，所以就是说确实是这个目标导向的，因为这是国家意志。"双一流"建设是国家意志，"双一流"建设是一个遴选制，是国家挑选重点建设的，所以肯定是国家意志。
>
> ——来源于访谈者29

威尔逊学派认为行政机关拥有广泛自由裁量权，包括组织结构、目标对象规范、政策规则、政策工具选择等，政策逻辑的发展应该有明确的责任分工。威尔逊观点聚焦于问责制问题，治理中的特殊利益可以通过明确的目标来避免，确保机构对目标负责，而对政策手段保持着多元自由裁量权，对实施过程进行非政治化规约。在威尔逊观点中隐含的论点是，如果政策设计者不能明确具体的、可实现的目标，那么实施者可以承担责任，政府就不应该试图干预。威尔逊方法的建议是制定明确的、以问题为导向的目标,使机构能够承担责任,而不是让目标对象从事探索性行动,同时指出明确责任是政策成功实施的指示器,追究目标对象责任能够确保政策有效实施。[108]在公共政策领域中,政策通常采用自上而下或自下而上两种方法。自上而下的政策中,普遍视政策设计者为中心角色,注意力更多集中于宏观可操作层面。例如自上而下的理论家提出详细的自上而下的方法,认为有效的政策应该包括从明确的目标、因果理论、执行过程的法律结构、忠诚的官员、支持性利益集团、不断变化的社会经济条件[158]。自上而下的国家教育政策有助于强化和合法地推动整个国家高校自下而上的系统性改革,同时也有利于提高各个省或区域对相关教育问题的重视和认可[118]。但是也有批评者提出自上而下的做法主要以法定语言为出发点,强调中央法规制定者是关键行动者,往往不考虑以往行动的意义和其他参与者,将执行视为一种行政程序,忽视或消除了其他问题的影响。相对而言,自下而上的方法强调目标群体和服务提供者,认为政策应该是基于政策问题层面制定。自下而上的理论家开发了自下而上方法确定了在一个或多个地区参与服务提供的行动者网络,为行动者和决策者到公共部门的最高决策者提供了另外一种机制,并询问他们的目标、战略、活动和联系,利用这些联系来发展一种网络技术,以查明参与有关政府和非政府方案的规划、筹资和执行的地方、区域和国家行动者[159]。自下而上的方法有利于政策行动者设计和制订政府方案,可以充分考虑政策环境因素和影响要素,提高了政策解决现实困难的有效性和适恰度。但是也有批评者提出疑问,如果行动者行使政策控制过程,其权力来自当选代表对主权选民的责任,但地方服务提供者的权力往往掣肘于中央权威,同时这种方法往往过分强调局部意识而忽略整体意志。自上而下的方法多用于清晰的政治方向、确切的政策目标和良好的治理领域,而自下而上的方法多用于低冲突、高不确定性和缺乏共识的领域[160]。

　　由各个阶段政策目标可以发现,我国高水平大学政策目标依托于国家宏观战略目标,隶属于国家宏观发展战略在高等教育领域的具体实践要求,是国家战略在高等教育领域的具体应用,促使国家宏观目标在高等教育领域的发展目标更加细化和明朗,以此来支持国家总体发展目标的实现,建立了从上到下的政策目标确立的正当性和合法性。这种政策目标设计的价值取向优点是政策目标比较聚焦,具体要求针对性较强,具有与国家总体战略价值取向高度一致性和匹配性。由于政策目标受到自上而下的制定模式所影响,虽然合法性毋庸置疑,但是我国高水平大学建设政策目标价值取向的缺点是在一定程度上缺乏对高等教育政策问题和发展问题的权衡,缺少自下而上基于政策问题确立目标的制定逻辑和意识形态。

(二)服务工业的教育发展有益性价值取向

由于我国国家发展模式影响,从重点大学到"双一流",政策价值取向都蕴含着服务工业化需求,服务工业的教育发展有益性价值取向成为我国高水平大学政策的基本价值取向之一。1955年7月《关于发展国民经济的第一个五年计划的报告》指出:"过渡时期的总任务是逐步实现国家的社会主义工业化,而社会主义工业化的中心环节,则是优先发展重工业。并指出五年内,高等教育以发展高等工科学校和综合大学的理科为重点,同时适当地发展农林、师范、医药和其他各类学校。"这种新中国成立初期优先发展重工业的基调对我国社会发展模式和高等教育发展模式产生了深远影响。虽然价值取向也是形态各异的,有宏观的、中观的、微观的,也有不同类型和层级的,例如经济取向、人才取向、文化取向的社会价值取向等。但是从政策目标结构和政策目标层级就可以发现,这70年来政策目标中无论是总体发展目标,还是人才培养目标、科学研究目标、学科建设目标、师资建设目标等,都包含着高水平大学教育属性服务工业社会的人力资源价值、科学研究价值、经济促进价值等意蕴和制度安排,旨在通过人才培养和科研创新实现高水平大学在服务工业发展中的职能定位和主动效应,奉行赶超世界先进水平的目标导向。无论是通过深入表层目标和深层实践的对比,还是政策客体的观察,都可以得到印证,例如学科建设对象中主要以理工科为主,就是最好的例证。这样的价值导向能够从人力和科技等方面快速衔接国家需求,促使高校主观能动性发挥,但是这样的政策价值导向也无形束缚了高水平大学建设目标向度,弱化了其他学科和领域的功能定位和服务贡献。

（三）非公正的动态博弈价值取向

价值取向是公共政策制定的前提和灵魂，是贯穿于政策全过程的核心问题。在各种利益关系中，最基本的关系形式是利益分配关系和交换关系，在此相应的公正形式包括规则公正、分配公正、交换公正、权利与义务公正[155]。重点论这70年来一直作为高等教育重点建设的指导思想，主旨思想就是通过重点支持少数带动高等教育整体质量整体发展，因此高水平大学建设价值取向本质上在重点与非重点、重点之间是非公正性博弈，高水平大学建设利益格局中，分配向度偏向于隶属国家部委的发展水平高、教学和科研能力强、办学资质好的高校倾斜，形成了非均衡发展的价值取向。实际上，有批评者认为我国的公共政策价值取向有待商榷，指出以公共性为代价的改革与发展被证明为一种短视行为。

这种非公正的价值取向也遭到质疑。规则公正是政策客体参与政策活动的准入资格平等，特别是属于稀缺资源的高等教育，高水平大学建设准入资格本质上就是以部委重点扶持的高校为主，旨在通过程序的正当性保障政策的公共性价值。从高水平大学建设规则公正看，重点大学到"211工程""985工程""双一流"，政策客体的入选范畴由部委直属高校拓展到省部共建高校和少数地方所属高校，准入资质是逐步拓宽的。分配公正主要是国家分配公共资源的方式，受制于国家财力可能性约束，高水平大学建设资源分配过程中重点高校之间、重点学科之间、分配资源额度采取也是差异化分配方式，甚至重点高校之间资源分配差距也是数倍之多，国家一直维持着这种历史惯性的利益分配格局，分配公正一直以来受到很大程度上的质疑和批判。因此，未来"双一流"如何平衡不同高校主体之间的利益主张和利益冲突，妥善处理好宏观与微观、现在与未来的价值选择和利益分配，有待深入系统研究。

三、依据阶段需求调适的价值取向

高水平大学建设政策目标不仅需要适应政策问题和高等教育结构变化，平衡不同政策客体的价值偏好和目标追求的冲突与矛盾，而且理性的政策目标应该是多元的、多层次的目标协调与统一[154]。70年来高水平大学政策目标的价值选择是根据国家政治经济稳定和发展的事实因素和价值因素做出的局部调适,包括两种价值认同体系:欧美高校建设模式,例如清华大学、北京大学这种综合性大学;苏联高校建设模式,例如学院路八大院校这种多科性大学。无论是总体发展目标还是派生出来的重点领域目标,都是国家有意识地、有步骤地调整目标向度和价值选择以符合公共利益需求,总体上呈现出典型的行政逻辑惯性的国家价值导向,同时也存在着高校自身的内在价值导向,但是在重点建设中外发强制逻辑与内生发展逻辑也相互制衡和相互交融。结合对相关专家的访谈调研,凝练出我国高水平大学政策目标价值选择包括以下几个方面:

（一）重点大学阶段对焦国家目标的价值选择

这个阶段价值选择更多来源于国家需求目标,特别是经济社会发展的急迫的、短期的、现实的需要。1952年大学改造,由于政治体制原因和苏联大学模式更容易与我国当时的历史条件相符合,因此此时主要鼓励学习苏联模式,而并非欧美大学模式。这样的价值取向虽然能够快速满足国家现实需要,但是容易忽视长期高等教育内在规律的机理,造成建设的高校主要偏向技术型、应用型大学模式,使得政策目标的意蕴缺乏长期性和包容性。在这种价值引导下,重点大学政策目标实施了以高层次专门人才自给自足为抓手,主要培养能够适应经济社会发展需求的专门人才,20世纪80年代之后才陆续将科研维度和学科维度纳入顶层设计的范畴。我国当时这样选择的原因主要是:其一,新中国成立初期社会各方面百废待兴,国家本身财力有限的背景下能够投入高等教育领域的经费更是非常有限,当时高等教育发展基础比较薄弱,而且规模相对较小、模式相对单一。其二,是由于当时外部政治环境影响,特别是新中国成立早期主要与苏联进行较多的交流互动,与其他国家高等教育交流甚少,亦没有争取世界一流的概念和意识,也不具备发展国际前沿的内在需求和外部条件。因此把对国家经济和社会发展有重大影响的高校列入重点大学,集中财力优先建设这些高校,促使它们在高等教育领域先走一步,希冀能够对国家经济发展、社会进步发挥更大更好的作用。在这种大背景趋势下,重点大学建设时期国家根据社会需求,不仅建立了众多以工科为主的多科性大学,例如航空、石油、矿业、水利、地质、钢铁等领域高校,而且此类高校也成了这个阶段主要的重点建设对象。

> 20世纪50年代学校数量与现在比没有那么多,当时国家的财政情况也不容乐观,经济上的困难也很多,国家没有那么多的经费投入高等教育,让所有的学校都一起发展,所以需要重点的发展,就有了所谓重点大学的政策,把对国家经济和社会发展有重大影响的大学列为重点大学,集中财力来建设好这些大学,使得他们能够对国家的经济发展、社会进步发挥更好的作用,那个时候我们与国外的交往并不太多,也没有要争取世界一流的概念,在世界上怎么样。那个时候主要是考虑国家自己的需要,经济建设、社会发展的需要。改革开放之后我们与国外的交往多了,大学除了要满足自己的需要以外,也需要在国际上产生一定的影响,这也是一个国家综合实力的体现,所以提出来要建设一流大学,在世界上要有一定的知名度,要产生一定的影响,所以这两个价值取向还是有些差别,但是内涵是有很多相近的方面,现在也不是要世界一流大学那么一个虚名,主要还是要服务国家战略,在世界上产生一定的影响,这种影响其实也是在提升国家的地位。

——来源于访谈者19、20

(二)"211和985工程"阶段基于扩大我国高等教育影响力的价值选择

20世纪90年代改革开放政策实施之后,我国已经与世界绝大多数国家建交,这个时候高校不仅需要满足国家自身建设需要以外,而且需要关注国际社会产生的影响,此时的政策目标蕴含着对高水平大学国际知名度和影响力的内在要求,高等教育重点建设的观念出现转型。因此,在反思前期重点大学阶段建设存在的问题基础上,为了适应市场经济转型需求,"211工程"开始提出国际先进水平的要求,"985工程"提出世界一流大学的目标。此次价值选择转变既由外在国家目标的事实因素决定,也有高等教育内生规律的价值因素驱动。这种价值选择打破传统思维模式的桎梏,在回应社会需求的基础上,开始关注高等教育内生规律增长趋势,蕴含着开始弱化行业特征、强化间接对接的宗旨。这样转变的原因主要包括:其一,我国与世界各国国际交往的推进,转变了以往国际交往相对单一的范式,这就亟待高等教育做出调整,并且我国经济实力已经发展到一定基础,已经拥有支持更多高校优先发展的物质条件。其二,市场经济转型的需要。由于市场经济转型的变化,社会需要出现的快速变化性和模糊性,对大学的地位和作用提出新的挑战,高校很难按照以前的发展模式直接对应社会需求,而且市场对人才培养类型和人才培养能力提出新的要求,不再是旧有的技术性专门人才,更加强化对通识素质的要求。因此,"211和985工程"阶段我国重点大学建设逐渐转向欧美模式,政策调整之后开始有利于综合性大学。一方面因为欧美著名的高校主要都是综合性大学,另一方面由于市场经济转型之后,有的重点高校原来所隶属的行业部委被裁撤或是不再重点发展,原有的国防军工产业开始转为市场模式,因此原有的一些高校隶属失去了发展源头,反而更有利于原有的综合性大学发展。其三,这个阶段行业发展速度和水平皆快于高校发展速度。由于我国20世纪90年代工业发展水平相较于新中国成立初期,不仅拥有一定的发展基础,而且发展非常迅速,因此,高校培养的人才已经无法满足行业需求。这个阶段还不是完全基于高等教育本身内生规律的发展,虽然从重点大学时期社会需求的角度有所转变,但还是基于外部市场经济需求带来的。这种学习欧美模式带来的转变就是,高校的建设不再直接对接行业社会需求,呈现成间接联动的趋势,由于这种外在约束的降低,高水平大学建设内在规律显现出逐渐增长的态势。通过欧美知名的世界一流大学也可以发现,例如哈佛大学、几乎都是综合性大学,这样的高校建设的普遍规律是基于长期的、稳定的战略目标而建设的,并且非常注重高等教育自身规律的遵从。虽然政策文本中没有明确规定这样的发展向度,但是重点学科建设很大程度上依据学科数量和学科水平进行倾斜拨款,因此在这种趋势下发展为综合性大学不仅能够得到更多的拨款,而且更容易受到国家重视和政策补助。加之20世纪末院校调整政策的实施,这个阶段虽然有些多科性大学没有进行大的调整和合并,但是国内许多重点建设高校出现合并为综合性大学的事实,有些多科性大学被合并到综合性大学中,这个阶段高水平大学建设转型为发展欧美模式的综合性大学为主。

（三）世界一流大学阶段基于提升高校全球竞争力的价值选择

2015年的"双一流"战略提出主要服务国家创新驱动战略,通过提高高校国际竞争力,提升我国高等教育国际地位和影响力。我国建设世界一流大学是由于政策导向的外发驱动型,入选高校将会获得经费支持、招生、科研项目等各种政策红利接踵而至。而且从现在的世界一流大学来看,公认的世界一流大学主要是欧美的综合型世界一流大学,例如哈佛大学、耶鲁大学、斯坦福大学等,因此国内很多高校开始对标此类高校进行建设,仍然坚持欧美综合性大学为主。但是这种对比国外知名世界一流大学建设也带来了问题,例如清华大学、北京大学这样的综合型高校对标哈佛大学这样建设是可行的,但是原来具有很强行业特色多科性大学则建设的可能性将会比较困难。

总体看,不论在高等教育还是整个教育体制方面,不断进行改革改进。20世纪50年代,像哈工大和中国人民大学,当时也是作为学习苏联的两个样板。总体感觉历史改革都是跟着国家的不同发展阶段的要求提出来的。这种改革放在国家不同发展阶段背景下去考虑。比如1954年那个时候像哈工大作为一所工科的大学,特别急需,所以工大培养这些学生后来的发展都很好。现在"双一流"建设,中国现在发展到现今这样一个程度,那么对高等教育的需求,希望我们有经济发展这样一个阶段的时候,就希望建世界一流大学、一流学科。现在关于更加发展到更高的程度上,对学科、对专业发展要求达到一流的水平。比如说不同阶段我们对教育的认识可能会不一样。比如说学科调整,当时把很多学校按照分门别类地调到一起之后,可能想在某一个学科里面集中力量能做些大事,主要是这样。所以不同阶段对高等教育的认识可能会有所不同。现在我还是很赞赏科技创新体制设计的,比如讲高校的任务主要是探索,探索未知世界、探索新的技术、新领域探索。

——来源于访谈者26

由于多科性大学有其自身价值观和内在特征,虽然政策导向具有非常强力的外发强制逻辑,但是此类高校内在价值取向具有明显的自身逻辑和理念坚守。世界一流大学阶段由外延式发展逐步向内涵式发展转变,内涵式发展要求高校充分利用内外部资源、挖掘现有潜力,优化资源配置,突出特色,全面提高办学效率和教育质量,实现高等教育规模、质量、结构、效益的协调统一[161]。因此,世界一流大学阶段重点建设在遵循外发强制逻辑的条件下,政策加大了对高校内生发展逻辑的诱导,对高水平大学目标不再实施强烈的外部压力,开始遵循高等教育规律促使高校向内生增长型转变,既鼓励欧美模式的综合性大学发展,也鼓励高校根据自身特色分类发展。

第四章　我国重点建设高水平大学政策内容研究

本章主要对96个文本中涉及政策内容进行Atlas.ti质性编码,通过自下而上地对所有相关内容的开放编码、主轴编码、选择编码的归纳分析,凝练出我国高水平大学政策主要包括人才培养、科学研究、学科建设、师资建设、组织管理、资源保障、国际交流七个方面的内容,世界一流大学阶段增加了本科教育相关内容。由于一流本科以及一流课程的资助是对全国所有高校而不是仅对"双一流"高校的,因此本书不着重对其展开探讨。为了进一步推进研究的科学性,本章采用混合研究方法,将质性研究的编码方式、量化研究的网络共现方式结合起来,通过对政策主题及内容的分析,探究近70年来高水平大学政策内容演进逻辑。纵观我国高水平大学政策建设而言,是不断修正政策内容的过程,总体呈现出持久性、灵活性和适应性等特点。

第一节　重点大学阶段政策内容

重点大学阶段共梳理出28份政策文本,此部分在对政策文本的内容及特征进行分析的基础上,再利用社会网络方法对这40年的政策内容进行网络可视化分析。为了深入研究重点大学阶段政策内容,依据政策文本和政策实践的基础上,结合质性编码、社会网络分析,此部分从高水平大学核心维度的人才培养、科学研究、学科建设、师资建设、组织管理、资源保障、国际交流这七个方面对政策内容与特征进行深入分析。

我国重点建设高水平大学政策的演进与创新研究

一、人才培养

(一)人才培养内容概况

重点大学阶段人才培养编码代表性内容如表17所列,可以归纳为以下方面:其一,总体定位。包括人才培养类型、规模、原则、方针、课程设置等。例如1959年《中共中央关于在高等学校中指定一批重点学校的决定》明确规定"16个重点高等学校的专业设置、招生名额及发展规模,当时规定北京大学专业个数为45个,每年本科招生数为2000,本科最大规模(研究生部在外)10000"。其二,研究生培养。研究生培养的招生人数、招生资格、培养规范、教育原则等。例如1978年《教育部关于讨论和试行全国重点高等学校暂行工作条例(试行草案)的通知》要求"高等学校应该重视研究生的培养工作,根据教师条件和科学研究的基础,招生研究生,培养科学研究人才和高等学校师资"。其三,教育教学制度。包括学生管理、学风建设、教育改革等内容。纵观整个重点大学阶段人才培养内容主要专注于培养高层次专门人才,通过对重点大学政策内容中人才培养类型的提取,包括重点高级检索人才、科学研究人才、建设施工和管理工程师、各种专门人才、优秀人才、拔尖人才、高级建设人才、高级专门人才、中青年拔尖人才、高质量专门人才、高层次专门人才、科技人才、高层次人才、高水平人才、新型技术人才、专门人才、应用人才、多种规格人才、各类专门人才、应用型人才、高层次人才、高层次专门人才、基础学科人才、高层次应用型和复合型人才、行业紧缺人才、高层次复合型人才、高质量人才。从政策文本中人才培养类型频次看,主要聚焦于高层次专门人才的培养。

表17 重点大学阶段人才培养代表性政策内容

主轴编码	开放编码	政策内容及来源政策文本
总体定位	发展规模以及人数	关于16个重点高等学校的专业设置、招生名额及发展规模(1959年《中共中央关于在高等学校中指定一批重点学校的决定》) 基本维持现有人数的11校,一般都在5000～6000人之间(1961年《关于审定全国重点高等学校发展和专业设置的报告》)

续表

主轴编码	开放编码	政策内容及来源政策文本
	教育根本方针	高等学校的基本任务,是贯彻执行"教育必须为无产阶级政治服务,必须同生产劳动相结合"的根本方针(1978年《教育部关于讨论和试行全国重点高等学校暂行工作条例(试行草案)的通知》)
教育教学制度	教学时间	为了保证以教学为主,高等学校平均每学年应该有八个月以上的时间用于教学(1978年《教育部关于讨论和试行全国重点高等学校暂行工作条例(试行草案)的通知》)
	课程设置	为了使学生增进知识、活跃思想、提高识别能力,应该根据课程的特点和需要,在教学大纲中规定介绍各种学派的观点(1978年《教育部关于讨论和试行全国重点高等学校暂行工作条例(试行草案)的通知》)
	学生管理	学校对于在政治思想、学习、生产劳动等方面有优秀表现的学生,应该予以奖励和表扬(1978年《教育部关于讨论和试行全国重点高等学校暂行工作条例(试行草案)的通知》)
研究生培养	1978—1983年研究生招生人数	1978年至1983年,共招收研究生58000多人;在校研究生已达35000多人(1984年《教育部关于在北京大学等22所高等院校试办研究生院的通知》)

(二)人才培养内容特征

第一,着重培养高层次专门人才。重点大学阶段人才培养旨在希望多出人才、出好人才,因为此阶段我国重点大学多为多科性大学,所以各类高校主要培养社会主义建设急需的各种高层次专门人才,早期主要是培养政治干部,还包括实验人员、工程技术人才、科研人员、教师等各类人才。例如1954年《高等教育部关于清华大学工作的决定》提出"为各有关的工业企业培养具有较高水平的建设、施工和管理的工程师"。重点大学阶段高层次专门人才的培养要求培养的专门人才能够对某一课题、某一方面有比较深入的研究。在20世纪90年代之后才着重提出复合型人才的向度。这个阶段培养的专门人才比较适合于高等学校教师和科学研究人员,新中国成立初期培养了大批具有较好专门知识的高校师资与科研人员。随着20世纪80年代经济社会发展,各个社会领域及企事业单位也越来越迫切地要求有一定数量的高层次专门人才作为骨干。例如,高级技术工程师、高级新闻和编辑出版工作者、高级医务工作者、高级文化工作者、高级法律工作者等相继纳入高层次专门人员的培养范畴。这时提出扩大应用型高层次专门人才的培养需求,不仅体现在专业理论水平和科研能力,更强调解决专业实际问题所需要的知识结构和能力结构。从"七五"期间开始研究生培养方式开始从单一化的模式转为多样化的培养模式[162]。

第二,偏向重工业的专业化课程。重点大学阶段根据国民经济发展基础,对人才培养的办学规格、办学条件、办学资源进行宏观管控的基本模式。新中国成立初期,我国高层次人才相对匮乏,人才储备量也严重不足。而且国家对高校人才培养存在管得过多过死现象,加之有关政策不配套,高层次人才教育改革的动力和发展能力显著不足[163]。为了保障高层次专门人才培养,重点大学在课程设置上偏向专门化课程。例如,1954年教育部颁发的教学计划,将基础课程明显地减弱,专门化课程的总学时高达4000个左右。这种急剧减少基础课程而大大增加专门化课程的方式,特别是这些专门化课程中又只注重与国民经济密切相关的某些重工业方面专业课程,一方面促使高层次人才具备扎实的工业专业知识,另一方面却导致人才培养过程中基础理论相对薄弱[3]。

第三,偏向计划性强的国家包分配就业模式。重点大学阶段毕业生主要以国家包分配工作为主,而且培养的高层次人才就业的单位主要聚集于高校或科研单位。例如根据20世纪80年代关于研究生毕业后的流向调查显示,90%以上分配在高等学校和科研机构,尤以留校为多,分配到企事业单位和党政部门的凤毛麟角[162]。

二、科学研究

(一)科学研究内容概况

重点大学阶段科学研究内容代表性编码如表18所列,主要包括高校科研基本要求科研机构建设、科技成果转化等。1991年《国务院批转国家教委、国家科委关于加强高等学校科学技术工作意见的通知》要求高校认真贯彻"经济建设必须依靠科学技术,科学技术工作必须面向经济建设"与"教育必须为社会主义建设服务,社会主义建设必须依靠教育"战略方针,稳定持续地进行基础性研究和高技术研究,开始推行项目制、合同制。科研机构建设主要包括工程研究中心、教研室建设,特别是教研室被认为是高等学校科学研究的基本单位,政策中对教研室工作、教研室任务、教研室管理、教研室的人员配备等做出详细规定。科技成果转化旨在加强科学技术成果推广应用,提高经济和社会效益,这个阶段在贷款和贴息资金及风险投资等方面积极开拓资金渠道,在职称晋升、力量部署、运行机制等方面进行适当调整,逐步形成了科技成果转化为生产应用的良好环境与政策制度。

表18　重点大学阶段科学研究代表性政策内容

主轴编码	开放编码	政策内容及来源政策文本
高校科研基本要求	科学研究方向	科学研究的方向应根据国家建设的需要、国家的科学技术发展规划、现代科学技术的发展趋势、学校的具体条件,在充分讨论的基础上确定(1979年《教育部直属重点高等学校自然科学研究工作暂行简则(讨论稿)》)
科研机构建设	工程研究中心	这些实验室和中心同时也是培养人才的重要场所,并应根据各自特点,实行不同程度的开放,努力办成开放型的国家实验室和国家工程研究中心(1987年《国家教委关于改革高等学校科学技术工作的意见》)
	科学研究机构建设要求	高等学校教研室是进行科学研究的基本单位,大量的科学研究工作,应在教研室的统一领导下进行(1979年《教育部直属重点高等学校自然科学研究工作暂行简则(讨论稿)》)

(二)科学研究内容特征

第一,科研内涵逐渐深化。新中国成立初期,我国科研物资比较匮乏,科研水平和科研能力较为薄弱,重点大学的科学研究并非21世纪现代意义上的科研范畴,更偏向于教学基础性工作。1978年10月4日《教育部关于讨论和试行全国重点高等学校暂行工作条例(试行草案)的通知》指出"高等学校应该把教科书、教学参考书的编著和新型实验仪器设备的研制作为重要的科学研究工作"。20世纪80年代之前科研主要在中国科学院,大学是不鼓励做科研的,主要鼓励教学和人才培养。1984年重点建设工程推动了高校对科学研究的要求,重点大学开始走上现代意义的科研探索。此外,科学研究主要是对未知事物进行探索、遵守客观发展规律;产业是把知识技术转化为物质产品、遵循市场需求规律。这个阶段重点大学科学研究虽然重视国民经济和国防建设中的重大课题、科学技术,但与产业化发展仍然保持一定距离,重点大学建设后期,虽然也积极倡导科技成果转化,但是转化力度和转化途径相对薄弱,总体来看此阶段并不是基于产业需求科研向度。到1978年政策文件中界定的高校科研内容还是教科书、教学参考书的编著和新型实验仪器设备的研制作为主要科研内容。

> 那个时候计划经济体制,在那个时候分得很鲜明,大学是培养人才的,是教学的,咱们有独立的科研院所,科研院所是科研的,所以在那个时候大学科研就不是作为大学的主要职能。不光不是主要职能,甚至都不一定是它的职能。重点大学建设要培养师资,就是为什么培养师资,我们师资不够,为什么制作教育仪器,我们教学仪器不够,我们通过普及重点大学就像星星之火可以燎原,就是普及教育经验。
>
> ——来源于访谈者29

第二,以政府拨款方式逐步向竞争性科研经费配置转变。1949—1985年科研经费均以政府拨款方式统筹配置,1985年建立科研项目分类拨款制度,逐步推行合同制,1988年引入竞争机制,1992年确定建设社会主义市场经济体制之后,市场化和竞争机制成为重要考量因素,1995年实施科研机构改革,明确各类科研机构职能定位,确立了以科研项目经费竞争性配置为科研活动的基本组织形式[164]。我国在20世纪80年代逐步构建的国家科学基金制度,重塑了科研资助模式,由单一的科研机构经费切块分配形式转变为真正意义上的以科学共同体主导或参与的科研资助新范式,标志是国家自然科学基金委员会成立。1985年《国家教委关于改革高等学校科学技术工作贯彻中共中央科学技术、教育体制改革决定的意见》指出"国家教育委员会掌握的中央各部门所属重点高等学校专项科研经费,自1958年起,改列为高等学校博士学科点专项科研基金,改变以往按博士点数"切块"划拨各主管部门的做法,实行基金制管理"。1986年2月国务院颁布

第四章　我国重点建设高水平大学政策内容研究

《关于成立国家自然科学基金委员会的通知》象征着我国基础科学研究和部分应用科学研究全面转入科学基金制轨道。此外,国家科委、财政部鼓励国务院有关部门和各省、市、地区设立面向全国的行业科学基金(含科技基金)和自己的自然科学基金,因此形成了以国家自然科学基金为主、地区和行业基金并存的科学基金系统。科学基金制逐渐成为我国支持科学事业的一种基本制度,是我国改革科学技术拨款制度和经费管理办法的新部署,在这些基金申请过程中,重点大学无论是科研队伍还是科研平台往往占据明显优势,这种科学基金制对重点大学科学研究方向、科研经费来源发挥着宏观调控的机理[165]。

第三,带有计划特色的科研管理体制。我国计划经济时代形成的条块分割的计划性科研管理体制至今还或多或少残留着其烙印和影响,凡是科学研究的政策、规划、任务、经费、奖励等依然归教育部和科技部统管。高校科研主管部门有国家发展和改革委员会(负责国家实验室)、科技部、国家自然科学基金委员会、教育部等单位,虽然他们管辖范围各不相同,但是他们获得经费的渠道都是财政部[166]。这种科研管理体制能够快速响应国家需求,有效集中人力、物力、财力,并取得了以"两弹一星"为标志的一批世界级科技成果,奠定了我国高校科研管理体制的雏形。

三、学科建设

(一)学科建设内容概况

重点大学阶段学科建设内容代表性编码如表19所列,主要包括学科规划、重点学科建设任务、重点学科评选及检查评估、专业建设相关规定,既包括传统学科、交叉学科、新兴学科,也包括涌现出来特别突出的其他学科点。重点学科规划是兼顾近期与远期发展目标,力求合理调整科类结构比例和优化布局,形成学科特色。例如1987年《关于评选高等学校重点学科的暂行规定》规定重点学科遴选从符合条件的博士点中选定,一般需要具备以下方面条件:具有特色和优势学科、具有高水平学术队伍、教学科研水平处于国内领先地位、具备必要的教学科研条件等。

我国重点建设高水平大学政策的演进与创新研究

重点学科评选采用学校申报、主管部门推荐、通讯评选、专家小组审核、国家教委审核批准的办法择优确定。重点学科建设采取分级领导体制,重点学科的总体规划及国家统一布局的建设计划、学科点的确定、评估和调整工作,由国家教委统一组织领导进行。此外,专业建设包括对专业的设置、变更和取消等,要求集中力量保证重点原则办好若干重点专业,要求专业设置不宜过多,划分不宜过窄。例如,1961年《关于审定全国重点高等学校发展和专业设置的报告》中指出专业调整原则包括:"明确高校的重点发展方向;各专业的业务范围,应该注意适当放宽;国防尖端专业的设置,必须全国一盘棋等"。

表19 重点大学阶段学科建设代表性政策内容

主轴编码	开放编码	政策内容及来源政策文本
专业建设规定	专业建设要求	要有重点地扶植一批对国家现代化建设有重大意义的学科、专业,不能平均分散使用人力物力(1984年《国务院关于教育部、国家计委将10所高等院校列入国家重点建设项目请示报告的批复》)
学科建设规定	学科规划	兼顾近期与远期,选准本学科点的主要发展方向,在一定时期内保持相对稳定,努力形成与发展各自的特色(1991年《国家教委关于高等学校重点学科建设与管理的意见》)
	学科任务	重点学科点应承担教学、科研双重任务(1987年《关于评选高等学校重点学科的暂行规定》)
		重点学科点应担负提高高层次专门人才培养质量和科学技术水平的重要任务(1991年《国家教委关于高等学校重点学科建设与管理的意见》)
	学科建设原则	重点学科的门类要比较齐全,科类结构比例和布局应力求合理,要有利于促进学科间的横向联合,逐步形成高校科研优势(1987年《关于评选高等学校重点学科的暂行规定》)
		"八五"期间,要集中力量建设好已评定的重点学科点,对新兴、交叉领域或其他学科中涌现出来特别突出的学科点(1991年《国家教委关于高等学校重点学科建设与管理的意见》)

(二)学科建设内容特征

第一,服务国家需求导向明显。我国重点大学学科建设是在政府倡导下20世纪80年代开始的,国家需求是学科建设的合理性基础和合法性判据,而不是纯粹学术导向性,也不是学科内生发展导向。这个时期学科建设要求重点地扶植一批国家需要的、对国家现代化建设有重大意义的、以适应经济社会发展需要和科学技术发展趋向的学科、专业,调整学科结构布局和研究方向、加强学科间相互渗透、促进新兴交叉学科生长及传统学科的改造等,皆是服务于满足国家社会发展趋势。

第二,学科调整计划性较强。我国学科专业调整与集权管理政治体制、计划经济体制休戚相关,显著特征是"突出工科,弱化文科"。1978年《关于做好高等学校专业设置和改造工作的意见》推动了我国学科综合发展趋势。1985年《中共中央关于教育体制改革的决定》中要求"加强财经、政法、管理类薄弱系科和专业的发展,扶持新兴学科、边缘学科发展等"。重点大学阶段学科建设凸显了高度按照计划经济要求对学科专业做出惯性调适的特点,以契合当时社会经济工业化发展道路需求。

第三,学科管理具有较强的行政化色彩。学科专业统筹规划、申报、评选、审批、管理等具有明显行政化色彩。重点大学阶段高等学校学科专业设置须经过教育部批准,例如专业发展方向、专业的业务范围、国防尖端专业设置、高校专业个数及专业学生人数等。而且高校必须按照教育部制定或者批准的各专业的教学方案、教学计划、培养目标、课程设置、毕业论文等教育方案、教学计划组织教学工作。此阶段重点高校专业个数相对不多,专业人数有较为明确规定。例如1961年《关于审定全国重点高等学校发展和专业设置的报告》中要求"重点高校平均每个专业每年招生人数一般不少于50人,特殊性质专业不少于50人,一般专业每年招生应尽可能争取在60人以上"。通过以上分析可以发现,学科管理过程中体现出明显的行政化管理的特点。

四、师资建设

(一)师资建设内容概况

重点大学阶段师资建设代表性内容如表20所列,主要围绕苏联专家工作、高校师资补充、师资队伍培养等方面展开。鉴于新中国成立初期我国当

我国重点建设高水平大学政策的演进与创新研究

时的政治经济环境,苏联专家对我国重点高校的师资建设起到重要作用,苏联专家使用原则主要包括苏联专家任务、高校分配原则以及高校使用数量等。例如1954年《关于重点高等学校和专家工作范围的决议》中指出苏联专家主要任务是"指导所在校的有关系科及教研组的教学工作,帮助培养及提高所在校的有关教师以及帮助其他学校的教师进修"。高校师资补充也是重点大学阶段师资建设的重要方面,包括师资补充方案、师资补充来源、师资补充程序等。此外,师资队伍培养包括建设要求、工作时间、职称评定、工作制度等要求,并分别对青年教师、中年教师、学术带头人的师资培养作出部署。特别需要指出的是,师资队伍梯队建设中鼓励构建传帮带精神,鼓励老教师要把自己学术专长传授给青年教师,青年教师向老教师学习,提倡建立良好的师资建设帮扶传统。

表20 重点大学阶段师资建设代表性政策内容

主轴编码	开放编码	政策内容及来源政策文本
师资建设总体规范	高校教师建设要求	应该积极帮助现有教师在工作中改造思想、提高政治理论和业务水平,充分发挥他们的作用(1959年《中共中央关于在高等学校中指定一批重点学校的决定》) 解决全国重点高等学校的师资方面的实际困难(1978年《教育部关于恢复和办好全国重点高等学校的报告》)
	教学时间规定	高等学校每年应该有一个半月至两个月的假期,在假期中学校和校外单位不要向师生随便布置工作任务(1978年《教育部关于讨论和试行全国重点高等学校暂行工作条例(试行草案)的通知》)
	师资补充来源渠道	国内外培养的研究生,凡属高等学校为了培养自己所需要的师资而选送者,应该尽可能地分给原单位。在分配留学回国的大学毕业生时,也应该适当照顾高等学校补充师资的需要(1959年《中共中央关于印发教育工作的十个文件的通知》)
	高等学校师资补充方案	中央各部门所属学校,由教育部会同国家计划委员会及有关的中央部门制订方案,从全国统一分配的高等学校毕业生中调配解决(1959年《中共中央关于印发教育工作的十个文件的通知》)

续表

主轴编码	开放编码	政策内容及来源政策文本
中青年教师培养要求	青年教师培养	对那些有特殊才能、做出较大成绩的讲师和助教,应采取重点培养的办法,为他们创造各种条件,帮助他们迅速成长(1978年《教育部关于讨论和试行全国重点高等学校暂行工作条例(试行草案)的通知》)
	中年教师培养	必须十分注意培养和提高中年教师(1978年《教育部关于讨论和试行全国重点高等学校暂行工作条例(试行草案)的通知》)

(二)师资建设内容特征

第一,政府调配的师资配置模式。在重点大学阶段,高校苏联专家使用数量、教师的配备编制、教师主要工作以及工作时间、教师进修和补充规划等都是国家计划体制中的一部分,高校缺乏师资调配权,教师更没有个人选择权[167]。例如,在苏联专家分配原则和分配权限上,着重向重点大学倾斜。此外,重点大学阶段甚至对教师工作时间都有详细的规定,特别是新中国成立初期,对教师工作量和工作时间都做出了明确要求。例如1978年《教育部关于讨论和试行全国重点高等学校暂行工作条例(试行草案)的通知》规定:"高等学校平均每学年应该有8个月以上的时间用于教学;又如对教师科研工作量是这样规定的,教师从事科学研究的总工作量应该根据教学和科研任务安排,一般应占全校教师工作总量的30%左右。"

第二,专项化师资补充方案。重点大学阶段高等学校普遍存在着师资缺乏问题,因此国家采取专项化师资补充方案,对重点大学师资配备优先倾斜。例如1959年《中共中央关于印发教育工作的十个文件的通知》要求"将高校师资队伍需求作为分配当年高等学校毕业生的依据"。

第三,静态封闭的教师循环系统。一是师资供给体内循环,重点大学阶段师资来源渠道比较单一,很大程度上政策鼓励来源于本校优秀毕业生留校,存在严重的近亲繁殖现象。二是师资进修相对封闭。高校教师进修一般遵循严格国家计划,进修机会也相对不多,能够国际交流互动的更是少数,高校与高校之间、高校与社会之间相对处于封闭的状态。这个阶段政策提倡高校内部教师间传帮带精神,重点大学倡导要特别重视那些业务上具有相当水平的中年教师的培养和大力培养新生力量,鼓励老教师要把自己学术专长传授给青年教师。三是一维编制教师身份管理。教师纳入国家工作人员范畴,实施终身制编制管理体制,与隶属高校具有非常强的依附关系,工资待遇遵从指令性薪酬机制。因此这个阶段行政价值、权利价值得到凸显,教育价值、学术价值在师资建设中无形弱化,教师流动性较小,师资队伍竞争动力、创新能力显著缺乏。[167]

五、组织管理

(一)组织管理内容概况

重点大学组织管理内容在整个政策体系中是占比最高的,不仅对重点大学建设规范做出具体详细规定,也对各相关组织领导体制和管理办法做出明确说明,代表性内容如表21所列,主要包括办学体制改革、管理体制改革、经费管理改革、科研管理要求、领导体制调整、研究生院建设管理、重点建设项目管理等。这部分着重对重点大学阶段管理体制系列改革内容进行研究,主要经历了"统一计划,条块结合"时期(1954—1957)、"统一领导,分级管理"时期(1958—1995)。由于重点大学单独体制管理变革的文件较少,所有分析中结合了高等教育体制改革相关文件进行分析。由于1952年高等教育部成立,1953年《关于修订高等学校领导关系的决定》明确高等教育部对全国高等教育的领导权限和责任,例如综合性大学由高等教育部"直接管理",单科性大学可委托中央部委"负责管理",这就形成了"集中统一"领导体制下的"条块结合"的管理格局[168]。1958年《关于教育事业管理权力下放问题的规定》中要求遵从中央集权和地方分权相结合的原则上,鼓励加强地方政府对教育事业的领导管理作用。1963年《关于加强高等学校统一领导、分级管理的决定(试行草案)》进一步明确对高校实行中央统一领导,中央和省(自治区、直辖市)两级管理体制[168]。

"文革"之后,仍然沿用了统一领导、分级管理体制。1985年《中共中央关于教育体制改革的决定》提出"实行中央、省、中心城市三级办学体制"的倡议。1993年《国务院批转国家教委关于加快改革和积极发展普通高等教育意见的通知》要求"政府要转变职能,扩大高校办学自主权"。1993年《中国教育改革和发展纲要》指出"高等教育体制改革,主要是解决政府与高等学校、中央与地方、国家教委与中央各业务部门之间的关系,逐步建立政府宏观管理、学校面向社会自主办学的体制"。

表21　重点大学阶段组织管理代表性政策内容

主轴编码	开放编码	政策内容及来源政策文本
办学体制机制改革	办学体制改革	当前高等教育体制改革的关键,就是改变政府对高等学校统得过多的管理体制,在国家统一的教育方针和计划的指导下,扩大高等学校的办学自主权(1985年《中共中央关于教育体制改革的决定》) 高等教育办学体制的改革是要理顺政府、社会和学校三者之间的关系,按照政事分开的原则,使高等学校真正成为自主办学的法人实体(1993年《国务院批转国家教委关于加快改革和积极发展普通高等教育意见的通知》) 高等教育要逐步形成以中央、省(自治区、直辖市)两级政府办学为主、社会各界参与办学的新格局(1993年《中国教育改革和发展纲要》) 深化高等教育体制改革,建立政府宏观管理、学校面向社会自主办学的体制(1994年《国务院关于〈中国教育改革和发展纲要〉的实施意见》)
	高校合并原则	积极创造条件,促进部分学科互补的或一些规模较小、科类单一、设置重复的学校进行合并(1995年《国家教委关于深化高等教育体制改革的若干意见》)
高校领导体制恢复	领导体制调整恢复原则	面向全国和面向地区的全国高等学校,少数院校可由国务院有关部委直接领导;多数院校由有关部委和各省、市、自治区双重领导,以部委为主。面向本省、市。自治区的全国重点高等学校,原则上由本省、市、自治区领导,有关部委要给予支持(1978年《教育部关于恢复和办好全国重点高等学校的报告》)
	行业重点高校领导关系	许多理工科高等学校所设专业分属几个行业,几年来已逐渐形成有关专业分别由有关部委分口的办法(1978年《教育部关于恢复和办好全国重点高等学校的报告》)
学术组织	建立新型学术组织	高等学校要设立学术委员会(1978年《教育部关于讨论和试行全国重点高等学校暂行工作条例(试行草案)的通知》)

主轴编码	开放编码	政策内容及来源政策文本
重点大学建设相关要求	重点高校建设原则	重点培养不宜过多,以便于加强领导(1954年《关于重点高等学校和专家工作范围的决议》)
重点大学领导干部管理体制及其变化	高校领导体制变化	按照五届人大的规定,今后高等学校实行党委领导下的校长分工责任制(1978年《教育部关于讨论和试行全国重点高等学校暂行工作条例(试行草案)的通知》)
	高校领导干部管理	全国重点高等学校的党委正、副书记,正、副校院长的党委书记、校院长,由中央管理,部委党组和省、市、自治区党委协助中央管理(1980年《关于高等学校领导干部管理工作的通知》)

(二)组织管理内容特征

第一,集中统一的科层组织管理逻辑。在计划经济体制下,政府是高等教育资源配置的唯一主体,大学是政府机关的附属物,不具有独立的利益主体地位,缺乏自主办学的权力和独立决策的权力,高等教育的决策、规划乃至实施均是以政府及其教育行政主管部门为主导统筹规划的,国家对高等教育进行统一的配置和管理[167]。我国对重点大学的管理具有较稳定的科层格局,经历了从建设初期的"集中计划"到"统一计划,条块结合"时期,再到"统一领导,分级管理"的系列调整。虽然政府包揽办学管理的格局有所改变,在中央与地方的关系上,进一步确立中央与省(自治区、直辖市)分级管理、分级负责的教育管理体制,扩大省(自治区、直辖市)的教育决策权和包括对中央部门所属学校的统筹权。这个阶段重点大学主要由教育部与中央业务部门负责管理,文件中明确规定教育部与中央业务部门的关系是:教育部负责统筹规划、政策指导、组织协调、监督检查、提供服务;中央业务部门要加强对本行业的人才预测和规划,协助国家教委指导本行业的人才培养工作,负责管理其所属学校,包括在国家宏观指导下,决定所属学校的招生规模、专业设置、经费筹措、学生就业等。重点大学阶段中央政府和有关部门一直有条不紊地对重点高校进行管理,拥有高度领导权、决策权和统筹权,即使早期个别政策要求呈现出偏向直接和机械化的特征,但是也没有出现过"碎片化"现象,虽然后期开始试图分权给其他部委或地方政府,但是只是进行局部微调,仍然遵循中央和高等教育主管部门指导意见下进行,始终保持着集中统一的本质特征。

第二,权威刚性的高校领导任命机制。重点大学阶段国家对重点高校领导干部拥有绝对的任命权和管理权。1950年《政务院关于任免工作人员暂行办法》明确规范"大学校长、副校长由政务院提请中央人民政府任免"。1978年《教育部关于讨论和试行全国重点高等学校暂行工作条例(试行草案)的通知》中提出"按照五届人大的规定确立高等学校实行党委领导下的校长分工责任制"。以前我国高等学校还从未实行过这一体制,这是我国高等教育领导体制上的新事物、新变革,奠定了后续高水平大学领导体制雏形。1980年《关于高等学校领导干部管理工作的通知》规定"全国重点高等学校的党委正、副书记,正、副校院长由中央管理"。这一规定出台以来,上级组织任命高水平大学校长、党委书记的权力都是明确刚性而且没有变化的,并且高校行政级别逐渐以制度化形式被确定下来。

第三,新型架构的研究生院组织形式。第五届全国人大第五次会议批准国家"六五"计划提请的"试办研究生院"的要求,将研究生院定位为研究生教育教学和行政管理机构,这是研究生教育的重要举措,也是标志着我国尝试构建中国特色的研究生制度[169]。为了进一步提高研究生的培养质量和加强研究生教育,1984年《教育部关于在北京大学等22所高等院校试办研究生院的通知》,确定北京大学、清华大学等22所重点大学试办研究生院,加上中国科技大学已经建立的研究生院,当时共计23所重点大学建立了研究生院。建设研究生院初期只在少数重点高校试点,为后续成为我国高校中一个常态重点组织机构奠定了坚实的基础。

六、资源保障

(一)资源保障内容概况

重点大学阶段资源保障代表性内容如表22所列,主要体现在资金经费、实验室及仪器、图书馆以及校办工厂等几个方面建设内容。

资金经费是重点大学建设资源保障的重点,主要包括资金筹措渠道、拨款机制、拨款要求、经费投入改革、经费使用原则等方面。1984年《国务院关于教育部、国家计委将10所高等院校列入国家重点建设项目请示报告的批复》要求按照"范围宜窄不宜宽"的原则国家安排专项补助投资5年内共为5亿元,这5亿元投资作为北京大学、清华大学等7所院校加速建设之用。1991年6月国家教委又从高校博士点科研基金、教育事业费、科研事业费和文科"七五"科研费中筹集了110万元支持高等学校重点学科的建设[170]。

实验室及科研仪器是重点大学建设的重要内容。1954年《高等教育部关于清华大学工作的决定》明确要求扩充实验设备及进修必要的基本建设,高等教育部批准清华大学1955—1957年设备费1000亿~1200亿元(相当于币制改革后的1000万至1200万元[134]),并要求有计划地以最新的科学成就及仪器设备来装备全校的各种实验室、资料室、实习工厂等,还需配备必要的实验员、练习生、技工、绘图员等教学辅助人员。20世纪70年代《教育部关于讨论和试行全国重点高等学校暂行工作条例(试行草案)的通知》要求搞好大型、精密仪器设备的引进、消化,有重点地更新现有仪器设备,逐步实现科学设备的现代化,并希望建设一批现代化校际科学实验基地(包括计算机中心、分析中心和测试中心)。80年代《国家教委关于改革高等学校科学技术工作的意见》提出办好一批重点研究和开发基地,基础性研究方面,逐步建立一批面向国内外开放的研究实验室;在应用研究与技术开发方面,逐步形成一批工程研究中心,希望努力办成开放型的国家实验室和国家工程研究中心。1989年利用世界银行1亿美元贷款,在高等学校理工科重点学科点上建设和装备了57个重点实验室(每个约120万美元)和58个专业实验室(每个约45万美元)[170]。90年代提出制定实验室建设(或改造)规划,对实验室以及仪器设备进口和使用效率的效益加以论证和统筹,提倡跨学科、跨学校联合建设实验室,鼓励跨学校、跨地区统筹规划布局的重点学科实验室的建设工作。

第四章 我国重点建设高水平大学政策内容研究

表22 重点大学阶段资源保障代表性政策内容

主轴编码	开放编码	政策内容及来源政策文本
实验室以及仪器设备相关规定	实验室建设	某些重要的实验室,既要满足当前教学和科学研究工作的要求,又要适当照顾今后的发展,争取逐步达到现代科学技术的水平(1978年《教育部关于讨论和试行全国重点高等学校暂行工作条例(试行草案)的通知》) 根据教学和科学研究任务发展需要,以及财力、物力可能,在充分利用已有设施及工作条件基础上,制定出实验室建设(或改造)规划(1991年《国家教委关于高等学校重点学科建设与管理的意见》)
	科学仪器建设	加强引进技术工作,搞好大型、精密仪器设备的引进、消化(1979年《教育部直属重点高等学校自然科学研究工作暂行简则(讨论稿)》)
	重点实验室建设数量	在基础性研究方面,要集中力量办好一批重点开放实验室(1991年《国务院批转国家教委、国家科委关于加强高等学校科学技术工作意见的通知》)
重点大学资金支持相关规定	重点建设项目专项经费	考虑到国家能够安排的专项补助投资5年内共为5亿(1984年《国务院关于教育部、国家计委将10所高等院校列入国家重点建设项目请示报告的批复》)
	重点建设项目专项经费使用原则	要有重点地扶植一批对国家现代化建设有重大意义的学科、专业,不能平均分散使用人力物力(1984年《国务院关于教育部、国家计委将10所高等院校列入国家重点建设项目请示报告的批复》)
	重点建设项目经费归属	按基建程序办事,投资要分别纳入国家年度计划和"七五"计划(1984年《国务院关于教育部、国家计委将10所高等院校列入国家重点建设项目请示报告的批复》)
	重点建设项目经费来源	这笔投资,希望在今后几年内利用世界银行贷款优先加以解决(1984年《国务院关于教育部、国家计委将10所高等院校列入国家重点建设项目请示报告的批复》)
	重点学科资金	建设资金可采取国家扶植、学校主管部门投资以及学校自筹等多种渠道共同扶植的办法,根据需要和可能分批建设(1987年《关于评选高等学校重点学科的暂行规定》) 重点学科点的建设要争取多渠道支持,共同扶植(1991年《国家教委关于高等学校重点学科建设与管理的意见》)

（二）资源保障内容特征

第一，由荣誉分配倾斜转为专项补助投资。1954—1984年重点大学建设期间，被认定为重点大学的高校是一种分配荣誉政策，1984年从开始实施国家重点建设项目之后转为一种教育专项补助政策。重点大学分配荣誉政策是指对入选高校的学位授予层级、基础设施、教师聘任、学生培养、高校层级进行特殊的荣誉规定，对师资调配、人员编制、基本建设、专业设置、招生分配等方面给予倾斜性计划分配[171]。1985年之前政府采取"基数+发展"的拨款方式，根据高校规模和各种日常经费开支核定拨款基数。重点建设项目是我国对高等教育重点高校支持优先发展的重要举措。1984年4月2日《国务院关于教育部、国家计委将10所高等院校列入国家重点建设项目请示报告的批复》是贯彻中央关于把教育列入国民经济发展战略重点的一项重要措施，开启了高等教育重点建设项目的先河，国家第一次正式开始单列高等教育重点建设项目的专项补助投资。1985年我国高等教育投资体制发生转变，开始采取"综合定额+专项补助"的拨款方式，综合定额根据高校层次和类型的生均教育经费的定额标准核准高校年度教育事业费，专项补助根据发展情况单独安排。此外，也开始协同其他部委共同投资，例如北京师范大学由教育部负责解决，北京农业大学由农牧渔业部负责解决，中国人民大学投资问题由教育部、国务院有关部门另行设法解决。重点大学教育投资政策是指将高等教育重点建设项目纳入国家年度计划和五年计划等采用专项经费方式支持重点高校优先发展，这种投资方式开启了我国高等教育重点建设专项投资之路，同时加大了与五年计划、国家年度计划的协调性和匹配度，确保投资来源和渠道得到有效保障。

第二，向基础条件保障性专项补助支出倾斜。由于新中国成立初期我国高等教育各方面条件还面临着艰巨的挑战，很多基础配备和校舍等还不能满足当时发展需求，因此重点建设的专项经费很大程度上向校舍、实验室、教学用房、居住条件等方面倾斜。例如1984年《国务院关于教育部、国家计委将10所高等院校列入国家重点建设项目请示报告的批复》规定重点建设项目专项经费使用方面包括三个方面：其一，用于教学用房和实验设备上,酌量扩建必要的校舍,改善教学和科研条件;其二,师生的居住条件只能适当改善,不能要求过高;其三,要有重点地扶植一批对国家现代化建设有重大意义的学科、专业,不能平均分散使用人力物力。

第三,实验室建设由仪器设备供应转变为契合学科发展需求。新中国成立初期实验室建设侧重实验室的厂房、仪器设备等基础条件建设,同时,实验室仪器很大程度上基于校办工厂或国内其他企业联合的自给自足生产。20世纪70年代在对引进大型机密仪器需求下,构思实验基地建设。80年代根据基础科研和应用科研性质差异,分别建立国家实验室和国家工程研究中心两条路线。90年代再到跨学科、跨学校联合共建实验室的思想。通过对重点大学实验室建设变化可以发现,实验室建设一直是学科建设、科学研究的重要支撑力量,从校办工厂自给自足生产到跨学科实验室体现出一方面实验室从厂房、仪器设备等基本条件转为根据科研性质分类引导建设,更好地契合学科建设和科学研究的相关方向;另一方面扩大了实验室协同合作效率,从归属单一高校的实验室转变为开放合作实验室,实现跨区域、跨高校、跨学科的联动机制,不仅提高实验室管理和使用效率,而且提升了科学研究和学科建设合作维度。

七、国际交流

(一)国际交流内容概况

重点大学阶段国际交流要求及相关内容实际上在核心政策文本是涉及的比较少,代表性内容如表23所列。此阶段国际交流合作主要包括引进、派出和合作,主要方针是"支持留学,鼓励回国,来去自由"。引进主要是邀请外国专家来我国讲学,担任学术指导或共同进修科学研究工作,以及接受来华留学生,特别是新中国成立初期聘请大量苏联专家学者,这些苏联专家大部分被分配到重点大学指导教学。派出包括派遣留学和进修人员。合作主要是扩大国际教育、学术和科技交流合作,参加国际学术会议和其他科研活动,开展与国外学校或专家联合培养人才、联合开展科学研究等。

表23　重点大学阶段国际交流代表性政策内容

主轴编码	开放编码	政策内容及来源政策文本
国际交流基本原则	国际交流与合作原则	进一步扩大对外开放,积极开展国家交流与合作,是我国高等教育事业发展的一项重要方针(1993年《国务院批转国家教委关于加快改革和积极发展普通高等教育意见的通知》)

（二）国际交流内容特征

第一,国际交流合作以单向借鉴为主。重点大学阶段我国国际交流初期开展方式相对单一,主要以聘请苏联专家、公派出国学习为主。从宏观我国高等教育国际化政策发展历程来看,相当一段时间之内这方面的政策处于空白状态。出国留学政策始于20世纪70年代,主要是为了实现"扩大规模、提升质量"的宗旨。此阶段国际交流更多是体现在积极地、有计划地派遣教师和学生出国进修、访学等,重点大学的师生是我国派出留学人员的"主力军"。此外,还包括加强我国高等学校同国外高校就某一学科或重要科学问题举行科学讨论会,或是邀请专家来华讲学或指导研究工作等。积极开展国际交流与合作是我国重点大学发展的一项重要方针,在此阶段我国不断扩大高等教育对外开放领域,并且不断学习世界高等教育成功经验。由于受当时国家经济发展水平和科学发展水平掣肘,重点高校国际合作的广度和深度处于模仿学习的单向吸收阶段。

第二,由双边关系转为多边关系。受冷战思维影响,20世纪五六十年代早期各项国际互动主要与苏联开展双边交流合作,八九十年代逐步转为与欧美等国建立多边互动关系。1950年我国和苏联签订友好条约正式开启与苏联的双边互动,苏联对我国实行援助,提供多项技术和人才支持。1954年对清华大学工作有关要求中确定,清华大学在第一个五年计划期间同年使用苏联专家的名额最多可达到16人。随着20世纪60年代我国与苏联关系恶化和70年代与美国建交,我国重点大学的国际交流跟随我国战略局势也发展转变,并开始尝试与欧美国家开展小规模中外合作办学。20世纪80年代派遣留学生出国学习的国家范围由原来的苏联逐步向美国、英国、法国、德国等欧美国家扩展。此时政府尝试开展中外合作办学,旨在引进国外优质教育资源,但是态度是十分谨慎的,多为高校层面的合作举办培训班或学位项目,例如复旦大学中美法学班、中国人民大学中美经济学班等[172]。随着国家留学基金管理委员会成立使得国际交流合作走上法治化轨道,重点高校成为参与国际交流的主要成员。

八、政策内容网络结构

通过对重点大学阶段政策内容的质性编码,获得此阶段政策内容的编码矩阵,为了进一步深化研究,下面对编码矩阵进行网络可视化分析,主要从整体性和个体性两个方面展开:

（一）整体性

经过 Ucinet 政策主题网络化分析,获得重点大学政策主题图谱如图20所示,样本数量28,网络规模节点数量为7。其一,重点大学阶段政策主题的网络密度为0.9524,凝聚系数为0.952。从这两个系数来看,我国重点大学阶段建设政策主题的密切性和凝聚性较高,说明我国重点大学建设过程中政策内容之间联系紧密,不仅组织管理的位于最核心地位,而且各个主题联系也比较密切。其二,节点从大到小依次是组织管理、资源保障、人才培养、学科建设、师资建设、科学研究、国际交流。从政策主题节点来看,说明我国重点大学阶段组织管理、资源保障、人才培养、学科建设占据政策内容核心地位,国际交流处于最为边缘的位置。其三,从连线粗细来看,依次是组织管理与资源保障最粗,其次是组织管理与人才培养连线,再次是资源保障与学科建设连线。从政策主题关系来看,组织管理与资源保障、人才培养、学科建设关系较为密切,资源保障与学科建设、师资建设、科学研究关系较为密切。

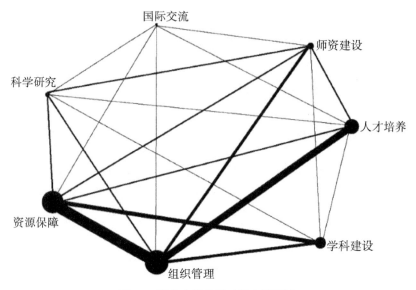

图20　重点大学阶段政策主题图谱

(二)个体性

网络个体性分析主要从点度中心性、中间中心性、接近中心性展开研究,经Ucinet中心性运算得到表24。其一,点度中心性。组织管理点度中心性最高,即组织管理与其他政策主题的共现性最多,说明组织管理与其他政策主题联系最强,证明重点大学阶段我国政策内容中组织管理相关内容占据重要地位。此外,资源保障、人才培养、学科建设、师资建设依次具有较高的中心性。国际交流的点度中心性最低。其二,中间中心性。组织管理、资源保障、人才培养、师资建设、科学研究的中间中心性为0.2,说明在重点大学阶段这5个政策主题都具有中介性作用,有助于其他政策内容的连通。而学科建设、国际交流中间中心性为0,说明这两个主题在重点大学阶段政策中对其他主题中间联系性不强。其三,接近中心性。组织管理、资源保障、人才培养、师资建设、科学研究的接近中心性为6,说明在重点大学阶段这5个政策主题处于相对均等的网络位置。学科建设、国际交流接近中心性为7,说明这两个政策主题相对处于外围。

表24　重点大学政策主题中心度比较

序号	政策主题	点度中心度	中间中心度	接近中心度
1	组织管理	2637.000	0.200	6
2	资源保障	2066.000	0.200	6
3	人才培养	1180.000	0.200	6
4	学科建设	1008.000	0.000	7
5	师资建设	928.000	0.200	6
6	科学研究	642.000	0.200	6
7	国际交流	103.000	0.000	7

第二节　"211和985工程"阶段政策内容

"211和985工程"阶段是我国高等教育重点建设面向21世纪的一次重大转型,从1995年到2015年共梳理出49份政策文本,此部分在质性编码分析、社会网络分析的基础上,对这个阶段的政策内容进行深入研究。针对"211和985工程"阶段所有政策主题,经过对所有Atilas.ti开放编码政策主题凝练总结后,合并归纳为国际交流、科学研究、人才培养、师资建设、学科建设、组织管理、资源保障共7个主轴编码。

一、人才培养

(一)人才培养内容概况

"211和985工程"阶段人才培养代表性内容如表25所列,主要包括人才培养模式、培养质量要求、教育教学要求、研究生教育等方面。这个阶段人才培养加大了对博士生培养的要求,政策关注的重点仍然是研究生培养。

20世纪90年代"211工程"提出初期,要求加大国家急需的高级专门人才和应用技术人才的培养力度,以体现建设面向经济建设主战场的特征,增强相关领域高水平人才的能力。《关于加快研究型大学建设增强高等学校自主创新能力的若干意见》要求提高创新、创业人才培养质量,设立"博士培养

我国重点建设高水平大学政策的演进与创新研究

基金"和"博士后创新基金",提高博士研究生培养质量。2008年《关于做好"211工程"三期建设项目规划编制及论证工作的通知》提出创新人才培养的重点是探索不同类型创新人才培养方式。2009年《关于印发〈高等教育"211工程"三期建设规划〉的通知》要求大力改革培养机制和人才培养模式,积极探索各具特色的创新人才培养方式。2010年《国家中长期教育改革和发展规划纲要(2010—2020年)》要求拔尖创新人才培养改革试点,鼓励高等学校联合培养拔尖创新人才。2013年《关于印发〈"985工程"建设管理办法〉的通知》明确要求"985工程"建设核心任务之一就是培养拔尖创新人才。2010年《关于加快推进世界一流大学和高水平大学建设的意见》要求着重培养学生的创新精神和创新能力,试点拔尖创新人才培养。

表25 "211和985工程"阶段人才培养代表性政策内容

主轴编码	开放编码	政策内容及来源政策文本
重点建设工程人才培养要求	"211工程"一期人才培养建设任务	首先重点建设2所高等学校,使其在教学和人才培养的整体水平上,接近和达到国际先进水平,并在国际上确立较高的声誉和地位(1995年《"211工程"总体建设规划》)
	"211工程"三期人才培养建设	创新人才培养的重点是改革人才培养模式,针对不同类型创新人才积极探索各具特色的培养方式(2008年《关于做好"211工程"三期建设项目规划编制及论证工作的通知》) 加强创新人才培养体系建设,进一步改革培养机制和人才培养模式,加强培养研究生创新能力的研究平台建设(2008年《关于印发〈高等教育"211工程"三期建设总体方案〉的通知》)
	"985工程"人才培养要求	"985工程"建设的主要任务培养拔尖创新人才(2013年《关于印发〈"985工程"建设管理办法〉的通知》)
高层次和拔尖创新人才培养	高层次人才培养	重点学科建设:主要是增强科技前沿领域高层次人才培养的能力(2008年《关于印发〈高等教育"211工程"三期建设总体方案〉的通知》)
	拔尖创新人才培养	改革培养模式,进行拔尖创新人才培养的改革试点(2010年《关于加快推进世界一流大学和高水平大学建设的意见》)
	博士生科技创新能力培养	加强博士生科技创新能力培养(2005年《关于实施研究生教育创新计划加强研究生创新能力培养 进一步提高培养质量的若干意见》)

（二）人才培养内容特征

第一，聚焦应用型、创新型、复合型人才培养。这个阶段我国人才培养由重点大学时期的高层次专门人才调整为创新型人才，着重为国家创新体系提供智力保障，改革教学模式和教育评价方法，强调培养创新精神和创新能力，增大了面向交叉学科和跨学科的需求，强化对复合性、交叉性知识的掌握，鼓励能够用复合思维来思考问题和解决问题。特别指出研究型大学是培养拔尖创新人才的基地，要求改变单一传授知识的教学模式，着力构建科研与教学相结合的方式培养学生独立思考和解决问题的能力。

第二，加大博士生培养力度。"211和985工程"阶段在高水平大学建设中，加大了培养博士生的相关要求，一方面鼓励重点高校增加博士生的培养规模和培养标准，希望造就一大批不同类型的博士生拔尖创新人才。另一方面深入推进博士生培养的国际化宗旨，例如资助优秀博士生到国外一流高校访学等，构建有利于创新人才培养的环境。

第三，转变人才培养模式。这个阶段鼓励探索特色型创新人才培养方式的改革试点，探索创新人才培养途径。其一，转变教育教学模式，推进教学内容、课程体系、实践环节等方面综合改革，倡导项目中心型、问题中心型教学，鼓励教育教学理念、人才培养模式、教育教学方法的全方位革新。其二，实施拔尖人才培养计划，例如实施卓越工程师培养计划，以卓越项目实施拔尖创新人才培养。其三，以平台和基地为基础培养创新能力。特别是以平台和基地为基础，并且对平台给予招生名额支持，旨在依托平台提升创新人才培养数量和质量。

二、科学研究

（一）科学研究内容概况

这个阶段科学研究代表性内容如表26所列，主要包括科研平台建设、协同创新中心建设、科技成果转化等方面内容。平台和基地建设是这个阶段核心的内容。"211和985工程"期间科学研究的鼓励高校针对国家重大研究、重大理论和现实问题，有效地集成学校现有学科，推进多学科交叉融合，提高高校知识创新能力、科学研究水平、社会服务能力。

平台基地建设是"985工程"建设的重点内容。"985工程"一期建设内容相对笼统,"985工程"二期则做出明确规定,集中资源加强创新平台建设,真正开始集中力量推进科学研究的跨越式发展。平台建设包括"985工程"科技创新平台建设、"985工程"哲学社会科学创新基地建设。其一,"985工程"科技创新平台,建设一批高水平的国家创新平台,并且启动"高等学校科技创新计划"。其二,"985工程"哲学社会科学创新基地,建设一批创新性、开放性的哲学社会科学创新基地,实施高等学校哲学社会科学繁荣计划等。其三,创新引智基地,以"985工程""211工程"高等学校为先导,以国家重点学科为基础,以国家、省、部级重点科研基地为平台,加大海外人才引进力度,构建国际交流合作基地。

科技成果转化在这个阶段也不断扩大要求,特别是对"211和985工程"重点支持的这些研究型大学,要求加强与国家科技发展的衔接,加快提升自主创新和社会服务能力,为国家重大决策提供支持,为经济发展培育新的增长点。其一,加强知识产权创造、运用、保护和管理,提高知识产权创造和布局针对性。其二,推进产学研相结合,加快高校科技成果转化和产业化,形成政产学研用融合发展的技术转移模式等。

表26 "211和985工程"阶段科学研究代表性政策内容

主轴编码	开放编码	政策内容及来源政策文本
"985工程"平台	"985工程"二期平台建设	平台建设包括"985工程"科技创新平台建设和"985工程"哲学社会科学创新基地建设(2004年《关于印发〈"985工程"建设管理办法〉的通知》)
	"985工程"哲学社会科学创新基地	建设一批跨学科、具有创新性、交叉性、开放性的"985工程"哲学社会科学创新基地(2004年《关于继续实施"985工程"建设项目的意见》)
	"985工程"科技创新平台	整合、建设一批高水平的"985工程"科技创新平台(2004年《关于继续实施"985工程"建设项目的意见》)
科技成果转化	科研成果产业化要求	加强科学研究工作,努力实现科研成果产业化,加快科学技术转化为现实生产力的步伐(1995年《"211工程"总体建设规划》)

续表

主轴编码	开放编码	政策内容及来源政策文本
平台基地建设	重点研究基地	在部分有条件的学校中选择一些对国家经济建设、科技进步、社会发展和国防建设等领域产生重大影响,能够解决本领域的重大科技问题,并有望取得突破性成果的重点研究基地(1995年《"211工程"总体建设规划》)
	自主创新建设	加强与国家科技发展的衔接,加快提升自主创新和社会服务能力(2010年《关于加快推进世界一流大学和高水平大学建设的意见》)

(二)科学研究内容特征

第一,聚力平台基地建设。"985工程"学校紧密结合国家创新体系建设,有效地整合强势学科和院系的实力,聚集大量资源和人力于平台基地建设,提升原创性研究成果和技术创新能力。例如"985工程"二期中央专项资金为189亿元,其中129亿元用于平台基地建设,共建设了涵盖多个领域的各类科技创新平台和哲学社会科学创新基地372个,其中Ⅰ类科技创新平台86个,Ⅱ类科技创新平台172个,Ⅰ类哲学社会科学创新基地76个,Ⅱ类哲学社会科学创新基地38个。2013年5月17日教育部、财政部筛选出14个中心成为"2011计划"首批国家协同创新中心,开启了高校联合科研院所等科研组织协同创新的模式。

第二,科研项目制竞争配置模式。1996年之后,国家科研计划相继推行课题制(项目制)方式,开启项目招投标制度与中介评估制度。1999年我国科技改革的核心是全面深化推行国家科研计划课题制,市场化和竞争机制成为政策变革的重要考量因素,以项目为中心、以项目组为基本活动单位进行项目组织、管理和研究活动的项目制科研管理制度在我国逐步正式建立。经过几十年的改革与完善,科研项目制也逐渐演变为我国科研活动组织管理的基本制度结构。与项目制相适应,我国逐步建立了主要通过竞争获取经费的科研经费分配方式,即竞争性科研项目经费配置模式。[164]在系列国家重点科研计划招标中,"211和985工程"高校占据资源、人才、设备、身份等多方优势,是承接国家重大、重点课题最强的竞争者和主力军。

第三，科研与产业有机衔接。这个阶段我国坚持"发展高科技、实现产业化"的方针，强化高校科技创新能力，加强高新技术产业化基地建设，实施"高校高新技术产业化工程"，为培育经济新的增长点做贡献。这个阶段对接产业主要体现在：其一，助力产业结构调整。鼓励高校知识创新与技术创新，以传统产业转型升级、战略性新兴产业发展、区域支柱和新兴产业发展为重点，特别是共性关键技术开展科技攻关，鼓励建立高等学校向企业转让技术的政产学研链路。其二，建设高校科技园区。旨在建立健全高等学校高新技术转化体制机制，鼓励对科技成果转让的收益按贡献大小分配给有关研制开发人员等。

第四，更加开放合作的科研管理机制。"211和985工程"阶段大力推进高校与科研院所、行业企业以及国外科研机构的深度合作，建立与科学创新、人才培养、学科交叉融合的新型管理模式。其一，探索开放、集成、高效的科学管理新体系。优化以学科交叉融合为导向的资源配置方式，构建多方参与的开放合作型科研管理制度环境和管理机构，尝试突破制约高校协同创新的内部制度性瓶颈和体制壁垒，推动科研管理方式的转变。其二，建立以质量和贡献为导向的绩效管理模式。改变论文导向考核评价方式，落实科研成果授权和利益分享机制，建立了综合评价机制和退出机制。

三、学科建设

(一)学科建设内容概况

"211和985工程"阶段学科建设是重要任务之一。"211和985工程"阶段学科建设代表性内容如表27所列，包括学科建设任务、要求、原则、指导思想、评选办法、专业调整、专业认证等内容。这部分着重对学科建设任务展开研究。1995年《"211工程"总体建设规划》中指出在部分有条件的学校拓宽学科面，加强300个左右重点学科点，形成一批特色和优势的学科群、学科基地。1998年《面向21世纪教育振兴行动计划》指出今后10~20年争取若干所大学和一批重点学科进入世界一流水平。2002年"211工程"二期建设可行性研究立项中要求"211工程"是首要任务就是重点学科建设，包括新兴学科、交叉学科、基础性学科、空白薄弱学科等。2002年《关于"十五"期间加强"211工程"项目建设的若干意见》指出"十五"期间着力建设和发展800个左右"211工程"重点学科建设项目。2004年《2003—2007年教育振兴行动计划》中指出继续实施"211工程",进一步以学科建设为核心,使一批重点学科尽快达到国际先进水平。2008年"211工程"三期重点建设1000个左右重点学科。2009年"211工程"三期建设规划宣布纳入规划的重点学科建设项目共计1044项,涵盖37个三级领域。2013年《"985工程"建设管理办法》中要求"985工程"建设的主要任务之一就是实现学科建设新的突破。

表27 "211和985工程"阶段学科建设代表性政策内容

主轴编码	开放编码	政策内容及来源政策文本
"211工程"学科建设	"211工程"一期科学建设	一些重点学科接近或达到国际水平,并在高等学校中起到骨干和示范作用;加强300个左右与经济社会发展、科技进步和国防建设密切相关的重点学科点(1995年《"211工程"总体建设规划》)
	"211工程"二期重点学科建设	"十五"期间着力建设和发展800个左右"211工程"重点学科建设项目(2002年《关于做好"十五""211工程"建设项目可行性研究报告编制和立项审核工作的通知》)
	"211工程"三期重点学科建设	统筹规划、重点建设1000个左右与经济建设、科技进步、社会发展和国家安全紧密相关的重点学科(2008年《关于印发〈高等教育"211工程"三期建设总体方案〉的通知》)
"985工程"学科建设	"985工程"学科建设要求	"985工程"建设的主要任务包括实现学科建设新的突破(2013年《"985工程"建设管理办法》)
重点学科建设	重点学科评选原则	本次高等学校重点学科评选中除保证国家在人文、社会、自然科学以及工程技术等基础或传统学科的发展需要外,将突出考虑与信息、生命、材料和能源等高新技术紧密相关的学科发展,并重视对行业或区域经济发展起重要作用的学科,以形成一个结构和布局更加合理的高等学校重点学科体系(2001年《关于开展高等学校重点学科评选工作的通知》)

(二)学科建设内容特征

第一,学科建设任务内涵阶梯化演进。"211工程"和"985工程"是我国学科建设历程中的重要举措,坚持突出重点、整体推进的原则,确保若干学科达到或接近世界先进水平,希冀以重点建设学科为依托带动学校整体水平的提高。经过分析可以发现,我国"211和985工程"阶段学科建设加大了与国际竞争的维度。就学科建设任务重点而言,"211"工程取其广,"985工程"取其深[173]。从"九五"期间"211工程"一期学科建设,主要落实改善实验室、课程、实验平台建设等教学科研基础条件建设为首要任务,奠定了全国重视学科建设的基础。经过"九五"建设的探索,"十五"期间"211工程"二期建设任务愈加明确,把重点学科建设调整为第一任务,坚持"上质量、上水平"为建设宗旨,努力使一些学科或领域跨入世界先进行列。"211工程"三期建设继续坚持以重点学科建设为核心,提出实现"重点突破"为目标。我国整个阶段学科建设经历了"211工程"一期"打基础"、二期"上水平"、三期"求突破"的稳步推进,再到"985工程"创新平台基地建设,形成了阶梯化规定明确的不同阶段学科建设核心任务,进一步提升学科的国际竞争力和综合实力。

第二,调整优化学科结构体系。市场经济体制改革重塑了"211和985工程"阶段学科结构调整的方向,计划性学科调整模式逐步消失,学科调整加大对市场向度的考量。随着20世纪90年代我国市场经济体制改革,重点大学阶段塑造的学科结构适应性不匹配的问题越来越显著,亟待做出适应性革新。有批评者指出学科结构调整严重滞后于社会发展的需求,存在着基础学科、应用学科、新兴学科比例失调,甚至有的学科制定不科学等问题。因此在市场经济改革转型的背景下,学科建设不仅需要增强外部适用性,而且需要提高内部适切性[131]。2002年在"十五"期间"211工程"重点学科建设要中要求坚持高标准、高水平调整学科结构,加大对国民经济发展具有重大推动作用的新兴、交叉学科。2004年《关于继续实施"985工程"建设项目的意见》要求优化调整学科结构与学科方向。2008年《关于印发〈高等教育"211工程"三期建设总体方案〉的通知》指出三期继续加大学科结构调整,进一步优化重点学科体系的结构和布局。这个阶段学科建设积极拓宽现有专业口径,特别是面对高科技高度分化又高度综合而以高度综合为主的整体化趋势[174],坚持提升学科水平和增强服务能力相结合,鼓励建立与市场经济相适应的跨学科或新学科,强调以二级学科为龙头,推动学科集群化、交叉化协同创新的特征,进一步体现了面向经济主战场的态势。

第三,适度拓展学科建设范畴。在1995—2015年学科建设的类型和数量都不断拓展,在不断扩大高校办学自主权的基础上,统筹安排学科及学科群建设,试图构建与经济建设社会发展相适应的重点学科体系。1995年《"211工程"总体建设规划》学科建设主要包括有望取得突破性成果的重点研究基地、具有特色和优势的学科群和学科基地,加强300个左右重点学科点建设。2002年"211工程"二期学科建设项目数量和学科类型都有所拓展,着力发展800个重点学科项目,重点包括四类学科,分别是与国家经济建设和社会发展及国防安全中的重点行业和部门紧密结合、解决其重大科学技术问题的学科;大力发展对国民经济发展作用重大的新兴、交叉学科;探索解决本学科重要理论问题和客观律的基础性学科;适当考虑填补或加强目前水平相对较低的空白薄弱学科。2007年《关于加快研究型大学建设 增强高等学校自主创新能力的若干意见》鼓励研究型大学围绕国际科技发展前沿和国家需求。2007年《关于实施高等学校本科教学质量与教学改革工程的意见》规定择优选择和重点建设3000个左右特色专业点。2008年"211工程"三期建设总体方案规划建设1000个左右重点学科,包括:处于国际学科前沿的基础学科、社会公益性学科;国家发展战略急需的应用学科、高新技术和工程学科;在原来二期建设基础上增加了社会公益性学科和社会科学学科。2012年《关于全面提高高等教育质量的若干意见》规定扩大高校学科专业设置自主权。在这个阶段建设中,学科建设不仅加强与国家社会经济发展契合度,而且不断完善重点学科建设的着力点和学科布局。

四、师资建设

(一)师资建设内容概况

"211和985工程"阶段师资建设是一项重要内容,代表性内容如表28所列,不仅在"211工程"二期和三期、"985工程"二期建设方案中都有明确地对师资队伍建设项目的具体要求,并且相继出台交叉支持的系列人才计划,如1997年"春晖计划"、2004年的"高层次创造性人才计划"、2004年实施的"高

我国重点建设高水平大学政策的演进与创新研究

等学校学科创新引智计划"、2008年"千人计划"、2012年"万人计划"、2012年的"创新人才推进计划"。纵观这个阶段相关政策内容主要专注学术梯队建设,特别是学术带头人、中青年骨干教师、学术团队三类师资人群。"985工程"工程建设中要求师资队伍建设一项长期任务,包括学术带头人、优秀学术骨干、中青年教师等。

第一,学术带头人。学术带头人的培养在这个阶段加强了以学科带头人为核心的建设方向,加大对国内国外两方资源的充分利用,特别是要吸引一批国际先进水平的优秀学术带头人,重点实施项目是创新人才推进计划等。这个阶段政策环境比较灵活,并且给予学术带头人更多的人才聘用、经费、研究生培养等方面的学术权利。

第二,中青年优秀人才。1995—2015年政策中明确提出加大不同类型教师的培养,希望造就一批具有世界一流水平的高素质师资队伍,主要由高等学校组织实施新世纪优秀人才支持计划、青年骨干教师培养计划。例如从1998年开始在全国重点学科中设立一批特聘教授岗位,设立专项奖金并鼓励支持发展。

第三,学术团队建设。在"211工程"重点学科建设项目提出加强学术创新团队建设,促进高等学校学术梯队建设和跨学科开展合作研究,提高高校团结协作、联合攻关和承担国家关键领域重大科技项目的能力。在"985工程"科技创新平台建设中明确要求加大对从事国家重点发展领域、技术前沿研究优秀创新团队的重点资助。

表28 "211和985工程"阶段师资建设代表性政策内容

主轴编码	开放编码	政策内容及来源政策文本
重点建设工程师资建设	"211工程"一期教师队伍培养	造就一大批学术造诣较深、在国内外有一定影响的学术带头人和骨干教师(1995年《"211工程"总体建设规划》)
	"211工程"二期师资队伍建设项目	以培养中青年学科带头人和骨干教师为重点(2002年《关于做好"十五""211工程"建设项目可行性研究报告编制和立项审核工作的通知》)

续表

主轴编码	开放编码	政策内容及来源政策文本
	"211工程"三期师资队伍建设	加强人才队伍和创新团队建设,着力培养学术领军人物和学术带头人(2008年《关于印发〈高等教育"211工程"三期建设总体方案〉的通知》) 1.加强师资队伍和创新团队建设,着力培养学术领军人物和学术带头人,加快中青年骨干教师的培养。2.大力引进海外优秀拔尖人才,重点引进具有世界领先水平、年富力强的战略科学家和杰出人才(2009年《关于印发〈高等教育"211工程"三期建设规划〉的通知》) 师资队伍建设的重点是着力培养学术领军人物和学术带头人,要结合学校学科建设的目标和需要引进和培养高端人才,并加快对中青年骨干教师的培养(2008年《关于做好"211工程"三期建设项目规划编制及论证工作的通知》)
	"985工程"二期队伍建设	围绕国家重点科研领域、重点学科发展方向引进世界一流水平的学术带头人,通过提高水平、营造氛围、改善待遇、严格培养等多种途径吸引、遴选和造就一批具有国际先进水平的学术带头人、优秀学术骨干和大学高级管理人才,形成优秀的创新团队(2004年《关于做好"985工程"二期建设规划和编制"985"工程二期建设项目可行性研究报告的通知》) 面向国内外招聘具有国际先进水平的学术带头人、优秀学术骨干和大学高级管理人才(2004年《关于继续实施"985工程"建设项目的意见》)

(二)师资建设内容特征

第一,精准分类师资培养。这个阶段师资建设的重点是对高校不同教师层次和类型划分愈加明确,以学科为基点构筑汇聚和培养师资的高地,特别统筹规划各学科学术带头人、优秀中青年教师、学术团队等教师队伍结构具体要求,在"211和985工程"总体建设基础上,并根据三类师资对象特点相应出台保障实施的专项发展或扶持计划。其一,学术带头人对重点学科发展至关重要,这个时期学术带头人的聘任制度更加灵活,甚至围绕国家重点科研领域、重点学科发展方向可以做到一人一议的程度,并加大了引进能够领导学科进入国际先进水平的优秀学术带头人的力度,在科研领域、基金资助、人事任免权、经费使用权给予一定的自主裁量权和学术自由权。其二,针对中青年学科带头人和骨干教师而言,结合全国高等学校的重点学科特征,在岗位制度、奖励基金、访学交流等方面予以支持。例如优秀青年学科带头人设立"国家杰出青年科学基金",在特聘教授岗位和专项科研奖金基金方面倾斜扶持;优秀青年教师在科研基金、教学奖励基金、出国访学等层面加大对其科研和教学工作的支持力度。其三,学术团队在"211和985工程"建设期间占据重要位置,旨在紧密结合关键领域的前沿学科研究和国家重大现实问题研究。在"211工程"建设中明确提出"加强学术创新团队建设,促进跨学科、跨单位合作形成高水平教学和科研创新团队,提高高校团结协作、联合攻关和承担国家关键领域重大科技项目的能力"。并且以"985工程"科技创新平台为依托,并积极探索引进优秀创新团队,为其提供研发条件保障,构建高水平创新团队和学术梯队。

第二,动态开放的市场导向师资配置。随着20世纪90年代计划经济体制瓦解,市场经济体制在高等教育领域的指挥棒作用越来越显著,政府逐步下放部分管理权力,由对高等教育的直接行政领导转变为宏观调控管理。师资管理最为显著的变化特征是由编制制转变为聘任制、由身份管理转变为岗位管理、由单位人管理转变为社会人管理,积极改革教学科研组织形式,打破人才组织上的体制性障碍。在1995年12月12日开始实行教师资格证制度,标志着教师职业准入机制和多元化补充制度开始建构。开始实施聘任制,采取固定编制与流动编制相结合的师资模式,意味着对教师的管理从身份认定到岗位认定,促进师资配置的契约化、社会化、市场化实施,健全高校与师资间的双向流动机制,尝试破除职务"终身制"和人才"单位所有制",实现设岗、选人与工作的有机统一。此外,加大高校工资制度改革,建立竞争机制和激励机制,规范岗位津贴制度,以绩效为杠杆与业绩挂钩,打破"铁饭碗"和平均主义的"大锅饭",逐步建立符合市场经济规律的薪酬分配机制。

第三,专项经费拨款补助。这个阶段教育部设立人才工作专项资金,用于支持师资队伍建设。在重点建设中央专项经费中也规定要求划拨一定份额用于师资队伍开发。例如"985工程"专项经费中就包含一定比例的人才队伍建设经费,例如在"985工程"二期中央专项资金共计189亿元,其中37亿元用于队伍建设。

五、组织管理

(一)组织管理内容概况

组织管理相关内容在这个阶段比重较大,代表性内容如表29所列,主要涉及"211工程""985工程"的建设要求、审批认定程序、领导组成、实施过程、中期检查、效果验收、项目管理等内容要素。部分着重对这"211工程""985工程"重点支持对象遴选和审批过程进行研究。

第一,"211工程"审批程序。"211工程"一期建设的《"211工程"总体建设规划》中要求按基本建设程序进行审批和管理,国家教委对申请进入"211工程"的备选院校和学科点进行预审。国家计委再根据建设项目的具体目标和标准以及中央专项资金的可能等进行综合平衡和审核。"211工程"二期建设项目按基本建设程序和中央财政专项资金管理办法进行审批和管理,采取专家论证基础上进行行政审批的方式。立项审核工作由"211工程"部际协调小组办公室统一部署。

第二,"985工程"领导小组和工作小组从学科水平与覆盖面、高水平科学研究、高层次人才培养等方面确定"985工程"学校建设任务。"985工程"领导小组和工作小组办公室按照统一规划和布局,组织有关专家对学校申报的"985工程"科技创新平台和"985工程"哲学社会科学创新基地进行审核,力图通过公平竞争确定建设项目。

表29　"211和985工程"阶段组织管理代表性政策内容

主轴编码	开放编码	政策内容及来源政策文本
"211工程"组织管理相关内容	"211工程"二期建设任务	1.重点学科,2.公共服务体系,3."211工程"院校整体建设(2002年《关于"十五"期间加强"211工程"项目建设的若干意见》)

续表

主轴编码	开放编码	政策内容及来源政策文本
	"211工程"管理方式	"211工程"采取国家、主管部委或地方政府和学校三级管理的方式,以主管部委或地方政府的管理为主,学校的自我管理为基础(2003年《"211工程"建设实施管理办法》)
"985工程"组织管理内容	"985工程"二期管理方式	"985工程"采取国家、共建部门(有关主管部委或地方政府)和高等学校三级管理的方式,以高等学校自我管理为主(2004年《关于印发〈"985工程"建设管理办法〉的通知》)
	"985工程"二期重点建设任务	"985工程"建设任务包括机制创新、队伍建设、平台建设、条件支撑和国际交流与合作五个方面(2004年《关于印发〈"985工程"建设管理办法〉的通知》)
	"985工程"建设管理原则	实行长期规划、动态管理、分段实施。"985工程"建设实行绩效考评制度(2013年《关于印发〈"985工程"建设管理办法〉的通知》)
现代大学制度相关内容	机制创新	按照世界一流大学建设的要求,改革现行的管理体制和运行机制,以适应世界一流大学建设的需要(2004年《关于继续实施"985工程"建设项目的意见》)
	办学体制改革要求	推进办学体制改革,深化学校内部管理体制的改革(1995年《"211工程"总体建设规划》)

(二)组织管理内容特征

第一,办学体制不断改革,试点现代大学制度。20世纪末我国实行"共建、调整、合作、合并"的方针,推行"政府宏观管理、学校面向社会自主办学"的体制。2000年左右基本形成以省级政府为主办学与管理的条块结合的新体制的框架。我国"211和985工程"建设高校经过了20世纪末合并调整,大部分属于教育部直属或是省部共建高校。"211工程"建设采取国家、主管部委或地方政府和学校三级管理的方式,以主管部委或地方政府的管理为主,学校的自我管理为基础。"985工程"建设采取国家、共建部门(有关主管部委或地方政府)和高等学校三级管理的方式。2007年《国家教育事业发展"十一五"规划纲要》首次提出"现代大学制度"概念。2010年《国家中长期教育改革和发展规划纲要(2010—2020年)》提出推进政校分开、管办分离,落实和扩大学校办学自主权。这个阶段现代大学制度试点包括学校章程、理事会或董事会、学术委员会等体制机制改革,不断扩大高校办学自主权和自治权力。

> 教育政策的调整可能都适应着当时社会发展的需要做的调整,但是现在事后回头看的话,当年分出去了,现在又合回来了,那就要研究当年分出去是否有必要? 当然人的认识有局限性,当年的认识可能就需要分,现在的认识需要合。但是这种政策的超前性和科学性连续性就很重要。

——来源于访谈者26

第二,组建重点建设专门领导机构。为了有效保障重点建设工程的统一领导协调和建设目标的实现,提高投资效益,从"211工程"开始设立专门领导重点建设工程的领导小组和办公室,"211工程"的领导组织是"211工程"部际协调小组以及下设办公室,"985工程"的领导组织是"985工程"领导小组、工作小组及办公室。领导小组成员主要由教育部部长、财政部部长及各相关司司长组成。领导小组的职责是全过程管理,办公室的职责是建设规划和实施管理等日常工作。

第三,决策程序规范愈加科学化和透明化。为了进一步提高政府决策的科学性和管理的有效性,加大高等教育重点支持工程的透明度,国家逐步完善前期审批的合理性和规范性,在政策出台前公开讨论和充分听取意见基础上不断创新决策机制,"211工程"增加专家论证环节,"985工程"设立"985工程"专家委员会。"211工程"二期增加专家论证之后,"211工程"采取部门预审、专家论证、行政审批的方式,对参选高校的建设任务、遴选条件、建设程序、资金安排、组织要求等向社会公布和做出明确说明,采取的是公开竞争(指以专家评审方式进行的淘汰性遴选)和政治协商相结合的方式[4]。"985工程"高校遴选,特别是二期对建设任务、建设资金、组织管理做出规定的基础上,也是采取部门预审、专家论证、行政审批的形式,通过非公开竞争(指专家非淘汰性审核)和政治协商相结合的方式进行选择。但是"985工

程"建设增加了对专家意见的考量,成立专家委员会,负责对工程建设重大
政策、建设资金分配办法等提出咨询意见以及对建设进程、成效提供咨询和
监督等。

六、资源保障

(一)资源保障内容概况

"211和985工程"建设阶段资源保障代表性内容如表30所列,主要包括
资金经费、基础设施、公共服务体系、实验室及仪器设备、高等教育信息化、
图书文献保障系统、教学资源共享系统等内容。这个阶段资源保障最为主
要的内容是经费资金,包括"211工程""985工程""学科创新引智计划""本科
教学质量与教学改革工程""教学信息化工程"等项目的经费支持方式和经
费额度,以及经费投入原则、使用原则、管理原则等具体内容。为了加快推
进高水平大学和世界一流大学建设,提高资金使用效益,国家陆续出台了专
项资金管理办法等规定。

表30 "211和985工程"阶段资源保障代表性政策内容

主轴编码	开放编码	政策内容及来源政策文本
"211工程" 专项资金	"211工程"一期 中央专项资金	"211工程"所需建设资金,采取国家、部门、地方和高等学校共同筹集的方式解决(1995年《"211工程"总体建设规划》) "211工程"专项资金包括中央专项资金(中央基本建设专项拨款、中央财政专项拨款)、地方专项资金、项目学校主管部门配套安排的专项资金和项目学校自筹安排的专项资金(1997年《"211工程"专项资金管理暂行办法》)
	"211工程"二期 建设资金	"211工程"专项资金包括用于实施"211工程"项目的中央专项资金(中央预算内投资、中央财政专项资金)、地方专项资金、项目学校主管部门配套安排的专项资金和项目学校自筹安排的专项资金(2003年《关于印发〈"211工程"专项资金管理办法〉的通知》) "211工程"建设的资金采取国家、部门、地方和高等学校共同筹集的方式解决(2002年《关于"十五"期间加强"211工程"项目建设的若干意见》)

续表

主轴编码	开放编码	政策内容及来源政策文本
	"211工程"三期建设资金	"211工程"三期建设的资金采取国家、部门、地方和高等学校共同筹集的方式解决。中央安排专项资金100亿元，其中国家发展改革委、财政部各安排50亿元(2008年《关于印发〈高等教育"211工程"三期建设总体方案〉的通知》)
"985工程"专项资金	"985工程"二期建设资金	"985工程"建设资金由多方共同筹集，积极鼓励有条件的部门、地方和企业筹集资金共建有关"985工程"学校(2004年《关于印发〈"985工程"建设管理办法〉的通知》) "985工程"专项资金来源包括中央财政专项资金、地方人民政府共建资金、项目学校主管部门共建资金以及项目学校自筹资金(2004年《关于印发〈"985工程"专项资金管理办法〉的通知》) "985工程"专项资金来源包括中央财政专项资金、地方人民政府共建资金、项目学校主管部门共建资金以及项目学校自筹资金(2010年《关于印发〈"985工程"专项资金管理办法〉的通知》) "985工程"专项资金来源包括中央财政专项资金、地方人民政府共建资金、学校主管部门共建资金以及学校自筹资金(2013年《关于印发〈"985工程"建设管理办法〉的通知》)

"211工程"建设资金全部采取国家、部门、地方和高等学校共同筹集的方式解决，包括中央专项资金(中央基本建设专项拨款、中央财政专项拨款)、地方专项资金、项目学校主管部门配套安排的专项资金和项目学校自筹安排的专项资金。1995年"211工程"一期中央专项资金以1995年的3.5亿元为基础，到"九五"期末计划安排21亿~25亿元。2003年，"211工程"二期中央计划安排专项资金60亿元，其中由国家计委安排25亿元，财政部安排25亿元。"211工程"三期中央计划安排专项资金100亿元，国家发展改革委、财政部各安排50亿元，也要求有关部门、地方政府及高等学校相应增加投入，负责落实各自应承担的资金。

"985工程"建设包括中央财政专项资金、地方政府共建资金、项目学校主管部门共建资金、项目学校自筹资金。"985工程"一期建设高校34所，"985工程"建设学校为39所，北京大学和清华大学以教育部的支持为主，其他重点建设学校以不同形式的共建方式进行支持。

（二）资源保障内容特征

第一，构建竞争资源配置模式。这个阶段尝试将专项经费拨款用于择优选择重点高校扶持优先发展，并要求与绩效挂钩生成奖惩制度环境，对于建设效果显著的高校进行奖励。"985工程"一期有北京大学和清华大学各获得18亿元中央专项资金，定位为国内一流、国际知名高水平大学的共11所高校分别获得达到或超过6亿元的中央专项资金；其余高校分别获得1亿~4亿元的中央专项资金[175]。此外，进一步调控绩效激励经费作用，加大对建设成果卓著的高校的表彰和奖励。例如中南大学的"先进有色、稀有金属与粉末冶金材料"和西北工业大学的"航空航天结构功能材料"两个建设项目均为"211和985工程"重点学科和科技创新平台建设项目，教育部、财政部共同研究决定对中南大学和西北工业大学予以表彰，每校奖励2000万元，用于学科建设和科技创新平台建设。

第二，构建四重融资经费模式。经费是保障高水平大学建设的基本准则之一。1995年"211工程"建设鼓励有关主管部门或地方政府积极增加投入，提出采取国家、部门、地方和高等学校共同筹集的四重融资方式，指出建设资金主要由学校所属的部委和地方政府筹措安排，中央安排一定的专项资金给予支持用于推动、引导作用，并阐明中央专项资金将根据各重点建设的高等学校和重点学科的具体任务确定安排额度。"211工程"建设投资在实际执行中完成情况如表31所列[153]。

表31 "211工程"建设投资完成情况

单位：亿元

	合计		中央专项		主管部门		地方政府		学校自筹	
	计划数	完成数	计划数	完成数	计划数	完成数	计划数	完成数	计划数	完成数
一期	174.93	196.08	27.55	27.55	52.53	53.53	43.42	43.42	52.68	72.58
二期	184.74	172.18	60.00	50.87	9.09	7.96	50.51	41.58	67.20	71.77
三期	—	127.2	100	65.2	—	—	—	—	—	—

（注：三期有关数据暂时没有查到）

"985工程"中也明确规定，在中央专项资金基础上，加大地方人民政府共建资金、学校主管部门共建资金以及学校自筹资金,根据地方政府、其他部委规定和学校"985工程"总体规划和改革方案统筹安排。"985工程"一期中央专项资金约为145亿元,地方政府配套资金约为110亿元,主管部门配套资金约为16亿元(表32)[138]。

表32　"985工程"一期建设经费的区域分布情况

区域	学校名称	学校数量(所)	经费投入/单位:亿元			
			总计	中央投入	地方投入	主管部门
华北	北京大学、清华大学、北京理工大学、北京师范大学、中国人民大学、北京航空航天大学、南开大学、天津大学	8	81	56	19	6
华东	浙江大学、南京大学、复旦大学、上海交通大学、中国科技大学、山东大学、东南大学、厦门大学、同济大学、中国海洋大学	10	86	41.05	43.05	3.9
东北	哈尔滨工业大学、吉林大学、大连理工大学、东北大学	4	25	11	11	3
中南	武汉大学、中山大学、华中科技大学、中南大学、湖南大学、华南理工大学	6	38	16	22	0
西南	四川大学、重庆大学、电子科技大学	3	16.2	9	7.2	0
西北	西安交通大学、西北工业大学、兰州大学	3	22.5	12	7.5	3
合计		34	268.7	145.05	109.75	15.9

第三,调整专项资金支出结构。这个阶段统筹安排专项资金专款专用的向度,并明确要求单独核算。"211工程"一期的中央专项资金(表33)主要用于高等学校整体水平提高所需基础设施的建设;部门和地方政府的专项资金优先保证国家重点学科、高等教育公共服务体系建设的需要。"211工程"二期中央专项资金主要用于重点学科和公共服务体系建设,部委和地方政府的配套资金主要用于相关基础设施和人才队伍建设。"211工程"三期中央专项资金主要用于重点学科建设、创新人才培养和师资队伍建设、全国高等教育公共服务体系建设等方面。"211工程"三期建设规划拟安排中央专项资金约64亿元。其中,人文社会科学领域115项,占重点学科建设项目的11%;经济领域54项,占5.2%;政法领域39项,占3.7%;管理领域49项,占

4.7%；基础科学领域150项，占14.4%；能源领域47项，占4.5%；信息领域97项，占9.3%；资源环境领域66项，占6.3%；基础产业和高新技术领域198项，占19%；医药卫生领域117项，占11.2%；农林领域60项，占5.7%；新兴交叉学科领域52项，占重点学科建设项目的5%[153]。

表33 "211工程"建设资金使用情况

单位：亿元

	合计	重点学科	公共服务体系			师资队伍	基础设施
一期	196.08	67.54	36.35			—	92.19
二期	172.18	97.87	34.70			24.09	15.52
三期		127.2	中国教育和科研计算机网中央专项资金3.6	高等教育文献保障体系中央专项资金3.6	高等学校仪器设备和优质资源共享系统中央专项资金0.8	62.3	—

"985工程"中央财政专项资金重点用于"985工程"学校实现学科建设新的突破、加快建成一批达到国际先进水平的学科、推进拔尖创新人才培养的改革试点、加快引进和造就学术领军人物和创新团队、加快提升自主创新和社会服务能力、开展高水平国际交流与合作等方面。从"985工程"建设中央专项资金实际投向来看，重点用于"985工程"科技创新平台和"985工程"哲学社会科学创新基地和队伍建设。例如"985工程"二期中央专项资金为189亿元，主要用于平台基地建设和队伍建设，用于平台基地建设的资金为129亿元，用于队伍建设资金为37亿元[138]。

七、国际交流

（一）国际交流内容概况

虽然国际交流内容总体来看在"211和985工程"所有政策文本中占比最小，代表性内容如表34所列，但是它依然是这个阶段一项重要内容。1995年《"211工程"总体建设规划》建设伊始，就提出增强高等学校国际交流与合作，扩大我国高等教育在国际上的影响。2013年《"985工程"建设管理办法》明确规定"985工程"建设的主要任务之一就是开展高水平国际交流与合作等。这个阶段我国实行"政府与民间并举、双边与多边并行、兼顾战略平衡、保证重点、注重实效"的方针。国际交流与合作主要包括派出、引进、合作三个层面。

表34　"211和985工程"阶段国际交流代表性政策内容

主轴编码	开放编码	政策内容及来源政策文本
重点工程国际交流规定	"211工程"国际交流与合作	增强高等学校国际交流与合作,扩大我国高等教育在国际上的影响(1995年《"211工程"总体建设规划》)
	"985工程"国际交流与合作建设要求	建设有利于国际学术交流与合作研究的环境,聘请世界著名学者来校讲学、合作研究,与世界一流水平的大学或学术机构开展实质性合作,建立高层次人才联合培养及研究基地,开展高水平的国际合作科研项目,召开高水平的国际学术会议,加大吸引外国留学生来华留学的力度,推动我国高等教育国际化进程(2004年《关于继续实施"985工程"建设项目的意见》)
高水平大学国际交流综合性规定	高水平大学国际交流合作项目建设	紧密结合国家重大发展战略,以提升国际竞争力和学术影响力为重点,营造有利于国际学术交流与合作的大环境,大力推进与世界一流大学和学术机构的实质性合作,主动参与全球和区域性的重大科技项目(2010年《关于加快推进世界一流大学和高水平大学建设的意见》)

派出主要是指派遣访问学者到国外知名高校学习深造,包括遴选大学院系领导人才、实验室骨干、博士生等作为高级访问学者,特别是高层次创新人才和学术带头人的选派工作力度,特别是派遣到世界一流大学进行研修交流。引进主要包括引进海外学者、留学生两个维度。一方面邀请海外知名学者特别担任客座教授,来华进行短期讲学和合作研究。另一方面是实施我国教育品牌战略,鼓励研究型大学更多接收留学生,扩大来华留学生的规模等。

(二)国际交流内容特征

第一,增强交流合作的双向互动。从"211工程"开始我国高等教育国际交流与合作,不仅注重紧密结合国家重大发展战略引进国外优质资源和教育理念,亦倡导走出去的输出思路。一方面,支持高校聘请国际知名专家学者到校任职,支持扩大公派出国留学规模,特别是研究型大学获得较高的支持力度,旨在提高我国高等学校的教学质量和科学水平贡献度。另一方面,我国加大了以重点支持高校以平台的高等教育输出理念,鼓励有条件的高水平大学赴境外办学等,积极开拓国际教育服务市场。这反映出我国以重点支持高校为杠杆的高等教育,转变了以前偏向引进模仿的传统。

第二,由有限交流转为多领域、多方式合作。重点支持高校作为高等教育国际交流与合作的平台扮演着越来越为关键的角色,逐步探索多领域、多方式的合作模式,从简单的项目合作、人员流动转向全方位、体系化、正规化资源共享与合作的模式[176],形成不同层次、不同领域、不同形式的国际交流合作平台。例如2014年《国务院关于印发"十二五"国家自主创新能力建设规划的通知》要求积极开展全方位、多层次、高水平的科技国际合作。还包括建立与发展需求密切结合的国际技术转移中心,不断探索合作新模式,建立更加紧密的合作关系。

第三,从数量规模跃升为质量规格。国际交流与合作由仅限于少数国家扩大为百余个国家,在扩大规模的基础上,增加了质量需求的内在标准,由此政策的意图和方向规定更加明确,国际交流与合作已经嬗变为高校建设的常态化发展趋势之一。一方面,政策中明确鼓励扩大国际交流与合作的范围和规范,从1995—2019年我国国际交流增长规模和趋势都是非常显著的。例如,1995年我国各类出国留学人员总数为2.2万人,到2018年大陆出国留学人数增加到66.2万人。此外,中外合作办学由以前缺乏合作经历和实践经验,转为众多研究型大学争相与国外一流高校建立合作项目的局面。第一个中外合作项目1993年天津财经学院(现为天津财经大学)与美国俄克拉何马大学开办的中外合作办学项目,1995年才被国家教委备案,其所颁发的学位才被官方认可[177]。2020年9月,依据《中华人民共和国中外合作办学条例》及其实施办法批准设立和举办的中外合作办学机构中外合作办学的机构数量已达110所,其中"985工程"高校中外合作办学28所,"211工程"高校中外合作办学的24所,"211和985工程"高校大约占到一半。另一方面,在一定国际交流合作数量的基础上,提升对质量的要求是我国高水平大学建设的必经之路。在政策文本中多次提到了建设高水平国际交流与合作本质上就是对质量的要求，对引进教师水平、来华留学生水平、科研合作项目、中外合作办学层次等从质量规格提高标准。例如2012年《教育部关于全面提高高等教育质量的若干意见》要求不断提高来华留学教育质量。

八、政策内容网络结构

通过对"211和985工程"阶段政策内容的质性编码，获得此阶段政策内容的编码矩阵，为了进一步深化研究政策内容的结构以及相互关系，主要从整体性和个体性两个方面对编码矩阵进行网络可视化分析。

（一）整体性

经过Ucinet政策主题网络化分析，获得政策主题图谱如图21所示，样本数量49，网络规模节点数量为7。第一，"211和985工程"阶段政策主题的网络密度为1，凝聚系数为1，各主题之间联系是全连通子图。从这两个系数来看，我国这个阶段政策主题的密切性和凝聚性非常高，说明我国建设过程中政策内容之间联系紧密，不仅组织管理的位于最核心地位，而且各个主题联系也较为密切。第二，节点从大到小依次是组织管理、资源保障、人才培养、科学研究、师资建设、学科建设、国际交流目标。从政策主题节点来看，说明我国"211和985工程"阶段组织管理、资源保障、人才培养、科学研究、师资建设占据政策内容核心地位。第三，从连线粗细依次来看，最粗的是组织管理与资源保障，数值都为1558，其次是组织管理与科学研究，连线数值为1247，再次是组织管理和人才培养，连线数值为870。从政策主题关系来看，组织管理与资源保障、科学研究、人才培养关系较为密切。

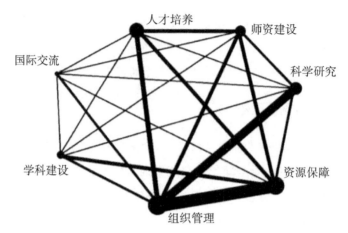

图21 "211和985工程"阶段政策主题图谱

（二）个体性

本书对政策主题结构网络个体性分析主要从点度中心性、中间中心性、接近中心性展开研究，经Ucinet中心性运算得到表35。其一，点度中心性。组织点度最高，即组织管理与其他政策主题的共现性最多，说明组织管理与其他政策主题联系最强，证明这个阶段我国政策内容的核心是组织管理。此外，资源保障、人才培养、科学研究、师资建设依次具有较高的中心性。国际交流目标的点度中心性最低。其二，中间中心性和接近中心性。各主题的中间中心性都为0，近中心性都为6，说明在重点大学阶段这7个政策主题都具有中介性作用，可以有助于其他政策内容的连通，也印证了我国这个阶段政策主题不是孤立的，各个政策主题之间都是相互联系的，相对而言政策内容主题没有具体外围之分。

表35 "211和985工程"阶段政策主题中心度比较

序号	政策主题	点度中心度	中间中心度	接近中心度
1	组织管理	4865.000	0	6
2	资源保障	3673.000	0	6
3	人才培养	2272.000	0	6
4	科学研究	2207.000	0	6
5	师资建设	2016.000	0	6
6	学科建设	1067.000	0	6
7	国际交流	778.000	0	6

第三节　世界一流大学阶段政策内容

世界一流大学阶段是我国高等教育重点建设又一次重大转型,从2015年至2020年1月共梳理出19份政策文本,本部分主要从内容、特征、网络化这几个方面进行深入研究。针对世界一流大学阶段所有政策主题,经过对所有Atlas.ti开放编码政策主题凝练总结后,合并归纳为国际交流、科学研究、人才培养、师资建设、学科建设、组织管理、资源保障、本科教育共8个主轴编码。由于一流本科相关政策文本内容包括未入选"双一流"高校,所以此部分不着力对本科教育相关内容展开深入研究。

一、人才培养

(一)人才培养内容概况

这个阶段人才培养代表性内容如表36所列,主要包括拔尖创新人才以及人才培养机制体制改革等内容。同时,这个阶段为了适应社会发展需求,国家不断调整培养规模与培养目标,注重优化不同层次学生的培养结构,健全学术人才和应用人才分类培养体系,并鲜明性加大了对本科生培养的关注度和注意力,实施"六卓越一拔尖"人才培养计划2.0,积极推动高水平大学加强创新型人才培养。

世界一流大学阶段人才培养主要指创新型人才的培养。2015年《关于印发统筹推进世界一流大学和一流学科建设总体方案的通知》要求建设任务之一就是培养拔尖创新人才,突出人才培养的核心地位,全面提升学生的综合素质和创新能力。这个阶段为了形成高水平创新型人才培养体系,要求加大发挥学科育人功能,进一步推动信息技术、智能技术与教育教学深度融合,建立知识结构完备、方式方法先进的教学体系,构建"互联网+"条件下的人才培养新模式。研究生教育综合改革方面将创新创业能力和实践能力培养融入课程体系,着力提升研究生创新能力,探索建立全方位拔尖人才培养协同培养体制机制。世界一流大学阶段实施创新创业教育改革燎原计划、重点推进创新创业教育,把创新创业教育贯穿人才培养全过程,不断健全创新创业教育课程体系,改革教学方式方法等。

表36　世界一流大学阶段人才培养代表性政策内容

主轴编码	开放编码	政策内容及来源政策文本
拔尖创新人才培养规定	拔尖创新人才培养	坚持立德树人,突出人才培养的核心地位,着力培养具有历史使命感和社会责任心,富有创新精神和实践能力的各类创新型、应用型、复合型优秀人才(2015年《统筹推进世界一流大学和一流学科建设总体方案》)
		培养一流人才(2015年《统筹推进世界一流大学和一流学科建设总体方案》)
		深化教育教学改革,提高人才培养质量(2018年《关于高等学校加快"双一流"建设的指导意见》)
		把立德树人的成效作为检验学校一切工作的根本标准(2018年《关于高等学校加快"双一流"建设的指导意见》)
		加强创新人才特别是拔尖创新人才的培养(2019年《中国教育现代化2035》)
人才培养体制机制改革	人才培养模式改革	加快推进人才培养模式改革,推进科教协同育人,完善高水平科研支撑拔尖创新人才培养机制(2015年《统筹推进世界一流大学和一流学科建设总体方案》)

(二)人才培养内容特征

第一,重点培养拔尖创新人才。世界一流大学阶段在原来"211和985工程"创新人才培养的基础上,务实了拔尖创新人才的要求,更加确立了我国高水平大学培养拔尖创新人才的要求。一方面,全面提高课程建设质量,推广小班化教学、混合式教学、翻转课堂等,提高拔尖创新人才的培养质量。另一方面,推进发挥"拔尖计划"的示范辐射作用,推进拔尖创新人才供给侧结构性改革,扩大博士研究生规模,建立高校招生计划动态调整机制等。此外,倡导创新创业教育。世界一流大学阶段掀起了大众创业、万众创新的热潮,这个阶段将创新创业课程体系、教学方法、实践训练等加入高水平大学人才培养体系,旨在提高全国大学生创新创业的积极性和主动性。

第二,推行协同创新育人机制。协同创新育人机制是我国高水平大学人才培养革新的重要步伐,尝试打破原有相对单一的人才培养模式,推广以

第四章 我国重点建设高水平大学政策内容研究

学科为载体的高校与实务部门、科研院所、相关行业部门共同推进全流程协同育人,特别是在工、医、农、法等基础学科方面,完善产学研用结合的协同育人模式。并且结合重大、重点科技计划任务,推动国家级、省部级科研基地向学生开放,鼓励将最新科研成果及时转化为教育教学内容,以高水平科学研究支撑高质量人才培养。

二、科学研究

(一)科学研究内容概况

世界一流大学阶段科学研究代表性内容如表37所列,主要包括高校创新服务能力建设、科技成果转化、科研创新文化建设、协同创新建设、哲学社会科学研究等,组织实施国际大科学计划和大科学工程,促进高等教育融入国家创新体系。世界一流大学建设继续加大了对科技成果转化力度,要求加强科技成果转移转化能力建设,希望建立科技成果转移转化年度报告制度和绩效评价机制。政策中虽然对基础研究、应用研究、哲学社会科学研究都有明确要求,但是加大了对基础研究的顶层设计和统筹协调,要求充分发挥高校基础研究主力军作用。

表37 世界一流大学阶段科学研究代表性政策内容

主轴编码	开放编码	政策内容及来源政策文本
科研能力建设	科学研究水平建设	充分发挥高校基础研究主力军作用,实施高等学校基础研究珠峰计划,建设一批前沿科学中心,牵头或参与国家科技创新基地、国家重大科技基础设施、哲学社会科学平台建设,促进基础研究和应用研究融通创新、全面发展、重点突破(2018年《关于高等学校加快"双一流"建设的指导意见》)
	科研成果产出原则	产出一流成果(2015年《统筹推进世界一流大学和一流学科建设总体方案》)
科技成果转化建设	科技成果转化要求	深化产教融合,将一流大学和一流学科建设与推动经济社会发展紧密结合,着力提高高校对产业转型升级的贡献率,努力成为催化产业技术变革、加速创新驱动的策源地(2015年《统筹推进世界一流大学和一流学科建设总体方案》)
		加大技术创新、成果转化和技术转移力度(2018年《关于高等学校加快"双一流"建设的指导意见》)

（二）科学研究内容特征

第一，强调原始创新能力。创新是面对全球科技革命和产业变革新形势、新格局的深度调整，创新驱动社会经济发展已经成为国际共识，世界一流大学建设科研创新呈现出更高层次、更宽领域、更多样式的特点，更加面向世界科技前沿、国家重大需求、国民经济主战场，打通科技链、创新链、国家链的有机衔接。这个阶段基础研究推行的原则是自由探索和目标导向有机结合。因此，世界一流大学建设把基础研究的原始创新能力摆在更加突出位置，鼓励高校探索重大原创性、颠覆性发明创造、最前沿科学问题、前沿交叉研究基础上，加大构建针对性、科学性和系统性的科技成果转化链路。

第二，深化产业融合发展。世界一流大学建设科学研究秉承推动经济社会发展为宗旨，通过应用研究衔接原始创新与产业化，提高高校对产业转型升级的贡献率。一方面。强化创新成果与产业对接，推动不同领域创新要素有效对接，增强高校创新资源对经济社会发展的驱动力。另一方面，打通基础研究、应用开发、成果转移与产业化链条，推动健全市场导向、多要素深度融合的成果转化机制。

三、学科建设

（一）学科建设内容概况

世界一流大学阶段学科建设代表性内容如表38所列，包括学科建设原则、学科建设内涵、学科创新能力、学科组织建设等内容，特别是2018年《关于高等学校加快"双一流"建设的指导意见》中，为了深化打造一流学科高峰，对学科布局、学科内涵、学科特色、学科组织做出明确规定。这个时期学科建设地位进一步得到提高，开始与世界一流大学建设要求并驾齐驱，重点支持建设100个左右学科成为一流学科。学科专业结构布局原则是适应经济社会发展需要，引导和支持高等学校优化学科结构。一方面，重塑专业培养目标与建设重点，推进专业综合改革，提高高校优势特色专业集中度。另一方面，进一步优化学科布局促进交叉融合。

表38　世界一流大学阶段学科建设代表性政策内容

主轴编码	开放编码	政策内容及来源政策文本
学科建设基本要求	学科建设原则	引导和支持高等学校优化学科结构,凝练学科发展方向,突出学科建设重点,创新学科组织模式,打造更多学科高峰,带动学校发挥优势、办出特色(2015年《统筹推进世界一流大学和一流学科建设总体方案》) 坚持以学科为基础,支持建设一百个左右学科,着力打造学科领域高峰(2017年《统筹推进世界一流大学和一流学科建设实施办法(暂行)》)
	学科创新能力	学术探索与服务国家需求紧密融合,着力提高关键领域原始创新、自主创新能力和建设性社会影响(2018年《关于高等学校加快"双一流"建设的指导意见》)
	学科特色建设	学科建设的重点在于尊重规律、构建体系、强化优势、突出特色(2018年《关于高等学校加快"双一流"建设的指导意见》)
	学科布局调整	以"双一流"建设学科为核心,以优势特色学科为主体,以相关学科为支撑,整合相关传统学科资源,促进基础学科、应用学科交叉融合,在前沿和交叉学科领域培植新的学科生长点(2018年《关于高等学校加快"双一流"建设的指导意见》)

(二)学科建设内容特征

第一,衔接产业转型升级。这个阶段一流学科上升为与世界一流大学并驾齐驱的发展态势。为了进一步适应新一轮科技革命和产业变革及新经济发展,世界一流大学阶段学科建设加强学科布局的顶层设计和战略规划,鼓励建设国家战略学科、国家应急学科、新工科、新兴学科、交叉学科,推动学科专业建设与产业转型升级相适应。主要包含以下类型:其一,事关国家战略、国家安全等学科专业建设,重点建设集成电路、航空发动机及燃气轮机、网络安全、人工智能等,以及先进制造、生态环保等战略性新兴产业发展的学科。其二,产业急需紧缺学科专业,重点发展智能制造、节能环保、新能源、新材料以及研发设计、数字创意等。其三,社会可持续发展相关专业建设,加强智慧城市、智能建筑等。

第二,强化学科生长的自主性和联动性。学科外向互动机理凸显了学科生长的开放性,学科内向互动机理凸显了学科生长的自主性,学科群生机理凸显了学科群体生长的联动性。世界一流大学阶段不仅注重学科与产业协同的外向发展,更加大了对学科内向发展和特色发展的要求,视学科成为生命体作为科学生命之源、社会生存之基[178]。在国家创新驱动战略的大背景下,学科建设注重提高关键领域原始创新、自主创新能力的内生需求。这个阶段政策内容对学科建设开放性、自主性、联动性做出明确要求外,以内涵发展为统摄,弱化组织边界、强化内生需求,将各种创新要素融合到学科建设中,具有去组织化追求学科创新能力和竞争能力的融合创新[179]特质。

> "双一流"是以学科为基础的。每个学校不可能所有学科都好,这样比较公平一点,有些学校有些学科好,应该得到支持和发展,而且这样各个学校能形成各个学校的特色。本来中国的大学每个学校都有特色,不需要所有学科都好,也不可能,但它一定保持着某些学科是非常有优势的,这样也便于学校办出自己的特色。

——来源于访谈者27

四、师资建设

(一)师资建设内容概况

世界一流大学阶段师资建设代表性内容如表39所列,主要包括一流师资队伍建设、高水平学科团队建设等方面。"双一流"建设一流师资队伍主要是培养和引进一流科学家、学科领军人物、中青年教师和创新团队。其一,学科带头人。充分发挥学科带头人引领学科前沿的重要作用,保障学科带头人的人财物支配权。其二,中青年教师。以中青年教师为重点,优化中青年教师成长发展。其三,创新团队。以解决重大科研问题与合作机制为重点,注重培养团队精神,激发团队活力,培育跨学科、跨领域的创新团队。

表39　世界一流大学阶段师资建设代表性政策内容

主轴编码	开放编码	政策内容及来源政策文本
师资队伍建设基本要求	一流师资队伍建设	加快培养和引进一批活跃在国际学术前沿、满足国家重大战略需求的一流科学家、学科领军人物和创新团队,聚集世界优秀人才(2015年《统筹推进世界一流大学和一流学科建设总体方案》)
	学术带头人建设	充分发挥学科带头人凝练方向、引领发展的重要作用,保障学科带头人的人财物支配权(2018年《关于高等学校加快"双一流"建设的指导意见》)
	中青年教师建设	遵循教师成长发展规律,以中青年教师和创新团队为重点,优化中青年教师成长发展、脱颖而出的制度环境(2015年《统筹推进世界一流大学和一流学科建设总体方案》)
		加大对青年教师教学科研的稳定支持力度(2018年《关于高等学校加快"双一流"建设的指导意见》)
团队建设基本要求	高水平学科团队建设	培育跨学科、跨领域的创新团队,增强人才队伍可持续发展能力(2015年《统筹推进世界一流大学和一流学科建设总体方案》)
		构建以学科带头人为领军、以杰出人才为骨干、以优秀青年人才为支撑,衔接有序、结构合理的人才团队和梯队(2018年《关于高等学校加快"双一流"建设的指导意见》)
	团队评价体系	以解决重大科研问题与合作机制为重点,对科研团队实行整体性评价,形成与贡献匹配的评价激励体系(2018年《关于高等学校加快"双一流"建设的指导意见》)

(二)师资建设内容特征

第一,深化高水平教师分类培养机制。高水平教师是学术前沿知识的创造者,高水平教师对学科发展、人才培养、科学研究的贡献和作用在大学发展和建设的过程中起着举足轻重的作用。这个阶段为了提高教师教育质量,实施了"教师教育振兴行动计划""卓越教师培养计划2.0""111计划""万人计划"等人才工程,针对学术带头人、中青年骨干教师、学术团队等不同高层次人员需求,采取相适宜的引进和培养管理方式,旨在努力建设一支高素质创新型的教师队伍。

第二,强化高水平师资参与本科教学。教师是本科教育的基础,一线教师水平、教师参与度、教学经验直接制约了本科教育的质量和教育目标的实现。因此,这个阶段明确要求各类高层次教师参与本科教学中,设置各种奖项和政策支持的长效机制,把本科教育和教师职称、评审、考核结合起来,激励教师重视和提升本科教育质量。并且要求充分挖掘名师、名家在本科教学中的引领示范作用,鼓励教师将最新的科技成果转化为教育内容,要求提高教师本科教育的参与度以及协调好教学与科研之间的关系[180]。

第三,改革高校教师评聘制度。这个阶段师资建设相关政策内容在岗位聘用、绩效工资分配特征比较显著。出台高校教师职称制度改革的指导意见,加大市场化教师薪酬制度改革,增强内部激励机制,提高基础性绩效工资额度。此外,鼓励一流科研团队合作,特别强调改革高校教师依法取得的科技成果转化奖励收入,革新团队评价激励体系,构建与贡献匹配的整体性评价激励体系,建立体现以增加知识价值为导向的收入分配机制,并且要求不纳入本单位工资总额基数。

五、组织管理

(一)组织管理内容概况

世界一流大学阶段组织管理相关政策内容人仍然是最为重要的方面之一,代表性内容如表40所列,主要包括"双一流"建设管理要求、管理改革、文化建设、体制机制建设等。这个阶段最为突出的变化是构建动态管理机制,坚持以绩效为杠杆,对入选"双一流"的审批办法和管理机制进行重构。因此这部分着重对遴选管理和过程管理进行研究。世界一流大学建设采取总量控制、开放竞争、动态调整的管理原则,更加突出绩效导向,每五年一个建设周期,2016年开始新一轮建设实施动态监测,鼓励形成激励约束机制,增强建设实效。其一,在自评基础上,增加了第三方评价和专家委员会的作用,特别是拨款、奖励、警示等方面。特别需要指出的是,这个阶段构建了打破身份固化桎梏,建立有进有出动态调整机制。其二,建设末期,专家委员会根据整体自评报告和第三方评价对成效进行评价,根据期末评价结果重新确定下一轮建设对象和经费额度。

第四章　我国重点建设高水平大学政策内容研究

表40　世界一流大学阶段组织管理代表性政策内容

主轴编码	开放编码	政策内容及来源政策文本
"双一流"建设管理要求	基本管理原则	建立激励约束机制,鼓励公平竞争,强化目标管理(2015年《统筹推进世界一流大学和一流学科建设总体方案》)
	"双一流"动态管理	加强过程管理,实施动态监测,及时跟踪指导(2017年《统筹推进世界一流大学和一流学科建设实施办法(暂行)》)
"双一流"建设管理改革	社会参与机制改革	坚持面向社会依法自主办学,加快建立健全社会支持和监督学校发展的长效机制(2015年《统筹推进世界一流大学和一流学科建设总体方案》)
	高校改革创新	建设高校要积极主动深化改革,发挥教育改革排头兵的引领示范作用,以改革增添动力,以创新彰显特色(2018年《关于高等学校加快"双一流"建设的指导意见》)
	高校改革原则	深化高校综合改革,加快中国特色现代大学制度建设,着力破除体制机制障碍,加快构建充满活力、富有效率、更加开放、有利于学校科学发展的体制机制(2015年《统筹推进世界一流大学和一流学科建设总体方案》)
	综合评价体系	探索建立中国特色"双一流"建设的综合评价体系(2018年《关于高等学校加快"双一流"建设的指导意见》)
	高校领导管理体制建设	坚持和完善党委领导下的校长负责制,建立健全党委统一领导、党政分工合作、协调运行的工作机制,不断改革和完善高校体制机制(2015年《统筹推进世界一流大学和一流学科建设总体方案》)

(二)组织管理内容特征

第一,构建动态的绩效评价机制。从2015年"双一流"正式开始实施,"绩效评价"成为世界一流大学建设机制变革的基石,世界一流大学建设正式引入竞争机制[181]。其一,在世界一流大学阶段从中期检查开始就引进第三方评价,充分发挥专家委员会的评价、诊断、督导作用,根据评估评价结果,动态调整支持力度。其二,实施有进出的竞争淘汰制,对于评估不合格或预警仍无改善的高校及建设学科进行淘汰。

第二,实行高等教育治理现代化理念。20世纪90年代后期"治理"一词开始进入官方政策文件。2010年颁布的《教育规划纲要》提出"完善大学治理结构"问题,这是"治理"第一次被写进官方教育政策中。2013年《中共中央关于全面深化改革若干重大问题的决定》提出推进国家治理体系和治理能力现代化。2019年《中国教育现代化2035》指出"战略任务"之一就是"推进教育治理体系和治理能力现代化"。世界一流大学阶段政府进一步推进政府职能转变和管理重心下移,提出高等教育治理体系和治理能力现代化倡议。世界一流大学的治理现代化主要从教育法治化水平、政府管理服务水平、教育督导体制、学校自主管理能力四方面改革创新,希冀世界一流大学治理法治化、常态化运作。

六、资源保障

(一)资源保障内容概况

"双一流"建设资源保障代表性内容如表41所列,主要体现在各位重点支持经费调配和管理、国家实验室、国家基础设施、科研投入、教育信息化等内容。特别是在前沿、新兴、交叉、边缘等学科以及布局薄弱学科方向,统筹部署和建设突破型、引领型、平台型一体的国家实验室,并且要求构建科技资源开放共享机制,推进科研设施和仪器设备开放共享。另外,世界一流大学阶段我国大力推进教育信息化,推进现代信息技术与教育教学深度融合着力构建基于信息技术的新型教育教学模式、教育服务供给方式以及教育治理新模式。世界一流大学建设阶段主要涉及的经费包括特色发展引导专项资金(简称"引导专项")、中央基本建设投资、"111基地"专项经费支持、中央高校教育教学改革专项等。"双一流"建设经费主要是引导专项,本部分着重对其进行研究。

世界一流大学建设创新资金支持方式,引导专项采取多元投入、合力支持方式,中央高校开展世界一流大学和一流学科建设所需经费由中央财政支持;地方高校由地方财政统筹安排,中央财政予以引导支持。引导专项的分配、使用和管理遵循原则:其一,质量导向,突出学科。重点考虑学校办学质量和学科水平,突出学科的基础地位,引导中央高校提高办学质量和创新能力。其二,因素分配,公平公正。按照因素法测算分配额度,根据高校不同特点科学合理选取因素和确定权重,体现公平公正。引导专项采用因素法分配,分配因素主要包括基础因素、质量因素、其他因素,以质量因素特别是学科水平因素为主。基础因素指中央高校在人才培养、师资队伍、科学研究等方面具备的基本条件;质量因素指中央高校在学科建设、科学研究、社会服务等方面取得的成效;其他因素指中央高校办学特色、综合改革、资金使用管理情况、绩效评价结果等。其三,放管结合,科学管理。结合学校实际,按照类别设置项目,增强中央高校按照规定统筹安排使用资金的自主权,进一步明确管理责任,完善管理机制,规范管理行为。其四,注重绩效,动态调整。加强绩效管理和追踪问效,动态调整支持力度,强化激励约束机制。

表41　世界一流大学阶段资源保障代表性政策内容

主轴编码	开放编码	政策内容及来源政策文本
"双一流"建设资金	"双一流"资金建设原则	中央财政将中央高校开展世界一流大学和一流学科建设纳入中央高校预算拨款制度中统筹考虑,并通过相关专项资金给予引导支持(2015年《统筹推进世界一流大学和一流学科建设总体方案》)
	"双一流"资金及支持方式	中央高校开展世界一流大学和一流学科建设所需经费由中央财政支持;中央预算内投资对中央高校学科建设相关基础设施给予支持。纳入世界一流大学和一流学科建设范围的地方高校,所需资金由地方财政统筹安排,中央财政予以引导支持(2017年《统筹推进世界一流大学和一流学科建设实施办法(暂行)》)
	资源募集机制改革	加快建立资源募集机制,在争取社会资源、扩大办学力量、拓展资金渠道方面取得实质进展(2015年《统筹推进世界一流大学和一流学科建设总体方案》)

(二)资源保障内容特征

第一,分类多重融资模式。根据中央高校和地方高校实施差异分类融资,区别中央高校与地方高校的资金来源渠道。建设世界一流大学和一流学科是一项长期任务,因此世界一流大学阶段建立面向服务需求的多元化分类融资机制,构建了政府、部委、学校相结合的共建机制,力图发挥资源合力支持的集聚效应和放大效应。

第二,中央专项经费使用更加科学化。其一,世界一流大学建设创新资源分配机制,引导专项采用因素法分配,根据建设效率进行滚动拨款,重点向薄弱环节、关键领域学科倾斜,在公平竞争中体现扶优扶强扶特。其二,我国建设"双一流"的中央资金不仅呈现出具体分化特征,而且投资重心在原有高校机构和学科建设的基础上,投资重点逐步下移,开始投资一流课程,向未入选"双一流"高校倾斜,并且扩大高校财务自主权和统筹安排经费的能力。

七、国际交流

(一)国际交流内容概况

世界一流大学阶段我国继续坚持主动服务国家对外开放战略布局,从范围、领域、层次全方位深化发展,开创我国高等教育对外开放新格局。这个阶段国际交流合作的代表性内容如表42所列,主要包括国际合作育人、教师国际化互动、科学研究合作、中外合作办学等。国际合作育人主要包括积极推进与国外高水平大学开展联合培养,开发符合国情、国际开放的合作培养人才和协同创新模式。教师国际化互动包括:其一,推荐高校优秀教师在知名高校、国际组织、学术机构、国际期刊交流学习或是任职兼职,扩大我国教育的国际影响;其二,鼓励高等学校引进海外高层次人才,增强对外籍优秀教师和高水平留学生的吸引力,营造良好的国际化教学科研环境。加强与国外世界一流大学实质性学术交流与科研合作,鼓励参与国际性和区域性重大科学计划和科学工程等。

表42 世界一流大学阶段国际交流代表性政策内容

主轴编码	开放编码	政策内容及来源政策文本
国际交流合作建设	国际交流合作要求	加强与世界一流大学和学术机构的实质性合作,将国外优质教育资源有效融合到教学科研全过程,开展高水平人才联合培养和科学联合攻关(2015年《统筹推进世界一流大学和一流学科建设总体方案》) 大力推进高水平实质性国际合作交流,成为世界高等教育改革的参与者、推动者和引领者。加强与国外高水平大学、顶尖科研机构的实质性学术交流与科研合作,建立国际合作联合实验室、研究中心等(2018年《关于高等学校加快"双一流"建设的指导意见》)

（二）国际交流内容特征

第一，全方位多领域深度合作。在中央政府不断强调进一步完善对外开放战略布局，推动更深层次更高水平的对外开放的要求下，世界一流大学阶段的国际交流合作不再局限于国家、区域、学科、领域，这个阶段我国实行全面开放、全球合作、深层互动的宗旨，而且国际交流合作已经演化为高校适应社会发展的外部逻辑要求和自身发展的内在逻辑旨归，成了我国提升高等教育竞争力的常态路向。从这个阶段政策内容也可以发现，世界一流大学国际交流不仅包括学生、教师、科研、合作办学等高水平人才联合培养、科学联合攻关、国际协同创新，而且继续加大了国际教育规则制定、国际教育教学评估和认证，不仅加强与世界一流大学和学术机构的实质性合作，而且加大了与联合国教科文组织、世贸组织、世界银行、世界卫生组织等国际组织的交流合作。此外在师生派遣人数、资助额度、合作次数等数量维度要求前提下，还包括对质量向度的要求，特别是"引进教育资源质量""中外合作办学质量""来华留学生源质量"做出明确规定。

第二，强化我国教育影响力。随着时代变迁和我国国际竞争力和影响力不断提升，经过70多年高等教育稳定发展，在不断学习借鉴欧美高等教育成功经验的基础上，我国不断缩小与西方世界一流大学的差距，甚至在某些领域和学科我国现在已经站在国际前沿，这个过程中我国的道路自信、制度自信逐步得到彰显。因此，世界一流大学建设进一步发挥高校的主体作用，加大到国际组织、学术机构、国际期刊实习任职的支持力度，积极参与国际教育规则制定、国际教育教学评估和认证等多种高水平实质性国际互学互鉴，旨在扩大高等教育国际影响力，树立我国的良好品牌和形象，推动我国成为世界高等教育改革的改革者和引领者。

八、政策内容网络结构

通过对世界一流大学阶段政策内容的质性编码，获得此阶段政策内容的编码矩阵，为了进一步深化研究政策内容的结构及关系，主要从整体性和个体性两个方面对编码矩阵进行网络可视化研究。

我国重点建设高水平大学政策的演进与创新研究

(一)整体性

经过Ucinet政策主题网络化分析,获得重点大学政策主题图谱如图22所示,样本数量19,网络规模节点数量为8。第一,世界一流大学阶段政策主题的网络密度为0.9643,凝聚系数为0.964。从这两个系数来看,我国世界一流大学阶段建设政策主题的密切性和凝聚性也比较高,说明我国世界一流大学建设过程中政策内容之间联系紧密,不仅组织管理的位于最核心地位,而且各个主题联系也较为密切。第二,节点从大到小依次是组织管理、人才培养、学科建设、师资建设、资源保障、科学研究、国际交流、本科教育。从政策主题节点来看,说明世界一流大学阶段组织管理、人才培养、学科建设、师资建设占据政策内容核心地位。第三,从连线粗细来看,最粗的是组织管理与人才培养数值都为1157,组织管理与学科建设连线数值为994,组织管理与师资建设638,组织管理与资源保障连线数值都为637。从政策主题关系来看,组织管理与人才培养、学科建设、师资建设、资源保障共现关系较为密切,人才培养与学科建设和师资建设关系较为密切。

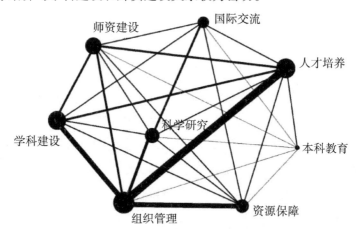

图22 世界一流大学阶段政策主题图谱

(二)个体性

网络个体性分析主要从点度中心性、中间中心性、接近中心性展开研究,经Ucinet中心性运算得到表43。其一,点度中心性。组织管理的点度中心性最高,即组织管理与其他政策主题的共现性最多,说明组织管理与其他政策主题联系最强,证明世界一流大学阶段我国政策内容的频率最高的仍然是组织管理。此外,人才培养、学科建设、师资建设、资源保障、科学研究依次具有较高的中心性。本科教育的点度中心性最低。其二,中间中心性和接近中心性。学科建设和本科教育这两个主题的中间中心性都为0,学科建设和本科教育这两个主题的接近中心性都为8,说明在世界一流大学阶段这2个政策主题不具有中介性作用,没有实现作为其他主题连通的桥梁,而其他6个主题链接各个政策主题的连通性相同。虽然建设一流学科已经与建设世界一流大学并驾齐驱,但是从围绕世界一流大学关键特征的统计分析结果来看,一流学科的协调功能并没有凸显出来。

表43　世界一流大学阶段主题中心度比较

序号	政策主题	点度中心度	中间中心度	接近中心度
1	组织管理	4491.000	0.167	7
2	人才培养	2939.000	0.167	7
3	学科建设	2400.000	0	8
4	师资建设	1907.000	0.167	7
5	资源保障	1675.000	0.167	7
6	科学研究	1644.000	0.167	7
7	国际交流	1197.000	0.167	7
8	本科教育	194.000	0	8

第四节　政策内容演变脉络

我国高水平大学整个过程演化过程是不断破除政策均衡和构建新政策结构的过程,学术界普遍认为我国这种建设世界一流大学的高等教育道路似乎很理性,很有针对性,也很有选择性[182]。因此,本部分着重对政策内容的渐进变革进行研究。

一、政策内容的稳定性分析

通过编码分析可以发现,虽然不同阶段各主题要素出现频率和内容有所差异,但是经过对三个阶段政策编码和网络化政策主题图谱分析可以发现,不同阶段政策中对建设世界一流大学关键特征各要素基本涵盖。

（一）组织管理占据重要统摄地位

我国建设世界一流大学的70年历程,是政府主导的自上而下外发强制逻辑,国家意志和管理统摄具有显著的引导力、凝聚力、执行力。从各阶段主观编码的政策内容主题图谱可以发现,组织管理在节点中是最大的,也是与其他节点连线最多的节点,说明这70年的建设过程组织管理在政策文本中占据较大比例,从中心性也可以发现组织管理不仅凝聚约束着其他政策主题内容,而且对其他所有节点都具有沟通桥梁作用。从组织管理相关内容和特征来看,这70年来组织管理主要涉及办学体制、管理体制、经费管理、科研管理、高校领导体制等管控权,以强化对各类重点建设的领导机制、管理机制和评价机制。质言之,高等教育重点建设组织管理是一个系统复杂的过程,由于我国相对集权的高等教育管理格局,以强力的行政方式保障各项重点建设的有效推行和长效发展,从本质上来看这种明确刚性领导体制是没有变化的,政府始终是唯一的管理者和控制者,其权威性的决定权和主导权是没有任何根本改变的,这说明我国高水平大学政策模式组织管理具有鲜明特征,这也是我国建设高水平大学稳定发展的制度优越性。

（二）人才培养始终位于第一职能

教学、科研、服务社会是高校的三大职能。经过政策文本编码、社会化网络分析可以发现,这70年我国高水平大学政策中高校人才培养规定无论是占比还是关系度、共现性、中介性,始终居于重要职能的首位。大学人才培养的本体功能的界定和要求在系列政策文本中得到鲜明的体现,各个阶段政策对人才培养的重视也始终是基本要求。虽然我国重点高等教育建设热望高水平大学能够跻身于世界一流行列,但本质上致力于培养满足社会经济发展所需的高水平、高层次人才为首要任务的要求始终贯穿于政策之中。

（三）政府主导的学科结构调整

70年来,虽然我国学科结构调整跟随深层国家制度结构转变而改革,但是学科结构在调整呈现出"形有所变、实则未变"特征[183]。在学科调整的历程中,虽然政策中提及明确学术方向和遵从学科发展规律,从布局和调整反观70年来学科优化的方向,基本特征是围绕国家战略需求凝练学科方向,促进高等教育适应社会发展的契合点和匹配度。有学者认为我国高等教育发展一直受"适应论"思想的支配,强调与社会发展相匹配,呈现出类似"政经关联"现象[131]。我国重点学科建设本质上是促进学科发展和构建资源竞争的制度,虽然高校自主权有所增加,但是由于长时间政府主导学科布局的行政逻辑惯性,并未在高等教育领域生成高效竞争的政策环境,而且"重理轻文"在我国高水平大学长期建设以来仍然占据着主要地位。

(四)严格管控的经费使用规范

无论从重点大学时期的基数拨款经费、科研项目经费,还是"211工程""985工程"和"双一流"中央专项经费,国家对各项经费的支出分类和支持规定都有明确和规范的要求。例如1995年《"211工程"专项资金管理暂行办法》明确专项资金支出分为基建项目支出和其他项目支出两大类。在2004年和2010年"985工程"专项资金管理办法,都明确规范规定"985工程"专项资金支出管理包括人员经费、业务费、设备购置费、维修费、项目管理费等。综观各个专项经费管理规定基本要求严格执行,一般不予调剂。对执行中因特殊情况确需调剂的内容,在项目内调剂的,也必须按照管理程序进行调剂;如果需要跨越项目进行调剂的,则要求必须按照部门管理程序上报给主管部门、财政部审批,而且调剂的内容和项目,也必须经过严格审核。这反映出专项经费管理制度中对资金使用向度、使用分类、使用权限都具有比较严格的财务制度和管理规范。这种的资金使用要求可以确保资金使用的聚焦性和针对性,提高资金使用效率,但是在实际执行中也产生了欠缺灵活度的壁垒,使得高校无法根据高校实际需要进行调整。

二、政策内容的渐变性分析

(一)建设任务分类发展

综观70年来高等教育重点支持的系列政策文本,建设重心体现出从重点大学的"教学为主、科研为辅",到"211和985工程"阶段"偏重学科和科研"

的倾向,再到"双一流"建设的"教学科研并驾齐驱,教学地位得到回归的转移",建设任务更具开放性和包容性。重点大学建设主要任务包括人才培养、师资建设、改善教学科研条件、扶植学科专业。1984年国家重点建设项目主要任务是在提高教育质量,加速培养高级建设人才;改善教学用房、实验设备、校舍等教学和科研条件;要有重点地扶植一批对国家现代化建设有重大意义的学科、专业。综观重点大学阶段政策任务和实际实践,重点建设的核心主要以人才培养和师资建设为主,在教学科研条件具备的基础上探索学科和专业建设,这个阶段是我国建设世界一流大学的打基础阶段,总体来看具有偏重教学的特征,这个时期的党委书记领导下的校长负责制、研究生院、科研项目制等政策架构和制度框架奠定了基础和发展雏形。"211和985工程"阶段我国重点建设在广度和深度上拓展发展主旨,形成了阶梯化规定明确的阶段建设任务(图23)。"211工程"一期建设任务是学校整体条件建设、重点学科建设、高等教育公共服务系统;"211工程"二期重点学科建设、高等教育公共服务系统、院校条件建设;三期是重点学科建设、创新人才培养和队伍建设、高等教育公共服务系统。图23中"211工程"各期建设任务,"211工程"经历了"打基础""上水平""求突破"的脉络。虽然这个阶段从编码频次来看,人才培养在政策内容中仍然比较显著,但是从核心任务来看从"211工程"开始我国高水平大学政策实现了一个从偏重科研、重点发展学科的转向。

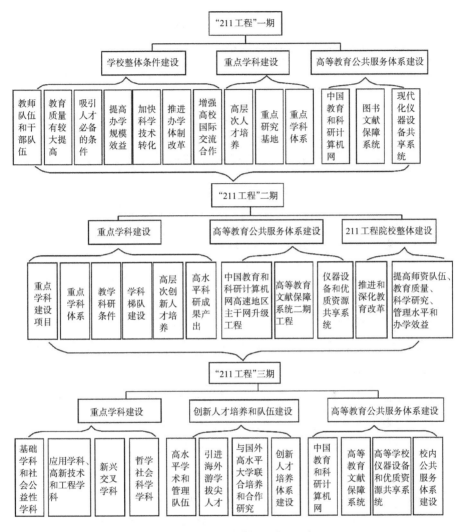

图23 "211工程"各期建设任务

"985工程"建设开始真正落实对科研创新的跨越式发展追求。图24为"985工程"各期建设任务。"985工程"一期建设内容相对笼统,只提出建设世界先进水平的一流大学和一批一流学科。"985工程"二期主要包括机制创新、队伍建设、平台建设、条件支撑和国际交流与合作。"985工程"建设任务旨在主要以"平台基地"为基础,以联动为手段,凝聚科研竞争力和科研实力。

我国重点建设高水平大学政策的演进与创新研究

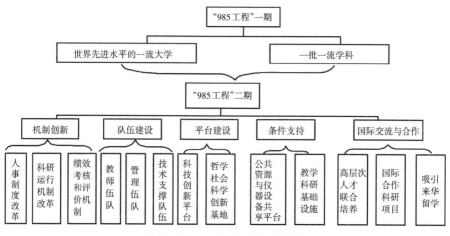

图24 "985工程"各期建设任务

2015年《统筹推进世界一流大学和一流学科建设总体方案》指出世界一流大学阶段包括五大建设任务和五大改革任务,建设任务包括:建设一流师资队伍;培养拔尖创新人才;提升科学研究水平;传承创新优秀文化;着力推进成果转化。改革任务为:加强和改进党对高校的领导;完善内部治理结构;实现关键环节突破;构建社会参与机制;推进国际交流合作。"双一流"建设依然是延续了高水平大学政策中的集中资源建设,效益至上的理念。但是与其他政策不同的是,"双一流"建设政策不仅是要求高校和学科的发展不仅要在外部形式上达到一流的水平,更重要的是要在内在发展的建设上必须与国外接轨。"双一流"建设最突出的特点主要是体现在相比于"211和985工程"阶段,这个阶段在教学科研并驾齐驱的宗旨上,对高校的教学职能投入了更多的关注,教学的核心地位回归,特别是在人才培养方面更加注重人才的创新能力和创新思维,科学研究的要求仍然是对某一学科或者某些重大问题能够提出最佳的解决方式以及在某一学科或某一领域取得的成就能够走在世界领先的位置。还有一个明显与"211和985工程"是不同的是,"双一流"建设方案中明确要求高水平大学肩负着中华民族伟大复兴的任务和使命,这个使命是在我国经济总量的基础以及我国高等教育从大众化到普及化和未来要建设高等教育强国的背景下提出来的,所以"双一流"建设是肩负着新使命继承发展的。

(二)人才培养创新导向

综观政策脉络中关于人才培养的具体内容,发现我国重点建设呈现出重点大学阶段"高层次专门人才","211和985工程"阶段"应用型、创新型、复合型人才",世界一流大学阶段的"拔尖创新人才",转变对人才培养能力要求由专业能力调整为复合能力、应用能力、创新能力,课程知识提出由专业知识转变为专业知识加跨学科知识、创新知识等。重点大学阶段的高层次专门人才能力层面强调专业能力、岗位能力和职业能力,知识层面突出要求专业基础知识、专业发展知识等知识,服务面向主要包括一线生产技术和行业群或职业群。"211和985工程"阶段"应用型、创新型、复合型人才"能力层面强调综合能力、实践能力、迁移能力、创新能力,知识层面加强知识交融性、复合性、交叉性等多学科知识,强调知识结构和能力结构的多重整合优势,不过分强调学科的完整性和系统性,更注重专业素质、能力的培养,将以学科为导向的学术逻辑模式转变为以专业为导向的协同逻辑育人模式,服务面向偏重学科交叉或跨学科的工作。世界一流大学阶段的"拔尖创新人才"能力层面突出创新能力和创新意识,鼓励创新思维范式和思维方法解决办法问题,知识层面强化创新、创业知识的掌握,服务面向科研创新、技术革新、产业更新等领域工作。

从人才培养着重类型来看,这三个阶段都突出对培养高层次人才的要求,"211和985工程"阶段特别加大了博士生培养规模和质量标准,并出台拔尖创新人才培养的专项计划,希望造就一大批不同类型的复合型、创新型人才。世界一流大学继续加大研究生创新能力的要求,特别是原始创新、基础创新、重大创新等要求的基础上,并且着重提出对本科生培养要求。为了适应各类人才培养需要,70年重点建设人才培养历程中,深化理论体系向教学体系转化、教学体系向学生的知识体系和能力体系转化,深化单一培养模式向多元培养模式、协同培养模式转化。

(三)科学研究融合创新

纵观高等教育重点建设70年的发展,科学研究内涵呈现出由重点大学时期的把实验仪器研制和科研技术开发作为科学研究工作范畴,逐步转为

我国重点建设高水平大学政策的演进与创新研究

重点发展高校科研技术创新、知识创新能力协同创新路向,"双一流"建设又转化为更加强调面向国际前沿的融合创新向度。建设趋势呈现出相对脱离产业到对接产业再到驱动产业的内在要求,采取不断深化技术创新、成果转化和技术转移的外在行动,建设方式变革取向体现出从相对单一实验室科研,到以科技平台为重点的方式,再到探索构建产学研深度融合的全链条、网络化、开放式全球协同创新网络联盟。1949年至20世纪80年代这段时间我国的科研都在中国科学院,大学是不鼓励做科研的,只需要把教学和培养人才做好即可。到1978年政策文件中界定的高校科研内容还是教科书、教学参考书的编著和新型实验仪器设备的研制作为主要的科研内容。80年代的学科建设催生了高校科研的职责和要求,高校才开始现代意义上的科研范畴,但是高校科研水平和科研能力较为薄弱。"211工程"和"985工程"建设中,"211工程"建设实际上更多是科研基础条件的改善和配备,而"985工程"则是协同强势学科和院系平台基地加强原创性研究成果和技术创新能力。"双一流"建设深化科教融合、产学研深度融合,以原始创新、重大创新、关键创新为宗旨,加速高校成为创新驱动的策源地。多年来,国家通过构建各类竞争性科研项目等手段,转变科研管理体制机制和制度环境,盘活优质资源支持科研发展,推进科技成果逐步市场化、产业化运作。

(四)学科建设提质增效

重点学科建设核心呈现出由学科建设基本条件的外延表征转变为学科竞争力再到学科生长点、学科生态系统的内涵旨归,学科结构优化体现出由脱离产业到对接产业再到链接产业转型升级的发展趋向,学科建设范围由理工科到基础学科、应用学科、交叉学科、跨学科多元向度再到学科集群的融合发展。我国学科建设是从20世纪80年代之后才真正开始的,但是学科建设是以国家重点学科建设的方式,通过评估给予经费的方式支撑,国家重点学科大部分都是理工科,这是当时的经济体制和时代背景所需要的产物。这个时期学科建设大多意义上属于龙头理念,具体推进学科建设的策略也相对笼统。1995年从"211工程"建设学科开始,突出世界一流学科、世界先进水平学科建设目标,强化对学科重要性认知,增加了这个学科间的竞争性要求,经历"211工程"一期"打基础"、二期"上水平"、三期"求突破"与"985工程"学科平台建设的稳步推进。"双一流"建设中学科得到了空前的重视,提升到与建设世界一流大学并驾齐驱的态势,大量关注点聚集于学科,不论是政府主管、大学校长、院长、系主任、老师,都把关注点放在学科建设上来,学科被认为是大学的组织细胞,要求大学建设以学科为基础,希望以学科为生长点带动高校建设质量。这个时期甚至提倡超学科理念,学科建设不再是单纯的学科本身的建设,而是在大学组织层面上构建学科生态系统,关注学科与学科之间的关系,凸出知识生产时代大学组织层面学科建设的重要性,倡导新理念调控学科关系以及资源配置和制度支撑。

> 现在大科学、大问题需要很多学科一起,学科交叉很重要。任何一个具体问题都需要很多学科的,一个学科是解决不了的。比如武器、材料焊接化学问题,都是在一起研究的,是单一学科无法解决的。但是目前有一种倾向认为单一科学是没有用的,就造成一开始都要学很多科学,交叉学科。是由很多学科来解决问题的,但不是一个人要掌握这么多,靠的是合作。而每一个人一定要把自己的学科精通才能一起合作解决问题。
>
> ——来源于访谈者27

学科结构布局优化和调整的过程中,不断加强与产业发展的关联度和影响度,体现出由相对脱离、对接再到驱动产业转型升级的历程。重点大学阶段学科建设主要根据国家经济社会工业化发展调整,具有显著的计划性特征,突出工科建设需要,遵循国家战略需求发展逻辑。"211和985工程"阶段,加快学科建设对接优势产业,加快完善具有支撑作用的学科优势,拓展学科建设领域,尝试补齐学科短板,开始努力构建全方位、全领域、全要素的学科体系,并且完善学科新增与退出机制。世界一流大学时期更加学科规划的顶层设计,将各种创新要素融合到学科建设中,强化学科建设绩效考核,加强学科及学科集群创新力、生长力、联结力、牵引力的功用,特别是支撑产业转型升级和国家创新能力维度,深化学科建设与产业升级的适应度、贡献力。

(五)师资建设分类培养

综观整个政策脉络,师资管理由静态封闭走向动态开放,从早期的只注重教学能力蜕变为教学科研能力双重发展,对不同类型教师呈现出差异化分配培养扶持政策,特别是针对学科学术带头人、优秀中青年教师、学术团队等教师人员,促进教师分类发展思路(教学科研并重型、教学型、科研型等),并且不断优化教师评聘制度、薪酬制度等。重点大学时期教师分配和流动都是计划性管理,教师主要以教学能力为主,教师校级流动小,教师间竞争小、创新动力不足,呈现出静态封闭的循环特征。从"211和985工程"期间,政府鼓励高校教师职称分类,鼓励加大开发教师的科研潜力,并且拨付专项师资培养经费,统筹分类规划学术带头人、优秀中青年教师、学术团队等培养梯队,并且师资管理由编制转变为聘任制、由身份管理转变为岗位管理、由单位人管理转变为社会人管理,呈现出动态开放的市场导向师资配置模式。"双一流"建设在原来基础上,继续加大教师分类培养机制,但是明确要求高水平师资参与本科教学,鼓励更加市场化的岗位聘用和绩效工资分配制度改革,强调科技成果转化奖励收入改革,构建以知识价值为导向市场化薪酬制度改革。

(六)管理体制放管结合

考察70年来高等教育重点支持的发展历程,组织管理实现"集中领导、统一管理"—"政府宏观管理、学校面向社会自主办学"—"高等教育治理现代化"转变,实际上是走出了管制到解制到治理的变迁,对重点建设是一种项目制管理模式。莫家豪教授认为我国大陆高等教育治理模式主要分为官僚治理、解制型治理、市场型治理,如表44所列[184]。1995年政府明确大学法人地位之后,大学获得一定程度的权利,而且是一种实质性权利,从此高校的自主权不断扩大。综观70年来我国高等教育重点建设历程,我国高等教育治理结构由传统静态统治型结构向现代动态服务性结构转型,从国家单一控制模式向国家宏观治理模式转变,呈现出从全能型政府向有限性政府转变、管制性政府向服务性政府转变,打破了中央集权干预高等教育的所有方面的传统,采取政府和市场共同控制宏观引导高等教育发展思路,对高等教育管理已经迈入有限政府、宏观治理、依法行政的轨道。

表44　我国大陆高等教育治理模式之变迁

政府模式	干预型政府 (Interventionist State)	解制型政府 (Deregulated State)	市场促进型政府 (Accelerationist State)
治理模式	官僚管理 (Bureaucratic Governance)	解制型管理 (Deregulated Governance)	市场型治理 (Market Governance)
政策趋势 及形式	集中权力 (Centralization) 国家控制 (State Dominance)	下放权力 (Decentralization) 多元化/多样化 (Diversification) 动员非国有力量 (Mobilization)	市场化 (Marketization) 私有化 (Privatization) 社会力量为主 (Societal-Source-Led)
管治工具	干预型管制 (Interventionist Regulation)	介入型管制 (Interfering Regulation)	规范下自我管制 (Regulated Sel-Regulation)

重点大学时期高等教育具有精英主义为特征,政府从系统层面对高等教育进行干预和管控。新中国成立初期,我国走的是重工业优先发展的计划经济道路,改革开放以来,我国在制度结构总体稳定的前提下实现了从计划经济体制向市场经济体制的转型,引入市场元素和竞争机制成为此后公共政策结构转型的必须考量的因素[282]。高等教育管理体制跟随经济体制改革做出相应调整,虽然高校的办学自主权也在不断增强,特别是在招生、教师聘用、科研项目向度等方面,但是政策设计和政策执行中政府保留了绝对权威,而且政府始终通过计划和市场两种方式主导着整个政策延续与革新。重点大学阶段虽然经历了"集中计划"到"统一计划、条块结合"时期,再到"统一领导、分级管理"的系列办学调整,但是本质上政府包揽办学的格局仍然没有转变。

虽然1985年《关于教育体制改革的决定》第一次在官方文件中提出扩大学校的办学自主权,但是整体来看这一阶段高校属于全额拨款的事业单位,没有独立的法人地位,政府将高等学校纳入科层体系,享有正式的科层控制权,并具有业务管理控制权,高等学校人事关系受到政府严格的程序控制,对高等教育质量的控制依靠的是政府的投入方控制,资金管理上也实行严格控制,高等学校实际上成为政府附属部门[185]。"211和985工程"阶段办学体制进一步改革,尝试建立现代大学制度,鼓励政校分开、管办分离,深化落实和扩大学校办学自主权。1995年《中华人民共和国教育法》规定学校具备法人条件,高校从此拥有实质性权利。此外,"211和985工程"阶段开始建立专项工程领导小组和办公室,而且决策程序规范愈加科学化和透明化,从组织上和领导上加强协调沟通,提高政府决策的科学性,加大高等教育重点支持工程的透明度和规范性。"双一流"建设重点提出高等教育治理现代化的取向,加大高等教育治理体系和治理能力建设。从治理的源起看,治理是在市场机制和国家干预出现低效甚至失败的背景下产生的,我国高等教育正处于由管理走向治理的过渡阶段[186]。

虽然我国对高等教育重点支持借鉴了儒家社会精英控制的传统和长期的精英选拔传统[187],但是组织管理另外一个变化显著的特征是重点支持高校的遴选机制更加科学化。目标群体对政策的重要性,不仅局限于对政策设计和政策内容的关注度,而且推动着对决策过程在社会系统中的知识建构和规则重塑。重点大学以政府直接指定为主,"211工程"建设是政治过程与专家评审(淘汰性评审)相结合,"985工程"是通过政治过程和非公开竞争方式(专家非淘汰性审核)[188]。"双一流"院校选择主要通过政治过程、公开竞争方式、专家评审(淘汰性评审)相结合的方式,而且"双一流"建设打破了以往有进无出的旧例,对于建设过程中出现重大问题、不再具备建设条件的高校及学科,调整出重点建设范围,不再获得重点支持的资格。回溯整个政策的发展历程,可以发现专家委员会的作用越来越凸显,重点大学阶段遴选中没有成立相应专家委员会,"211工程"增加专家论证环节,"985工程"设立"985工程"专家委员会,"双一流"设立世界一流大学和一流学科建设专家委员会,并且"双一流"建设从中期检查开始就引进第三方评价,在遴选过程中逐步建立专家咨询论证监督与政府决策相结合的遴选机制,进一步增加了遴选过程和建设过程的科学性。

(七)融资模式趋势多元

我国对高等教育重点支持采取的资源集中方式,重点支持的融资模式跟随国家社会经济发展显著转变,经历初期"荣誉分配模式"—"教育部和其他部委合作专项补助"的双重融资模式—"国家、部门、地方和高等学校共同筹集"的四重融资模式—分类的"国家、地方"多元融资模式。20世纪50—70年代重点大学更多是"全国一盘棋"思想的产物,80年代开展引入经济领域思维,非均衡化思维在"211工程""985工程""双一流"中有共性存在,强调拉开距离的思路。从国家的视角看,教育资金的"钓鱼"效应愈加明显。其一,授予地方配套权,重点建设要求地方政府按照一定比例配套资金给予支持,特别是发达地区的配套资金有实质性参与意义。"教育工程"的实践大大激发了地方政府投入高等教育的积极性,而且成绩斐然。其二,动员基层力量。国家部门拨付的资金用意非常明显,要发挥"四两拨千斤"的作用,而来自高校内部的力量才是最为根本性的。动员地方财力,是"教育工程"的重要意图之一。有的学者用"自上而下的钓鱼工程"来比喻这样的情况:上级政府拿出少量的资金作为"诱饵",鼓励下级政府或者基层单位多方筹集经费来完成某项工程。[226]

> 1954年重点大学,用少量钱办好大学,培养精英领军人物。这从某种程度看,在当时比较快的办法。我觉得现在应该逐渐加强教育的投资,在国民经济占4%是过去要求,教育投资应该多一点。随着经济发展应该逐渐趋近于公平化,这并不容易,经济还不够发达,需要过程。现在"985""双一流"应该还是支持的重点,但也要在数量上处理好,需要好好研究。
>
> ——来源于访谈者27

融资渠道差异。新中国成立初期的重点大学建设是没有专项资金补助的,是一种意识形态的荣誉分配政策模式,对高校层次、学位授予等进行荣誉分配,对人员编制、基本建设、招生分配等给予倾斜性分配[189]。1984年开始,国家重点建设项目开启了专项经费支持的教育投入双重融资政策模式,国家计委从国家整体上统筹安排,主要以"教育部和其他部委合作专项补助"为主。"211和985工程"都是采用专项经费拨款形式的"国家、部门、地方和高等学校共同筹集"的四重融资模式,拨款经费来源和分类更加多样,不仅调动中央政府和主管部委的积极性,而且加大了对地方政府和高校自身参与度的要求。"双一流"建设采用中央专项资金与地方财政统筹相结合形式[289],因为"双一流"高校中包括部分地方高校,针对中央高校,中央财政将中央高校开展"双一流"建设纳入中央高校预算拨款制度,地方高校开展"双一流"建设主要通过地方财政统筹安排,"双一流"建设拨款强化通过绩效表现而动态拨款的模式特征。70年来融资模式的变化本质上与国家经济实力息息相关的,纵观整个融资模式的变化,呈现从单一到多元的变化特点,逐步减少了对中央公共财政的依赖度,增强建设高校自主资金和其他可由高校按规定自主使用的资金的统筹权与使用权。

投资金额和资助强度也不同。其一,投资金额差异大,"985工程"显著高于"211工程"。"211和985工程"都采取了国家、部门、地方和高等学校共同筹资的方式,但是投入力度和资助强度很不相同。"九五"期间"211工程"建设资金总量为108.94亿元(196.08亿元,此处为"211工程"发展报告中的"九五"期间数据),而"985工程"一期建设总共投入255亿元(郭新立《中国高水平大学建设之路——从211工程到2011计划》中为268.7亿元),二期建设计划投入426亿元(中央189亿、部门与地方140亿、学校自筹97亿),三期建设预计投入200亿元,三期建设总共投资881亿元。其二,投资强度差别大,同层次组内差异小,不同层次组间差异大。例如,"211工程"一期北京大学获得建设资金1.25亿元,"985工程"一期北京大学获得资金18亿元。这些差别表明,"211工程"为"985工程"奠定了基础,"985工程"要在"211工程"的基础上更上一层楼。[290]从"985工程"的高校名单来看,这些高校大体可以分为三个层次:争取达到世界一流水平的大学;争取达到世界先进水平大学的大学;与地方政共建的重点高校。层次之间的拨款方式和数额存在较大的差别而每个层次内部的差异很小,因此可将"985工程"的类型归纳为各层次内部的分配性政策,及各层次之间的再分配性政策。"985工程"的制定过程同时具有分配型政策和再分配型政策的典型特征[190]。

(八)国际交流纵深发展

国际交流与合作是建设世界一流大学的重要方面,综观70年来的发展脉络,是我国高等教育不断扩大对外开放程度和开放领域的过程,我国高等教育交流对象体现出从一维向多维转变,交流合作形式从有限方式向多元拓展转变,交流层次从简单交流向纵深合作发展,国际交流理念呈现出从单向模仿借鉴向平等互动交流再转变为强化中国话语体系转向。早期重点大学阶段,我国高校的国际交流是以聘请苏联专家来华形式为主,突出的特征就是单向模仿学习苏联高等教育经验。20世纪七八十年代,我国高等教育才正式开启了国际化发展思路,鼓励出国学习、进修、访学、参加或举办国际会议等内容,逐步由原来与苏联的双边关系转为与欧美国家合作的多边关系。从"211工程"开始,我国高等教育重点建设着眼点开始投向国际社会,逐步探索多领域、多层次、多方式的国际交流合作模式,在原有多国合作基础上从数量规模跃升为质量规格要求,一方面引进国外优质资源,另一方面倡导我国高等教育走出去思路。"双一流"建设全方位深化多领域合作,强调与世界各国就高水平人才联合培养、科学联合攻关、国际协同创新等展开实质性合作,并且加大了参与国际规则和国际标准制定的力度,不断彰显中国话语体系和发展理念的地位和作用。随着全球一体化步伐加快,国际交流与合作是大学发展的必然趋势,政府强调高水平大学师生互动、项目合作、会议交流、合作办学等国际交流合作要求已经成为一种常态路向。

第五节　政策内容价值取向

美国著名公共管理专家胡德教授认为新公共管理的特质应该包括在公共部门中引入竞争机制,降低管理成本,提高服务质量;强调对资源的有效利用和开发等[155]。我国高水平大学政策的价值观是教育政策制定者及其所处的社会对教育政策活动中价值关系的根本性总体认知,隶属于价值取向的核心内容,本质上是政策制定者把政策目标具象到政策内容中的集体性价值观选择,体现着政策的主要价值偏好[1]。高水平大学政策内容合法性本质上是指价值选择符合我国法律法规以及社会价值观的存在基础,是评价价值选择的正当性、有益性、公正性是否符合国家需求、社会需要的内在尺度和外在表征,来自政策客体对政策价值选择的认可、承认乃至自觉地服从[1]。我国高水平大学政策的价值选择直接决定了政策的性质、方向、合法性、有效性的程度。现有研究的常规分析多侧重于政策内容的表面形态研究,关注的焦点多为事实性问题,而对实质性政策价值的本体形态研究则比较少。因此,本部分通过70年来我国高水平大学政策演进与特征的深入分析,并且经过对多名专家的深度访谈调研,着重对我国高水平大学政策内容进行价值分析。

一、提高办学质量的价值取向

70年来我国高水平大学政策内容本质上是一个不断提升高校办学质量的迭代过程,价值导向旨在以重点扶持高校的人才培养和科学研究质量提高此类高校的办学质量,并希冀以重点扶持高校为典型,带动整个高等教育系统的质量。经过对所有文本的分析,可以发现,质量主要包括三层范畴:人才培养质量、高等学校办学质量、高等教育质量。

(一)人才培养质量

我国高水平大学政策人才培养的第一位价值取向就是培养思想上认同国家政策方针和社会主义意识形态的高水平人才,这是一个基本的价值取向,也是由我国政体和国情所决定的。从重点大学政策建设伊始到现在的"双一流"建设,对人才培养的基本价值追求就包含着培养社会主义建设者和接班人的内在价值理念,首要标准就是坚持正确的政治方向、具有高尚品德、对社会主义制度价值认同的人才,主要通过提高教育教学质量来达到价值导向,并且把这种理想信念作为人才培养一以贯之的内涵标准。虽然这种价值理念始终作为最基本的价值准则而存在,在政策目标和政策内容中也非常凸显,但是人才培养的中心任务在顶层规划和政策执行中却存在着人才培养地位漂移的现象,特别是拨款中出现科研第一位的现象,人才培养在"211和985工程"阶段的中心地位被弱化,存在建设任务的核心、重点拨款的核心、政策执行的核心出现偏差的矛盾,这也是我国高水平大学政策设计中存在的不足。世界一流大学阶段如何把握人才培养核心,需要从顶层规划上进行优化调整。

(二)高等学校办学质量

1995年《"211工程"总体建设规划》就提出重点建设任务之一是学校整体条件。通过对重点大学阶段、"211和985工程"阶段分析可以发现,我国高水平大学政策针对高校办学条件偏向显性的实验室、公共设施等硬件基础设备和科研平台保障性方面,而针对影响办学质量的理念、文化和制度环境等隐性的价值观念却没有很好地得以落实。孙绵涛教授[191]指出"双一流"政策从微观上来说,"双一流"大学建设不是一系列量化的数字指标的达成,而主要是一些非量化的文化指标和制度指标的建设,例如大学精神、大学文化、现代大学制度等,进而形成调动各方积极参与的长效建设机制。因此,未来"双一流"建设办学质量与建设重心如何调整有待深入研究。

(三)高等教育质量

从1954年第一份重点大学政策《关于重点高等学校和专家工作范围的决议》开始就明确要求促使重点高校先走一步,以此带动其他整个高等教育质量提高,旨在通过高等教育重点建设带动高等教育系统整体发生质的改变。2015年《统筹推进世界一流大学和一流学科建设总体方案》中要求"统筹推进世界一流大学和一流学科建设,实现我国从高等教育大国到高等教育强国的历史性跨越"。孙绵涛教授[191]指出"双一流"政策应该具有更高更远的终极价值追求,政策要重视政策的内在价值、理想价值和隐性价值,宏观来说,"双一流"建设应该带来国家高等教育体系的整体优化,建立良性有序、分类发展、充满生机的高等教育生态体系;入选的"双一流"大学应该通过一流学科的建设来引领高校健全学科生态体系,从而带动学校一流学科与非一流学科的整体协同发展。从政策文本分析可以发现,我国高水平大

我国重点建设高水平大学政策的演进与创新研究

学政策的理想价值取向是通过建设高水平大学提高高等教育系统整体质量和竞争力。但是批评者认为这种重点建设做法无形中拉大了不同层次高校之间的名誉分配和资源分配,对于这种重点高校带动高等教育系统整体优化的命题真伪值得商榷,价值冲突、价值割裂、价值隔阂日益显著。这70年来受到主客观条件的制约,不同相关主体的各种利益诉求和利益表达越来越受到政府的重视,传统价值观念出现失范现象,各种价值观念呈现出愈加显著的冲突和博弈问题,未来政策走向很大程度上取决于价值冲突、价值平衡和价值整合的过程。

二、注重效益优先的价值取向

通过对政策文本的分析可以发现,我国高水平大学政策旨在提升办学效益,扩大重点支持高校对高等教育系统和国家社会发展的影响力和贡献度。其一,效益。政策效益主要指政策实践对社会发展的贡献度。经过对所有文本分析,效益主要与办学、提高、工程、教育质量、使用、管理、资金等联系密切。其二,效率。政策效率是指投入产出的比率,蕴含着以最少投入、获得最大产出的隐性要求,存在着追求边际效应最大化的宗旨。经过对效率的分析,发现效率主要与管理、使用、创新、资源等联合出现。在政策分析领域,效率主要是指投入与产出的比例,而效益的含义包容性大于效率,不仅包括效率的基本内涵,还包括政策效果对社会的贡献及其正向价值。"效益优先"的基本含义是教育政策活动要实现教育资源配置的最大效能,提高教育资源利用效率,追求教育经济效益和社会效益的最大化[1]。通过分析反映出70年来我国高水平大学政策价值选择主要以效益优先为主,即旨在通过教育资源的宏观配置和微观调控,促使高等教育资源发挥最大作用,提高高水平大学在社会发展和国家建设中的贡献程度。

通过对近70年的高水平大学政策中"效益"的分析,我国高水平大学政策效益主要包含办学效益、工程效益、资金使用效益、管理效益四个层面。第一,办学效益,要求提高高水平大学办学质量扩大高校在社会发展的作用,特别是培养高水平人才和高质量成果方面。第二,工程效益,主要指高等教育重点建设工程在经济、社会、文化方面的影响和作用。1995年《"211工程"总体建设规划》中指出"211工程将对提高我国高等教育水平,加快国家经济建设,促进科学技术和文化发展,增强综合国力和国际竞争能力,实现高层次人才培养立足于国内具有极为重要的意义,是增效益的工程。"第三,资金使用效益。由于高等教育资源相对稀缺和分配存在结构不均衡等问题,因此高水平大学政策要求提高资金使用效益,扩大高等教育资源的共享程度,进一步提高资金的合理配置和优化程度。在《"211工程"专项资金管理暂行办法》《"211工程"专项资金管理办法》《"985工程"专项资金管理办法》《中央高校建设世界一流大学(学科)和特色发展引导专项资金管理办法》等政策文件中对明确要求提高资金使用效益。第四,管理效益,旨在提高对高水平大学管理水平和管理能力,构建高等教育治理格局和能力体系。例如孙绵涛教授[191]从中观价值取向上指出一流大学建设的当务之急不是制定建设的时间表,不是下达一流建设的指标或任务,而是以行政权、教育权、学术权分离为原则,构建和完善学校内部治理结构,释放高校办学活力,激发所有师生的教育与学术梦想。

> 价值取向的话我认为目前我们有点太偏重于实用主义,对效率的追求和对数字的追求,体现出很注重实用主义的价值取向。我觉得在未来的建设中怎么样把我们中华文明的价值体系加入当中,说到底可能还是回到了怎么去实现这个服务的职能。高等教育实际上是一个半公众产品,怎么样引入市场机制使高等教育产生更多的竞争性,我觉得在顶层设计方面是有必要的。
>
> ——来源于访谈者15、16

三、追求创新驱动的价值取向

(一)创新型人才培养价值选择

通过对"211工程"的政策文本分析就可以发现,通过创新型人才服务经

我国重点建设高水平大学政策的演进与创新研究

济社会发展已经成为国家基本价值取向之一。从"211和985工程"阶段就开始正式确立了高等教育重点建设培养复合型、应用型、创新型人才,世界一流大学阶段明确规定为拔尖创新人才,这都体现出高水平大学对人才培养创新向度的价值追求。钱颖一[192]认为我国之所以缺乏创新型人才,就是在价值取向上太急功近利、太功利主义、急于求成的心态,他指出创新动机的三种价值取向,即短期功利主义、长期功利主义及内在价值的非功利主义:对短期功利主义者而言,创新是为了发论文、申请专利、公司上市;对长期功利主义者而言,为了填补空白、争国内一流、创世界一流;而对内在价值的非功利主义者而言,创新有更高的追求,追求真理、改变世界、让人变得更加幸福。我国高水平大学政策文本内容中创新型人才培养体现出长期功利主义取向,但是在政策执行和实践中往往演变为短期功利主义的行为特征。由此,我国创新型人才培养应该秉承更高的价值取向,坚持以颠覆性创新和革命性创新为导向,亟待从教育教学方法的系统性革新打破创新型人才培养的瓶颈和壁垒,规避短期功利价值取向带来的弊病。

> 人才培养的价值取向主要是强调立德树人、创新人才培养、多元化发展。高等教育的资源相对来说是有限的,我们在人才的培养上动力不足,冲突就是一个模式培养人才,动手能力太差不能解决实际问题。高等教育结构调整培养了动手能力不足的人,在实践当中可能用不了。所以怎样去解决?加强高等教育瞄准用人市场,瞄准重大需求,也要瞄准我们的国际前沿。对于人才的培养是要分层次的,社会对于人才的需求也是分层次的,通过高质量的创新型人才的培养来带动其他人才的培养,我觉得应该从高等教育的结构去理解这个方面。
>
> ——来源于访谈者15、19、22

(二)科研创新的价值选择

我国高水平大学政策中科学研究的价值追求是通过科技创新推动科技进步,通过技术、知识、人才、设备等创新资源整合和优化提升,从整体上提高高校作为创新主体的创新能力和竞争能力,特别是自主创新、原始创新、基础创新等,并且希冀通过创新成果转移转化为经济领域应用来扩散创新的价值链路和实际效用,促进经济发展和社会进步[193]。有研究表明,在全球化时代一个国家取得成功的关键因素是如何有效地吸收各种知识实现快速发展,以及如何利用各种技术解决迫在眉睫的社会挑战。世界一流大学具备开展优质教育和研发领先科技的条件,在培养专业人员、科学家、研究人员方面发挥了重要作用,也是培育新品种、新材料、新能源的关键所在,能够通过知识创新促进国家创新体系的建构[194]。事实上,美国世界一流大学之所以取得举世瞩目的成绩,不仅归结为它的财富,更重要的是围绕社会相关以及实用的学术工作与科技创新转化能力[24]。《国家创新驱动发展战略纲要》指出,我国要于2020年进入创新型国家行列,到2030年跻身创新型国家前列。诚然,高校作为创新主体,功能得以实现的先决条件是通过知识转化、科技成果转化服务来体现的,大学人才培养、科学研究和社会服务等引领国家发展的功能是建立在新技术、新科技、新方法在社会中广泛应用的基础之上的。因此,我国高水平大学政策中科学研究的价值判断是基于科研的工具效用价值,旨在追求科研创新的能动性,发挥对国家社会发展和科技进步的驱动作用。

（三）论文导向的价值选择

从"211工程"开始我国高水平大学政策开启了以科学研究为导向的重点建设政策,由此重点高校争相展开各类科学研究活动。由于各大世界一流大学排名指标的影响以及在重点建设的科研项目申请、科研成果评价机制、重点学科遴选和评价、重点建设工程验收等方面,都呈现出典型的以论文导向的价值选择,特别是SCI、SSCI、EI等。源于缺少世界一流大学的评价标准和科研成果评价机制的掣肘,政策实践中出现直接以西方社会主流刊物为导向的评价准则,看似是快速对接国际标准的有效使用方法,但是这种以欧美盛行的学术刊物和学术标准评鉴我国高校的方式是福音,却也是祸害。我国高校寻求国际水平是无可厚非甚至是必要的,但是问题在于国际性刊物往往遵循它们的方法论和主题偏好,未必对发展中国家的研究感兴趣。这样就无形低估了发展中国家科学成果的水平,而且对这些国际外部规范的过度依赖可能会扭曲发展中国家的学术道路,可能对发展中国家院校和学术职业带来不切实际的期望[195]。参照欧美主导的国际学术体系可能带来过度依赖国际标准和外部力量而迷失自我的风险,不利于我国高校形成有效的自我学术能力建构策略。如果高校过分追求科研论文产出,不能正确处理好科研论文、技术转化之间的关系,那么很容易陷入办学理念定位和行为误区之中。如果量化考核过度以科研论文为主,忽略科技成果转化应用,可能会导致高校工作重心与其社会责任背道而驰,偏离了其社会服务的宗旨。这种做法既不符合我国建设世界一流大学的初衷,也违背了学术研究和科研产出的生态规律,其结果会对我国经济社会发展、创新驱动战略产生负面影响。有人曾统计过莫斯科大学在1950—1990年这40年里,在CNS(Cell、Nature、Science)上共发表论文21篇,却出了10位诺贝尔奖获得者和3位菲尔茨奖获得者[196]。虽然2020年2月17日科技部颁布《关于破除科技评价中"唯论文"不良导向的若干措施(试行)》,改进科技评价体系,破除科技评价中过度"唯论文"的不良导向,但是如何构建科学合理的科研评价导向仍然任重道远。

第五章　我国重点建设高水平大学政策工具研究

20世纪90年代以来国内外公共政策研究开始注重政策工具的研究,相关研究已经从概念化范式转为操作性实践范式,成为政策研究领域的核心焦点之一。政策工具是提升政策效能的有效手段,是对政策实践进行建构的过程,成功的政策需要动态调整政策工具以增强它与政策的匹配性和适用性。在我国建设世界一流大学的过程中,政策工具是保障一系列指令规则得以落实的关键,促进了政策目标的实现和政策内容的执行。本部分着重对政策工具内容、分类、特征等进行系统研究。

第一节　重点大学阶段政策工具

一、政策工具组合

(一)命令工具

第一,命令工具内容。这个阶段命令工具占比最高,为52.4%,占一半以上。说明重点大学阶段政策工具主要以命令工具为主。命令工具主要包括要求、规定、标准、评价、监管等文本表义。重点大学建设初期,命令性工具主要运用在领导体制、建设原则、办学方针、办学层次、办学领域、制度规划、政治素质、师资配备、建设任务、人才培养类型和规模等方面,20世纪80年代以后重点大学建设包容了重点大学、重点建设项目、重点学科等,在继续沿用先前政策工具干预的基础上,命令工具还被运用于重点建设项目、重点学科的申报资质要求、建设规模、评选标准、组织管理、检查评估以及高校组织机构审批、标准规范方面。

第二,命令工具特征。这个阶段政府采取各种计划性行政命令推行高水平大学政策,命令工具最突出的特征是自上而下的强制性、管制性政令,依托于国家法定权力强制实施各种管制行为。由于新中国成立初期,我国特定的历史时期和国际环境,重点采用命令工具在有限资源中集中力量支持部分高校发展确实能够有效解决任务明确的问题,取得了较为良好的显著效果,强化了政府对高等教育的控制功能[54]。虽然20世纪90年代政策文本中提到政府转变,改善对学校的宏观管理,下放部分权限给高校,但是总体而言,高校自主权比较有限。这个时期命令工具作用主要体现在发展重点大学的目标明确,政府可以不必预先清楚政策对象的偏好,就可以制定政策客体遵守标准,比较容易操作和管理,比其他工具成本低、效率快、更直接,能更好地宏观调控政策行动与计划安排。

> 命令工具反映政府的意志是强制性的,是属于强制型的一种,这是第一个特点,第二是一种上对下的必须完成的要求,如果不做是要受到惩罚的,所以命令型归为强制型里面。一个是自上而下的,一个就是强制性的,第三个就是计划性的,至少有三个特征,因为目的工具都是带有计划性的,强调计划性。

——来源于访谈者21

(二)能力工具

第一,能力工具内容。这个阶段能力工具占比为19.8%,仅次于命令工具。重点大学阶段能力工具主要运用在苏联专家使用分配、教师劳动时间安排、教师补充资格、校舍图书馆等物质条件支持、仪器设备及实验室建设等方面的支持,作用主要体现在引导和扶持高校顺利开展教育教学、科学研究等高水平建设相关活动,让重点大学获得更多优秀师资、基础设施等方面,加速重点大学自身建设质量,培养出更多优秀人才服务国家各行业建设。

第二,能力工具特征。这个时期的能力工具体现出直接支持基础条件建设的特征。因为能力工具成本低、效率快,而且直接提供容易确定,避免了间接提供带来的很多麻烦,所以我国在这个时期选择能力工具作为命令工具的辅助政策工具,在苏联专家分配数量、从毕业生中师资补充、实验室以及设备建设等方面直接履行政府职能,提供各项短期直接的政策倾斜、人力和物质保障等。

(三)变革工具

第一,变革工具内容。这个阶段变革工具占比为9.4%。变革工具是指通过体制改革、权力重组等管理体制改革等进行调控。重点大学阶段变革工具主要应用于高等教育办学体制、管理体制、投资体制、高校领导体制机制、领导关系、高校领导工作分工、系主任制度、学术委员会、毕业生分配制度、科研评审评估、人事制度、分配制度、硕博士点审批评估制度等方面。通过以上方面的体制机制改革等形式,对高等教育相关权利进行调整和重组。

第二,变革工具特征。这个时期变革工具的使用具体辅助集权化管理的特征。根据艾莫尔的理解,变革工具使用形式是通过权力的转移引导和改革组织机构行为,其期望的效果是通过组织架构变化提升效率或权力转移引起政治权力的重新分配[197]。因此新中国成立初期的国内外复杂形势和新政权的建立,需要加强对高等教育的管理和控制,因此综观整个政策脉络可以发现,重点大学时期是部委办大学的形式,变革工具的具体方式和行政手段奠定了高等教育的权力架构和重点建设的组织雏形,特别是70年来研究生院制度、党委领导下的校长负责制、办学体制、投资体制等方面是没有发生本质变化的。

(四)劝告工具

第一,劝告工具内容。这个阶段劝告工具占比为12.7%。劝告工具是指对高校地位、实验室、教师身份、学科等符号和身份的规劝、鼓励、号召等。重点大学阶段劝告工具主要运用在重点大学、重点建设项目高校、重点学科、重点实验室身份认定及号召中央高等教育重点教育方针和鼓励各类教职员工进行教育、科研、劳动和鼓励留学生回国、社会资源参与高校建设、科技成果转化等。

第二,劝告工具特征。劝告工具的使用包含着对"卓越"机构的认同与强调,在高等教育领域声望是传递学术水平与能力的重要信号,重点大学、重点学科、重点实验室等就是一种规劝工具[54]。劝告工具中身份认定的对象通常被高等教育重点建设行动视为重要事宜或优先事项,对高等教育机构发挥着规劝和导向的作用,经常成为社会选择评价的重要依据和身份标识。劝告工具在政府发布介入导向信息基础上,伴随着规劝、说服、宣导的政府行为色彩,力图改变组织机构的行动偏好,而不仅仅是提供信息期待发生变化,具有灵活度高、成本低的优势[103]。我国重点大学劝告工具包含着浓郁的计划经济色彩下政治论的认知和定位,彰显了集中力量办大事的重点论思想在高等教育领域的应用,也是通过这种意识形态推进和控制高等教育领域发展走势的重要手段。

(五)激励工具

第一,激励工具内容。激励工具占比为5.7%,是占比最小的。激励工具是指通过鼓励和诱导高校发生变化来实现其使命追求,主要包括拨款、奖励、补贴等形式。激励工具主要使用在设备费、校舍建设费、建设效果良好高校的奖励、专项补助投资、部委投资、经常性费用、公共设施费、科研事业费、基础性研究投资、教师工资和住房等福利、贷学金、奖学金、专项基金、世界银行贷款等。高校经费改列就是激励工具使用的一项重要内容,自1958年起教育部掌握的中央各部门所属重点高等学校专项科研经费,改列为高等学校博士学科点专项科研基金,改变以往按博士点数"切块"划拨各主管部门的做法,实行基金制管理,择优支持这些学校的博士学科点科学项目。

第二,激励工具特征。激励工具在重点大学建设时期相较于其他工具而言,作用没有特别显著,重点大学阶段前期主要是荣誉分配,从1984年重点建设项目开始激励工具的作用才愈发显著。重点建设项目专项补助的激励工具开启我国高等建设重点建设项目的专项经费模式,激励工具拥有可接受性强的特点,受益者只集中于少数机构,常规来说受益者会强烈支持,反对者一般也会比较微弱。

二、政策工具网络

通过 Atals.ti 软件对重点大学阶段政策工具进行质性编码,获得此阶段政策工具的编码矩阵,为了深化研究政策工具的结构及关系,本部分从整体性和个体性两个方面对编码矩阵进行网络可视化研究。

(一)整体性

重点大学建设了近40年的历程,共发布了28份文件,使用了5种政策工具。图25表示了重点大学阶段政策工具的使用情况,这是一个全连通网络,没有节点是孤立的,表示所有不同政策工具都是互相依存,互相支撑的。密度是社会网络分析中最常见的测度。网络密度表征着各个节点联系的强度,数值越高代表着不同节点之间联系越多,关系就会越密切。第一,重点大学阶段政策工具整体网络密度为1。网络凝聚系数1,从而说明各个节点之间的联系强度均比较大,整个网络属于一个全通网络。第二,在这5个政策工具中,其中命令工具、能力工具节点较大,说明这两个政策工具被使用的次数相对较多,在文件中起着核心的作用。而变革工具、劝告工具和激励工具节点较小,说明它们参与政策工具合作网络的次数相对较少,处于网络的边缘位置。第三,政策工具合作网络是指不同政策工具间合作关系和差异的网络图谱。网络链接频数中命令工具和能力工具的连线最粗,说明重点大学阶段命令工具和能力工具合作使用最为频繁。其次是命令工具和变革工具、命令工具与劝告工具的连线较粗,说明这两种政策工具的组合使用也很频繁。而劝告工具和激励工具的连线最细,说明这两种政策工具合作使用的频数是比较低的。总体来看,虽然政策工具图谱具有非均衡化的特点,但是与下一个阶段相比较而言,非均衡化之间的偏差相对较小。

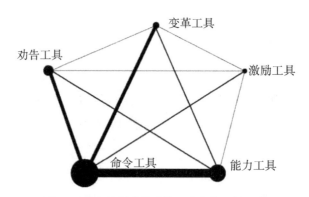

图25　重点大学阶段政策工具合作网络图谱

（二）个体性

经过Ucinet运算得到表45。其一，从点度中心度可以发现，命令工具居于最核心位置，说明重点大学建设过程中命令工具具有核心地位，不仅具有重要的核心领导作用，而且具有重要的桥梁沟通连接作用。其二，每种政策工具的中间中心度和接近中心度均为0和4，说明在重点大学阶段每种政策工具都扮演着同等重要的中间连接作用。

表45　重点大学政策工具中心度比较

序号	政策工具	点度中心度	中间中心度	接近中心度
1	命令工具	13993.00	0	4.00
2	能力工具	9359.00	0	4.00
3	变革工具	6134.00	0	4.00
4	劝告工具	4628.00	0	4.00
5	激励工具	2764.00	0	4.00

第二节　"211和985工程"阶段政策工具

一、政策工具组合

（一）命令工具

第一，命令工具内容。这个阶段命令工具占比最高，为53.2%，在一半以上。命令工具这个时期主要应用在高等教育管理体制、教师岗位设定、引进人才标准、人才培养规格类型,以及重点建设工程任务、原则、申报条件、审批要求、项目管理、中期检查、验收管理、绩效评价和专项资金管理规定等。相较于重点大学,这个时期出台了"211和985工程"重点建设项目,加大了建设的规范性管理要求,特别是实施管理办法和专项资金管理办法类文本,在这类文本中大量使用命令工具,做出各类具体要求、规定等。

第二,命令工具特征。这个时期命令工具仍然是主导高等教育重点建设、影响各类建设行为的最有力的工具,但是这个时期的命令工具具体规定和管理的类型有所下降,政府开始给高等教育松绑并给予更多自主权,不再频繁使用于微观或是中观的规定,而是更加注重宏观使用各种管制手段和放松管制趋势,开始从强制向解制转变的特征。这主要与建立政府宏观管理、分类管理等改革息息相关,退出对高校课程设置、专业设置、就业分配、教师聘任等计划性事宜的管制,强化了对重点建设任务、建设原则、过程实施的管理要求。

（二）能力工具

第一,能力工具内容。这个阶段能力工具占比为25.4%。这个阶段能力工具较上一个阶段使用比例有所提高,主要面向"211和985工程"的基础办学条件、学科建设、科学研究发展、协同创新等方面,对入选高校进行针对性倾斜、引导、扶持等。能力工具主要用于教学和科研基础设施条件、文献和计算机系统、科技创新平台、哲学社会科学创新基地、学术带头人和学术新人扶持、公共服务体系、信息化平台、工程建设中心、高新技术产业基地等。

第二,能力工具特征。这个时期能力工具调整引导向度有所变化,一方面在对基础条件扶持基础上,加强信息化服务体系建设的倾斜,体现出对学科建设和科学研究的支持;另一方面能力工具在直接供给的传统模式下,结合间接引导的方式,加入了对高校中长期发展潜力和能力的思考,说明这个阶段推进高水平大学建设不断给予高校更多自主空间,也加强了对高校短期、中期、长期的顶层设计。

（三）变革工具

第一，变革工具内容。这个阶段变革工具占比为7.4%。这个阶段的变革工具主要表现在办学体制改革、管理体制改革、教学改革、教师聘任制度、科研考核机制等方面，特别是以机制体制改革引领创新发展，提升高校创新能力竞争力和贡献力，坚持政府主导和市场机制相结合的方式，变革制约高校创新能力的体制机制壁垒，加快世界一流大学建设步伐。

第二，变革工具特征。这个阶段变革工具体现出放管结合的特征，政府把科研考核权、专业设置权、教师聘任权等下放给高校，扩大了高校的办学自主权。因为这个阶段鼓励体制机制创新，推行政校分开、管办分离，转变政府宏观管理职能，开始改革过去单纯依靠行政手段进行管理的办法，加强管理的科学性，减少盲目性，激发高等学校的工作活力。

（四）劝告工具

第一，劝告工具内容。这个阶段劝告工具占比为6.8%，是占比最小的。这个时期劝告工具一方面主要用于对入选重点建设工程高校地位、学科、实验室等符号的认定规劝，另一方面鼓励地方政府支持建设重点工程、高校引入社会资金、高校教师和学生创新、扩大国际交流合作、开展精品课程、高水平教师承担教学任务、研究型大学加强科学研究、创新人才培养、专业认证、学科评估等方面，并且号召各类高校向取得优异成绩的重点建设高校模仿学习。

第二，劝告工具特征。这个阶段劝告工具在身份符号认定基础上，加大了劝告工具中鼓励的使用意图，鼓励有条件的部委、地方、高校、企业筹集建设资金，旨在形成政策和资金多元支持格局，发挥社会各方联动参与重点建设工程的集聚合力效应。此外，这个阶段劝告工具在创新理念向度也使用频繁，特别是高校培养创新人才、科研创新、创新成果转化、学科创新竞争力等方面的规劝和鼓励。

（五）激励工具

第一，激励工具内容。这个阶段激励工具占比为7.2%。这个阶段激励工具主要运用于"211工程"建设资金、"985工程"建设资金、中央专项资金、科研和教学奖励基金、博士专项奖学金、教育经费投入管理、留学资助、基础设施贷款、研究生科研创新资助、特聘教授奖金、创新团队资助、优秀人才支持计划资助、青年骨干教师资助、人才工作专项基金等。这个阶段的激励工具更加明确具体,例如重点建设工程来源范围、配备比例、支出范畴等,"211工程"三期就明确指出"211工程"三期建设资金由国家、部门、地方和"211工程"学校共同筹集,中央计划拨款专项资金100亿元,由国家发展改革委、财政部负责各拨款50亿元,其中创新人才培养和队伍建设方面计划投入资金59.6亿元,其中拟安排中央专项资金22.86亿元。

第二,激励工具特征。这个阶段激励工具的占比有所提高,形式更加多样而且性质迥异,试图通过各种资金鼓励和诱导高校实现其使命追求。其一,重点建设项目资金来源更多,拨款数额更大,渠道更加多元。重点建设项目配备的中央、部委、地方的资金对高校具有巨大的吸引力,促进各类高校争相申请入围各类重点建设工程的机会,是推进高校科研、学科、平台等发展的重要工具。其二,激励工具更加灵活使用,对不同项目、不同人员、不同结果允许差异性使用,例如对于优秀的学科带头人都可以选到一个聘任一个,国家给予重点资助,并允许学术带头人享受人员聘用和经费使用自主权。其三,激励工具通过提供制度化的奖励,引导、诱发高校以及教师对政策的偏好、选择特定的行为方式和行动路径。例如,2004年中南大学和西北工业大学获得国家技术发明奖一等奖,这两所高校的获奖项目均属"211工程"和"985工程"重点学科和科技创新平台建设项目,因此教育部、财政部予以奖励。此外也包括高校根据国家政策调整内部激励制度,对教师发表高质量论文进行奖励等。

二、政策工具网络

通过对"211和985工程"阶段政策工具进行质性编码,获得此阶段政策工具的编码矩阵,为了深入研究此政策工具的结构,采用社会网络分析软件Ucinet从整体性和个体性两个方面对编码矩阵进行网络可视化研究。

我国重点建设高水平大学政策的演进与创新研究

（一）整体性

"211和985工程"政策工具关系图谱如图26所示。"211和985工程"经过了近20年的建设历程，共发布了49份文件，使用了5种政策工具。图26表示了"211和985工程"阶段政策工具的使用情况，这是一个全连通网络，没有节点是孤立的，表示所有不同政策工具都是互相依存、互相支撑的。第一，"211和985工程"阶段政策工具整体网络密度和网络凝聚系数与重点大学阶段一致，表明"211和985工程"阶段政策工具为一个联系强度大的全通网络格局。第二，在这5个政策工具中，其中命令工具、能力工具节点较大，说明这两个政策工具被使用的次数相对较多，在文件中起着核心的作用，而变革工具的节点最小，说明在发文时被使用的次数最少，参与政策工具合作网络的次数最少，处于网络的边缘位置。第三，网络链接频数中命令工具和能力工具的连线最粗，说明"211和985工程"阶段命令工具和能力工具合作使用最为频繁，其次是命令工具与另外三种政策工具的连线较粗，说明这三种政策工具组合的合作使用也很频繁。而劝告工具和激励工具、变革工具与激励工具的连线最细，说明这两种政策工具组合的使用频次是比较低的。总体而言，这个阶段政策工具图谱仍然是以命令工具和能力工具为主的非均衡化关系，但是从政策工具节点和政策工具节点关系来看，非均衡化的态势愈加显著。

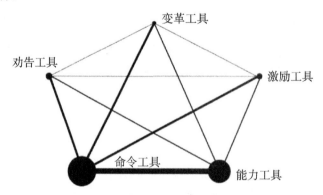

图26 "211和985工程"阶段政策工具图谱

通过与重点大学阶段政策工具比较可以发现，命令工具与能力工具依然是政策工具的主要工具组合，在政策中起着核心的作用，而劝告工具和变革工具在"211和985工程"阶段所占的比重相对下降,变革工具是使用最少的政策工具。因此综合看来在前两个阶段,命令工具的使用频次均为最大,能力工具的使用频次仅次于命令工具,命令工具和能力工具的组合使用频数最多,命令工具和能力工具均发挥着重要的核心作用,劝告工具和变革工具的频次有所减少,而激励工具的频次有所增加,增幅与减幅相较于命令工具和能力工具变化不大,未影响命令工具和能力工具的核心地位。

(二)个体性

经过Ucinet运算得到表46。其一,从点度中心度可以发现,命令工具和能力工具居于最核心位置,说明"211和985工程"阶段建设过程中命令工具和能力工具处于核心地位,而且具有重要的桥梁沟通连接作用。其二,每种政策工具的中间中心度和接近中心度均为0和4,说明在"211和985工程"阶段每种政策工具都扮演着同等重要的中间连接作用。

表46　"211和985工程"政策工具中心度比较

序号	政策工具	点度中心度	中间中心度	接近中心度
1	命令工具	23955.00	0	4
2	能力工具	20250.00	0	4
3	变革工具	7668.00	0	4
4	劝告工具	7198.00	0	4
5	激励工具	6451.00	0	4

第三节　世界一流大学阶段政策工具

一、政策工具组合

(一)命令工具

第一,命令工具内容。这个阶段命令工具占比最高,为56.6%,在一半以上。这个阶段命令工具主要运用在"双一流"建设任务、目标、原则、管理规范和高等教育方针、学术带头人及团队、学科布局调整、专业结构调整、国家重点实验室布局、本科教育、教育现代化、高等教育信息化变革等方面。

第二，命令工具特征。世界一流大学建设命令工具仍然占主导地位，在对各项内容要求和规定基础上，加大了对标准、评价、监管相关内容的使用。命令工具的选择和使用与政府组织管理高等教育的形态、偏向、方法具有很大关系，"双一流"建设中以高等教育治理现代化为契机，主要采用实践规范、绩效评价、动态监测等手段和方式。

（二）能力工具

第一，能力工具内容。这个阶段能力工具占比为18.7%。这个阶段能力工具主要运用在学科结构优化、创新创业、联合共建实验室和设备平台共享、专项经费支出、教师管理制度、哲学社会科学扶持、急需学科专业人才、师德师风建设等方面。世界一流大学建设能力工具使用突出政策引导和制度建设的作用，推进世界一流大学内涵式建设。

第二，能力工具特征。这个阶段能力工具在直接提供政策倾斜和扶持基础上，更加以间接政策引导和制度创新为主，突出高校内涵建设的中长期发展需要，支持高校发挥优势、办出特色，这说明"双一流"政策工具使用重点从关注要求和标准的满足转移到关注长期能力的建设上[198]。

（三）变革工具

第一，变革工具内容。这个阶段变革工具占比为8.5%。这个时期变革工具主要运用在现代大学制度改革、人才培养模式改革、科研体制机制改革、传统学科专业改革、科技成果转化改革、遴选机制改革、"放管服"改革等方面。世界一流大学建设变革工具最大亮点是有进有出的动态调整机制，打破身份固化传统，突出过程管理机制和绩效拨款。

第二，变革工具特征。变革工具旨在通过组织结构革新和权力重新组合分配来提高建设质量。这个阶段政府对高校进一步简政放权，加强对高等教育治理体系和治理能力现代化的构思，从而更加围绕世界一流大学关键特征和国际建设经验，转变重点建设的管理体制和管理模式。

（四）劝告工具

第一，劝告工具内容。这个阶段劝告工具占比为10.0%。这个时期变革工具一方面运用在对世界一流大学、世界一流学科、一流专业、一流课程等身份符号的规劝;另一方面,主要运用于鼓励跨学科研究、人才流动科学化、拓展高校资源吸纳社会资金、优质资源共享等。

第二,劝告工具特征。由于高水平大学建设政策有70年的历程,对"双一流"相关建设高校的身份认定和规劝成为常态,已经无需政府从政策手段投入过多精力。这个阶段劝告工具主要运用在鼓励呼吁的内容最显著,更多是号召国家和社会加大高等教育投资力度,鼓励培养拔尖创新人才、世界一流科研成果。

(五)激励工具

第一,激励工具内容。这个阶段激励工具占比为6.2%,是占比最小的。世界一流大学建设激励工具主要运用在中央高校预算拨款、经费统筹使用、引导专项经费、中央高校教育教学改革专项资金、科技成果转化奖励、科技奖励激励等。

第二,激励工具特征。这个阶段激励工具使用增强了竞争意识和危机意识,突出绩效导向的激励约束机制,逐步革新前两个阶段原有工具使用遗留的不合理现象,逐步解决完善投资政策和分配制度。一方面转变专项资金分配方式,依据高校类型特点采取因素法测算分配额度,科学选取因素和确定权重,不再使用传统政治协商分配方式。另一方面,绩效评价的动态激励方法,健全追踪问效机制,根据第三方评估评价结果动态调整支持力度,增强建设的针对性和有效性。

二、政策工具网络

通过对世界一流大学阶段政策工具的质性编码,获得此阶段政策工具的编码矩阵,为了进一步深化研究,对编码矩阵进行网络可视化分析。

(一)整体性

世界一流大学阶段政策工具关系图谱如图27所示,可以发现世界一流大学阶段政策工具的合作是全连通网络,没有孤立节点,说明世界一流大学阶段政策工具均是互相连通的。虽然世界一流大学阶段建设了5年的历程,但是已经发布了19份文件,也使用了5种政策工具。第一,世界一流大学阶段政策工具整体网络密度为1,网络凝聚系数1。与前两个阶段一致,均为联系强度大的全通网络格局。第二,在这5种政策工具中,其中命令工具的节点最大,说明被使用的次数最多,处于政策工具合作网络的核心位置。能力工具紧随其后,使用次数仅低于命令工具。第三,通过网络连接线也可以说明,命令工具与能力工具的组合使用的频数也是最大的,在发文中起着核心的作用。变革工具和劝告工具的节点较小,使用的次数较少,分别于命令工具与能力工具组成的连线也比较细,组合使用的频数也不高。在所有的政策工具中激励工具的节点最小,使用的次数也是最小的,并且与其他政策工具的组合使用中,也是其他政策工具组合中使用频数最少的。总体而言,世界一流大学阶段政策工具仍然加大了命令工具的使用比例,加剧了不同政策工具使用的非均衡化发展态度。

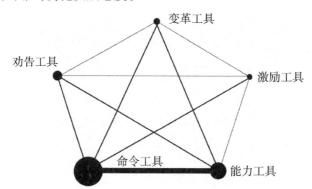

图27 世界一流大学阶段政策工具图谱

在这5年的建设世界一流大学进程中,政策工具数量介于前两个阶段之间。从这三个阶段政策工具变化可以发现,命令工具和能力工具的使用次数都比较多,处于政策工具的核心位置,是发文的核心和重要组成部分。变革工具、劝告工具和激励工具在不同的阶段均有一定的变化,这也是根据我国教育发展实际情况进行的调整,能够让发布的文件更好地指导当时的教育工作的展开,推动我国高等教育更好、更快、更健康地向前发展。

(二)个体性

经过Ucinet运算得到表47。其一,从点度中心度可以发现,命令工具居于最核心位置,说明世界一流大学阶段建设过程中命令工具占据核心地位,而且具有重要的桥梁沟通连接作用。其二,每种政策工具的中间中心度和接近中心度均为0和4,说明在世界一流大学阶段每种政策工具都扮演着同等重要的中间连接作用。

表47 世界一流大学阶段政策工具中心度比较

序号	政策工具	点度中心度	中间中心度	接近中心度
1	命令工具	7071.00	0	4.00
2	能力工具	4732.00	0	4.00
3	变革工具	2528.00	0	4.00
4	劝告工具	2446.00	0	4.00
5	激励工具	1739.00	0	4.00

第四节 政策工具演变脉络

综观我国整个高水平大学政策演变,政策工具可以概括为两大类:一类以强制措施为主的政策工具,命令工具、能力工具、变革工具等,另一类是以诱导性措施为主的政策工具,包括劝告工具、激励工具等。通过三个阶段政策工具网络分析可以发现,我国主要采用强制性工具为主、诱导性工具为辅。因此,本部分深入剖析政策工具的稳定性和渐变性。

一、政策工具的稳定性分析

(一)政策工具使用的多样性

综观70年高水平大学建设政策工具整个发展脉络,这五种政策工具都有联合使用,政策网络密度、凝聚系数、中间中心性、接近中心性也都相同,说明这70年政策体系中这五种政策工具虽然使用频次上有所差距,但是没有具体外围或边缘之说,政策工具网络联系密切,每个工具节点都可以连接其他政策工具,而且它们已经构建了稳定的政策工具合作派系团体。由于建设高水平大学是一个复杂的社会问题,任何单一的政策工具都不足以解决,因此我国政策工具以国家公共利益为出发点,遵从多元理性基准,选择多样化政策工具建设世界一流大学。我国政策工具选择上主要采用自上而下的选择模式,总体偏好强制性、直接性、可见性的工具。

> 高等教育政策工具或政策杠杆方面,一个是通过财政拨款的手段,大家要挤进"211工程",挤进"985工程",简单来说就是经费多,这就是一个杠杆的作用。还有一个就是荣誉指标,荣誉指标包括奖励、人才层次,在这方面肯定是重点高校占据了优势。因此有财政杠杆和荣誉杠杆。我觉得在政策工具这一块还有怎么样提高老师的待遇也算是一个杠杆。教师的工资不能低于当地公务员的水平,这是一个规定,这也是一个政策杠杆。第四个杠杆就是配套杠杆,中央制定政策,地方配套经费支持,或者中央支持一部分经费,地方支持另一部分经费的这种模式,就是通过这些杠杆。

——来源于访谈者15

(二)命令工具占据高频主导地位

命令工具通过施加规定行动或是禁止行为得以实施,本质上来源于政府的合法权威地位,最普遍、最显著的特征是直接行政干预。运用高等教育经济学家本·琼布罗德(Ben Jongloed)的模型作为权威工具应用于高水平大学建设的区分依据,可以总结为结构管制、行为管制、管理管制三个方面,结构管制包括进出管制、竞争管制、知识产权保护、拨款认可,行为管制包括价格管制、数量管制、容量管制、质量管制、输入管制,管理包括税收/公款法规、责任要求[199]。例如,对于入选重点工程数量控制,并不是基于客观经济规模,也不是基于市场供需关系,主要是基于政治协商博弈。对于收益来说,命令工具通常致力于使更广泛的作为一个整体的团体或社会收益[197]。我国高水平大学政策工具受国家政治特性、管理风格、政策风格等因素制约,遵从的是政治学路径,在形式逻辑上属于归纳法。综观三个阶段命令工具的使用,可以发现命令工具在评选预审、中期检查、项目验收、政策任务、学位授予、人才培养、人事管理、财政预算等方面作出规定,使得高等教育重点建设工程的全过程都在政府管控之中。通过三个阶段政策工具合作网络图谱可以发现,命令工具在我国高水平大学政策的进程中一直占据主导核心地位,不仅节点最大使用频率最高,也是和其他节点链接次数最多的。命令工具隐含强迫政策客体遵照政府意志行事原则,政府一般会直接管制或供给等行为进行约束、管制、监管、限制、调整、处罚,往往政府掌握政策行为主动权,政策客体自由度较小。由于我国高等教育的办学主体是政府,高校与政府是隶属关系,直接行政一直是我国政府运用命令工具推行高水平大学建设政策的主要形式。

（三）能力工具占据中频辅助地位

能力工具的使用可以提升政策的确定性和可预测性,主要通过政策倾斜、制度建设、政策引导、专项扶持、信息、培训、资源等文本表义供给政策对象开展决策和建设活动,主要拥有直接、间接、混合等形式,以保障政策对象不会处于劣势地位和使其能够具备发展所需能力。如果高校缺乏必要信息、政策支持等能力建设所需资源,将会严重阻碍政策执行力度和广度,并且有悖于政策目标的达成。回溯70年来我国高水平大学政策的发展历程和三个阶段政策工具合作网络图谱可以发现,能力工具都是仅次于命令工具而存在,一直处于中频使用的状态。这反映出我国高水平大学政策政府主要采取基础设备、人才培养、科学研究、师资队伍等直接政策倾斜、制度创新、间接引导等手段。

二、政策工具的渐变性分析

（一）政策工具波动调整

通过图28可知,命令工具在任何一个政策阶段的比重都是最大的,说明使用频率最高,在政策中发挥着重要的作用。能力工具的比重其次,属于中频使用,在"211和985工程"阶段的比例比较大,重点大学阶段和世界一流大学阶段基本一致。劝告工具、变革工具和激励工具都属于低频使用范畴,三个阶段变化也都比较弱,特别需要指出的是对于政策执行和教育发展起到关键作用的激励工具在整体趋势上是慢慢增加的,而正是通过政策、资金等方面的激励使我国高水平大学的发展更加有效和快速。总而言之,虽然政策工具选择理念上是从强制性到诱导性变迁,但是通过图29可以发现,我国主要采用强制性工具为主、诱导性工具为辅的政策工具组合模式本质上没有变化。

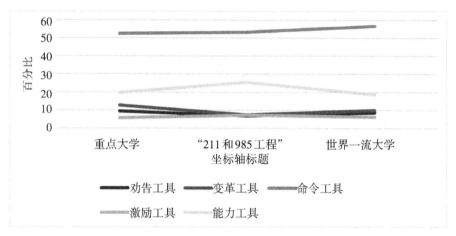

图28 三个阶段政策工具分布图

(二)由微观管制到宏观管理的命令工具

命令工具与权力是密切联系的,综观70年来高水平大学政策,命令工具的选择和变化伴随着高等教育办学体制、管理体制政策的变化而变化,在高水平大学建设中的运用呈现出由微观管制到宏观治理的趋势,对高校体现出逐步解除管制的趋势,下放部分权利给高校,赋能高校更多自主权和自治权。管制是"自上而下"的实施政策,解除管制是"自下而上"的推进政策。重点大学时期命令工具对高等教育要求和规定多是全面性管制,从招生人数、教师分配、专业数量、校舍面积等方面采用的是计划性精细化手段。随着市场经济的建立,取而代之的是宏观使用各种管制手段,管制手段区别于计划手段的优势在于不仅允许遵从市场逻辑运行,而且可以纠正市场失灵。"211和985工程"阶段开始注重宏观管制的效用,给予高校更多自主权,不再频繁使用高校建设微观或是中观的规定,加大对重点建设资金和实施的评价和监管。世界一流大学阶段命令工具主要采用实践规范、绩效评价、动态监测等手段和方式推进重点支持项目建设,表现出更加强化宏观治理的表征,更加注重命令工具中绩效向度的杠杆效应。

（三）由短期直接到长期间接的能力工具

对高等教育系统内生发展而言,非直接工具运用对于保障高校自治更具意义,通过给予高校更多的自由裁量权调动高校的自主灵活性,不仅可以打破政府垄断的壁垒,而且能够在高校和政府之间建立服务和需求的匹配关系。能力工具使用模式也正在发展转变,纵观整个政策工具使用脉络体现出由短期直接到长期间接的趋势。重点大学阶段能力工具偏向提供各项短期的政策倾斜和物质保障,主要是更多关注短期高校发展能力所需的资源。"211和985工程"阶段能力工具调整为偏重中长期间接引导向度,更加关注高水平大学近期和长期发展应该具备的能力。世界一流大学阶段在直接政策倾斜基础上,更加强化以间接政策引导和制度创新为主,体现在建设世界一流大学的长期发展方面。

（四）由构建雏形到现代治理的变革工具

重点大学时期各种变革工具的使用奠定了高等教育重点建设的雏形,虽然变革工具的使用有助于辅助集权化管理,但是开辟了中国特色背景下支持部分高校优先发展的政策模式。"211和985工程"阶段我国高等教育管理体制实施放管结合的新体制,越来越多的权力下放给高校,转变过去单纯依靠行政手段进行权利变革的形式,强化工具使用的科学性和适用性。世界一流大学阶段变革工具使用更加体现出组织革新和权力重组的路向,提出管理方法和体制机制现代化的要求。

体制变革本身就有三种程度,一种是自愿变革,高校根据自身的发展规律进行的自我变革,不是政府要求的变革,是属于自愿型的变革,所以不能单纯地提出体制变革是属于什么样的工具。第二种是如果体制变革本身是政府推动的,完全命令式的,像我们国家改变高校体制,中央下发命令文件必须执行,这就是命令型的。第三种是混合型的,体制变革的程度不一样,有些变革有政府的目标,又有激励机制,那么这样就带有混合型的样子了。所以具体问题需要具体分析。

——来源于访谈者21

(五)由国家意志到社会发展的劝告工具

劝告工具的使用主要包含无形价值、符号象征、身份标签,解决价值形态共识、政策执行信念和特殊冲突矛盾等问题,被认为是在意识形态领域发挥重要作用的工具手段。劝告工具具有搁置争议和说服引导的内生作用,主要采取符号标签等形式诱导政策客体动机契合政策目标要求。具体针对重点建设而言,虽然一直没有呈现出颠覆性变化和价值错位现象,本质意蕴是强调卓越性、差异性、排他性而扶持少数高校优先发展,但是劝告工具使用理念从国家意志取向转移到社会发展取向,在对重点支持机构的身份规劝身份符号推广有所不同,从重点大学、重点学科、重点实验室拓展到"211工程"高校、"985工程"高校、世界一流大学建设高校、世界一流大学建设学科、一流本科教育、一流专业、一流课程。在理念号召层面劝告工具跟随每个阶段国家发展战略和政策内容作出调整,不断鼓励社会各界参与到这些重点建设工程中,用这种重点建设工程符号减少改革的阻力,特别是21世纪以来鼓励和号召世界一流大学的学科创新、科研创新、拔尖创新人才培养等。

(六)由行政分配到绩效拨款的激励工具

激励工具依靠资金激励诱导对政策的顺从,跟随政府对高等教育重点工程拨款机制变化而变化。激励工具主要采用诱导回报鼓励政策对象顺从和实施政策,可以帮助政策设计者加大政策执行与利益、成本、奖金、资金的契合度,规避政策执行分化风险,尝试整合政策执行信度和效度。补贴是一种可见性低的工具,但是专项资金是一种可见度高的工具;在重点建设上,早期主要采取拨款和补贴,后期主要采用"211工程""985工程"之类的专项资金,这一方面是因为政府需要表达一种提高教育竞争力的政策信息,另一方面也可表现部门政绩[312]。重点大学时期激励工具采用拨款和补助的形式,开启我国高等建设重点建设项目的专项经费模式,属于非透明的政治协商过程。"211和985工程"建设开始引入采取竞争理念和逐渐透明的协商式专项资金。世界一流大学阶段激励工具的使用加强绩效竞争思维,采用因素法测算,并且根据评价结果动态调整支持力度。激励工具的转变说明政策理念层面的转变,主要是想通过权力的强制要求推进政策执行,同时辅以经费拨付等激励。2010年我国已成为世界第二大SCI论文产出国,2016年成为世界上发表论文最多的国家,在较短时间内取得如此成绩,很大程度上归功于激励工具的有效奖励和引导[185]。

第五节　政策工具价值取向

我国高水平大学政策的价值标准对政策工具的遴选和使用占据重要影响作用,主要体现出政治优先、直接调控、谋求发展的价值标准。

一、秉承政治优先的价值取向

当代发展中国家公共政策存在政策内生化倾向,内生化的意思就是公共政策本土化、乡土化,这一倾向的核心是如何根据本民族、本国的特点来确立自己的政策活动模式,价值标准在教育政策内生化过程中具有决定性作用[1]。我国公共政策的本质属性就决定了政策工具价值取向的基本要求就是服务政治需求,为国家社会主义服务,体现出政治优先的价值导向,因此价值选择必须遵从政治理念和政治机理。我国高水平大学政策伊始就是一种政治性色彩浓郁的公共政策活动,本质上是后发外生型国家追赶先发内生型的过程,政策工具使用蕴藏着的政治基因和价值标准建构着高等教育重点建设的历程脉络和价值秩序,揭示着政策工具的选择及其价值关系。从三个阶段各种政策工具使用向度和基本阶段可以发现,政府采取各种行政命令推行高水平大学政策,呈现出典型的自上而下的强制性、管制性特点,主要是基于国家政治需求和发展需要采取的各种政策手段行为。政治优先价值导向规约着价值选择的合法性、有效性、发展性,是政策工具价值导向的内在逻辑和本质机理。我国高水平大学政策工具组合使用的目的既要符合国家的利益,又要保证各政策主客体的利益诉求,价值期待和价值向往的首要基准是遵从政治法令的有效性和统一性。

> 高水平大学政策本身就是一个国策。首先我觉得价值取向是一个政治问题,包括办学方向问题,要为社会主义服务,要培养社会主义接班人,要热爱祖国、热爱共产党、热爱人民,首先要考虑一个政治价值取向,这是第一个价值取向,具有明显的政治意识形态的价值取向。

——来源于访谈者21、22

二、强调直接调控的价值取向

我国高水平大学政策本质就是对社会利益和价值进行权威性分配与再分配的过程,价值选择的有效获得和价值选择的有效实现,包括政策制定的有效性和政策实施的有效性,蕴含着政策内容和政策实践过程中的价值关注以及价值特征等[1]。政府作为政策主体,高校作为政策客体,政策工具是政府为了达到政策目标所采用的各种管理手段,政府作用程度不同或是或者干预程度不同,政策工具也就有所不同。马克斯·韦伯提出的工具理性是指用理性的办法来看什么工具最有效,以便达到预期目的,主要包括:一是注重手段的技术性评价,对手段的功效程度和可行性、可操作性的要求较为严格;二是从主体的价值评判入手,设定预期目的,从而寻找达到该目的的工具;三是手段的价值只是"达到目的的程度",而手段自身蕴含的价值倾向、价值意义被结果的至上性所掩盖[154]。从前面各个阶段政策工具使用内容及其特征可以发现,我国高水平大学政策工具的使用价值偏好直接调控,主要采用权威行政式手段为主,例如命令、管制、计划、管理、规范、要求、控制、干预等自上而下的刚性强制的直接方式,强调工具性直接效用价值的使用。从"211工程"开始,政策工具中扩大了市场和社会的作用,例如入选"211工程"高校并不仅仅是一个身份的头衔,而且这些高校受到的社会关注度和吸纳资源的能力都有显著提升。虽然这70年来政策工具使用的频次有所调整,政府对高校的管理方式从集权走向治理,高校的自主权有所扩大,政策工具开始注重间接的、解制的政策工具的使用,但是总体上来看,高等教育重点建设中直接调控的本体地位没有发生质的变化。

三、谋求实质发展的价值取向

政策本身包含着对社会现实的理性思考。科学的高等教育政策需要以促进教育和社会发展为目的,建立理性的价值规范和价值引导,进而把教育理性的价值理性转化为教育理性的政策实践活动,降低不合理政策实施中的社会风险和社会成本,促进新的合理性政策的生成和发生[200]。我国高水平大学政策工具使用的价值选择是谋求发展的基准,包含着发展与公平的价值博弈。一方面,大量直接使用命令工具和能力工具重点倾斜少数高水平大学先行发展的手段,包含着非绝对公平的意蕴。"发展"通常事物向前、向上、向好的变化,是一种有着自觉意识和价值取向的过程,是一种秉持价值尺度对价值理想的追求,是一种不断增强适应性、组织性、稳定性和效率性的品质保证,是不断向上向善的价值理想追求[200]。我国高水平大学政策工具使用的发展性旨在通过命令工具、能力工具、劝告工具、变革工具、激励工具的组合使用促进高水平大学发展的直接价值和综合国力发展的间接价值,也就是说高水平大学发展性是政策工具的终极价值范畴和最高价值目标,统摄着政策工具遴选和使用的各种价值观念,特别是人才培养、科学研究、师资队伍的发展水平和发展能力,希冀以政策工具的针对性、有效性触发高水平大学的发展性和竞争性。例如"211和985工程"阶段各类科研项目拨款和专项科研拨款的宗旨就是促进我国高校科技创新能力的发展和提升,以此来驱动国家科技与工业的现代化水平和全球竞争能力。另一方面,在高水平大学政策中也充斥着各种价值冲突和利益交织,政策尝试采取差异化政策手段,力图构建公平的价值平衡机制,实现应然价值导向和实然价值选择、现实价值追求和终极价值追求的辩证统一,尽可能发挥政策工具选择和使用的价值动力。公共教育政策的本质是公共教育利益最大化。强制性的政府机制是运用国家调控机制来弥补交换式的市场机制过于重视效率而忽视公平的不足,运用各种政策工具对教育利益受损者进行利益补偿[200]。我国高水平大学政策价值选择中逐步将公平纳入考虑的范畴,相应地将机会公平、资助公平等理念在政策设计中逐步完善和改进。例如"双一流"针对入选高校激励工具的使用就是考虑公平价值平衡机理的调整和革新,尝试打破传统重点高等教育激励工具的使用范式,采用因素法拨款方式,重塑因素和权重配比,尽量实现高校间的机会公平、资助公平、规则公平等。

第六章 我国建设世界一流大学的政策创新研究

虽然这70年的高水平大学政策促进了我国高水平大学的发展,但显然在政策设计中仍然存在许多不足和一定局限性,例如政策实践仍然落后于现实发展且偏离政策目标等,因而亟待进行深入批判性研究。同时,任何政策都需要不断优化创新。由于政策因素复杂多变,政策环境也会相应发生变化,一劳永逸的政策设计是不存在的。即使在实践中证明是比较成熟的,进而通过法律形式固定下来的政策,一开始也并非就是完全成熟的[201]。因此,本部分在对政策目标、政策内容、政策工具系统反思基础上,对建设我国世界一流大学政策设计未来走向及改进策略进行研究。

第一节 高水平大学政策批判性反思

一、政策目标批判性分析

由于我国的行政体制特征,政策目标制定具有很强的约束性,如果没有政策目标,则很难从中央财政获得拨款。但是一旦确定目标,就要考虑达到此目标所采用的手段。政策目标既不能朝令夕改,要具有稳定性,又要伴随着社会环境的变化,具有应变能力[151]。因此,本书从政策设计视角对整体目标与局部目标、长远目标与近期目标、单目标与多目标的关系以及目标值的设定阈值等进行深入分析。

(一)政策目标问题解决针对性不强

"内输入"概念是胡伟在戴维·伊斯顿(David Easton)的政治系统理论基

我国重点建设高水平大学政策的演进与创新研究

础上凝练出我国的政策特点，即往往由政府内部发起，是一种政府内部自上而下的"输入"。胡伟把由权力精英代表人民进行利益表达的形式称为"内输入"，这一概念揭示出我国政策制定与西方的差异，政策目标在此基础上可以划分为"问题解决型"和"理想导向型"两种类型[202]。我国高水平大学政策制定很大程度上并不是针对具体政策问题，而是来自"政府"（即对政策有决定权的组织）对高水平大学建设以及发展方向的认识和追求并指引着政策的走向[203]，属于"理想导向型"。与"问题解决型"政策不同，这类理想导向型政策目标往往长远而宏大，但在执行中常常也会带来非预期问题。高水平大学政策目标存在的问题包括政策目标相对笼统、实现政策目标的代价难以估计、资源分配与政策目标的契合度难以平衡等。虽然我国高水平大学政策是基于政治精英和学术精英对现实问题的觉察和界定，有其特定现实是针对性和紧迫性，对问题的解决方案符合我国现行政治体制的政策偏好[188]，但是通过对70年来相关政策研究，发现政策目标重要的阶段性调整，是基于领导人思想主张和概念框架提出或转变的，而且政策目标设定速度很大程度上与政策议程提出的领导地位息息相关。政策制定和出台往往是由某个部委具体操作性实施，虽然也会有前期意见调查，但是意见征集对象是选择性而且并不完全是公开普遍参与的，往往政策目标也不会产生个性化调整和实际性转变。从根本上说，政策问题是公共政策提出的内在标尺，绝非主观臆断的凭空想象，也不是好高骛远的叫嚣口号，首先需要是认清政策问题的起源、性质、严重性等，是政策制定所必须开展的必要性理由。虽然有的政策文本或多或少提到高等教育面临的各种问题挑战，但是依据对政策文本的系统分析和考察，我国高水平大学政策目标中，政策问题的判定以及发现都不明晰，有待继续改善。

　　我觉得我们开始的导向是比较理想的，办综合大学工科大学。1952年院系调整从清华到北大，这个院系调整起作用了，把工科的人增加了很多。1951年工科招生大概15000多到1952年就接近3万人，与工科调整是有关系的，把工科老师集中到一起了，清华就可以招很多人。

——来源于访谈者27

(二)重点建设目标存在一定程度的模糊性和单一性

高水平大学政策目标具有一定的模糊性。通过政策目标的演变可以发展,层级愈加分化和中长期目标愈加衔接,但是政策目标的指向性看似确定,实际存在一定程度的模糊性,特别是针对一些难以量化和短期呈现的方面。政策目标首要特征是指各项规定必须清晰、准确、明确,在实践中要做到保证目标的明确性,就需要对公共政策目标的指标尽可能地量化,对于实现目标的时间、步骤要有明确的规定,切忌笼统不清,对于实现目标的经济效益和社会效益及其意义、价值应该讲明白,而不能含糊不清[154]。

第一,"211工程"目标指向性不明。从"211工程"一期目标开始,就开始要求一部分重点高等学校和一部分重点学科能够接近或达到国际同类学校和学科的先进水平,随着政策目标内涵变化,对高水平大学建设国际竞争力维度要求日趋显著,希冀我国高水平大学能够达到世界一流水平。因为倡导世界一流大学目标是明确的,可是何为世界一流大学是模糊的。"211工程"大学把发展目标定为"世界知名""国内一流",但是究竟何为世界一流是不确定的,因此有的高校把上规模理解为建成综合性大学,产生了不少工科高校突击上文科、理科,综合性高校发展工科、医科的现象[226]。

第二,"985工程"一期目标的笼统性。1999年国务院批转教育部《面向21世纪教育振兴行动计划》中提出建设世界一流大学视为"985工程"正式启动。由于"985工程"政策出台并没有全面的规划,也没有具体的建设任务、分期、范围、资金规划、技术路线、资源安排,而是在推进过程中不断变化和完善的[188]。所谓模糊性是指"对于同样的环境和现象有着多种思考方式的状态"[204]。由于概念和标准的不确定性,导致我国对建设世界一流大学政策目标的模糊性统一,直接影响了后续政策实施的着力点、实施效果以及达成度,使得高校自我定位模糊不清晰,并产生一定程度上办学方向的误导。本质上来看,我国高水平大学更多是面向政府的办学,一旦政府出台相关政策,各个高校就会"一呼百应"争相参与,趋同现象就会成为常态[205],结果导致许多高校建设思路、建设办法、学科设置等多有雷同。因此这样的政策目标设计逻辑是不恰当的。在资源分配上,即使同类入选高校也存在巨大的投资差异,如果没有考虑到高校自身历史、逻辑等,政策目标设计中的统一目标就会引起矛盾冲突。

第三,以排名作为衡量政策效果的单一维度。政策目标包含着对政策效果的要求,而对政策效果如果过于强调可观察、可测量、可量化的特征,往往会背离政策目标的本质,陷入越改革越无法实现目标的悖论[206]。本书从对我国高水平大学在ARWU、THE、QS上的排名进行统计分析,通过图29、图30、图31可以发现,我国高水平大学在三大排名系统中总体呈现出线性增长趋势。如果从排名来看,我国建设高水平大学效果显著,但是许多学者指出,盲目追求全球大学排名具有潜在的危险性,排行榜上采用的许多"质量指标"违背了高等教育的长期传统,且这些指标正在影响着全球的质量观念。排名系统给全球高等教育机构带来了规范性和半强制性压力,批评人士担忧排名被决策者误用和滥用。马尔科姆·格兰特(Malcolm Grant)表示,如果排名视为一种绩效衡量标准,那将是一种伤害;经济合作与发展组织(OECD)曾表示:"大学排行榜是一种时尚,但不应被当作准确衡量教育质量的标准。"[83]约翰·奥布里·道格拉斯(John Aubrey Douglass)指出世界一流大学的受众是那些排名较低的大学和国家部委官员,这些倡导者基本上都是局外人,他们主要看到某些生产力成果,并进行某些一般性观察,但却未能试图解读文化、组织行为和构建模块[207];李鹏虎认为,以科研论文产出为导向的排名系统还不能够客观衡量一所大学的整体评价和共性认知[208],如果建设世界一流大学遵循各大排名系统的导向,可能会导致千校一面的危险误区,导致片面追求量化指标的陷阱,与大学的本质使命和发展内涵背道而驰[209]。虽然政策文本目标中没有显示出对世界一流大学排名的目标追求,但一方面由于缺乏世界一流大学的实际评价标准,另一方面有的教育部官员在公开讲话中多次把我国高校在不同世界一流大学排名增长作为评价准则,这样领导讲话效力可能比政策文本目标的指向性更强。因此很多高校针对不同排名系统的指标进行建设,这样导致政策文本目标和实践目标的偏移、表层目标和深层目标的脱轨,造成排名虚高、数量激增质量堪忧,甚至引发了许多学术造假的问题,使得国家宏观政策目标与高校中观建设目标出现偏差,造成政策失真问题。

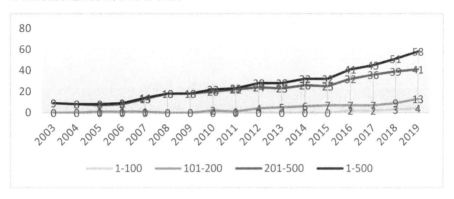

图29　ARWU我国高校排名增长情况

(数据来源于官方网站 http://www.shanghairanking.com)

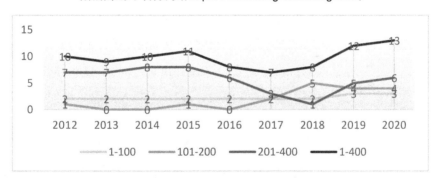

图30　THE我国高校排名增长情况

(数据来源于官方网站 https://www.timeshighereducation.com,2011 年之后只评价全球前 200 名,2012—2015 只评价全球前 400 名,2016 年之后改为评价全球前 600 名)

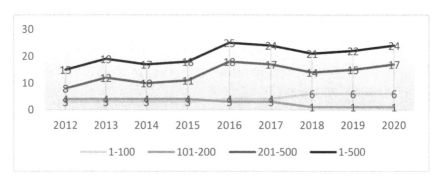

图31　QS我国高校排名增长情况

（数据来源：2012—2015年来源于网站http://rankings.betteredu.net/qs/world-universi-ty-rankings/2011.html，2016—2019年来源于官方网站https://www.qschina.cn/world-university-rankings）

（三）重点大学阶段目标缺乏发展性

由于"211工程"政策诞生时间较长，20世纪80年代末产生建设想法，到1995年正式实施，但是在1990—1995年有的政策文本中开始提出建设"211工程"，为"211工程"正式实施进行铺垫。综观重点大学阶段其他政策目标，更多是针对现在政策本身而制定的政策目标，政策目标的发展性存在不足。政策目标发展性即指目标确定时充分考虑到未来走向，不仅能够确定当前政策建设要求，更应该指引将来发展趋势，应该包括各阶段建设任务、短期目标、中期目标、中长期发展目标、长期目标等。如果政策意图和方向不明显或不明确，政策短期化或无衔接性会使得政策失真、失效、失败。不同时期政策目标项目和目标值是根据不同经济发展特点予以设定的，不仅包括总目标值的设计，也包括各个分目标的预期达成时限，都需要科学地制定目标项和目标值。相对而言，重点大学目标的未来发展阶段性和规定性相对提出不明确，更多的是定性的目标项阐述，缺乏定量的目标值的设计，对高水平大学未来发展阶段性目标制定不明确，发展程度和发展走向偏向笼统界定，特别是中长期相关目标以及总目标和分目标衔接等，在政策文件中没有明显体现。

第六章　我国建设世界一流大学的政策创新研究

由于重点大学阶段政策目标更多基于短期社会需要,这样的政策设计势必缺乏后期发展的冲力。"211和985工程"阶段受到市场经济和体制改革影响,重点建设主流偏向欧美综合性大学发展趋势,但是政策目标中缺乏对原有行业特色高校的权衡以及转型的可能性条件。第一,政策目标不应该以短期的、急迫的社会需求建设大学。1952年院校调整建立了大批行业特色高校,这批高校具有特色鲜明的"文化基因"。第二,虽然计划经济向市场经济转型的过程非常不易,但是高等教育发展有其内在逻辑和发展规律,高校转型是非常困难的,政策目标中缺乏对行业特色高校发展模式的考虑。由于30%以上我国高校是按照上一个阶段理念建设而来的,但是绝大多数行业特色高校很难转成综合性大学的,而且有些市场经济的目标变化迅速,可能高校比较难能够快速跟上。因此,这就造成了高校实际建设和政策目标导向的冲突。矛盾有长期矛盾和短期矛盾,这个建设我感觉短期上是有冲突的,但是从长远来看对整个高等教育的发展是利大于弊的。

——来源于访谈者20、22

(四)政策目标建设时限需要科学审思

政策目标的内在性是指适用于诱导、调节和评价某一政策活动和政策行为的内部逻辑。一个完整的政策目标应该包括目标项具体内容、有效时限、实现条件等[201]。总体来说重点大学阶段政策目标中时限规定体现不明确。"211工程"一期政策文本中只说明从1995年起实施,二期政策文本中只说明从2002年起实施,三期在政策文本中明确规定建设从2007—2011年实施。"985工程"一期是在建设期限是根据实际实施后确定的,二期建设初期政策文本中就有明确规定。关于政策建设周期时限的研究,政策公告和具体实施可能存在时间差,不同学者对各个阶段政策建设周期也有不同的时间节点认定,而且教育部有关公告和政策文本中时间节点也存在不对应的情况,由于早期政策目标时间节点不明确导致这种问题存在。例如张国兵认为1993年印发的《国家教委关于重点建设一批高等学校和重点学科点的

我国重点建设高水平大学政策的演进与创新研究

若干意见》，各部委进行部门预审是"211工程"的正式启动，"211工程"和九五总结报告与郭新立的研究中认为"211工程"一期主要是1995年开始实施；胡炳仙和郭新立认为"985工程"一期是1999—2001，许涛和"985工程"建设报告认为"985工程"一期是1999—2003等。本书建设阶段划分为"211工程"一期是1995—2000年、二期是2002—2005年、三期是2007—2011年，"985工程"一期建设从1999—2003年、二期建设从2004—2007年。相对而言，世界一流大学建设政策目标时限更加明确，世界一流大学阶段确立每五年一个建设周期，并确定了2020年、2030年和2050年发展目标。

> 我就觉得在推进建设过程中，一定要考虑到学术发展的这种属性，要不然肯定中间就会有冲突了。要用工业化的指标目标一味地去规范它，那这种自然的生长过程就会受到一些约束，所以我就觉得在推进"双一流"的过程当中，一定要考虑到学术的一些特殊的性质。
>
> ——来源于访谈者28

从各个建设周期来看，建设时间似乎太短，只有三四年或五年的时间，不可能建立和检验任何基本制度和机制的合理性和有效性[188]。世界一流大学目标的实现，需要有一定的历史过程，并经过社会实践的考验。政策目标的确定需要对可行性进行衡量，不仅统筹支持条件和实现路径，更需要科学规划未来走向和实践期限。我国高水平大学建设目标中，特别从建设周期来看，一般是3到5年的周期希望达到世界一流水平，在世界一流大学阶段才调整为10到20年，但是在政策内容中对引导拨款的评审周期却是5年。从国内外世界一流大学的发展历程可以发现，世界一流大学建设是一个漫长的周期，不仅需要优秀毕业生、卓越教师、前沿科研成果，更需要治理结构、学术自由、学术自治等方面的改革。相应地，政策中容错机制的思想也缺乏，例如"双一流"如果一个周期检查不合格，就会被调整出资助范围，但是越是原创性研究、颠覆性创新就越需要时间，科学研究中容错包容性也是对科研人员的一个重要政策保障，政策目标设计初期也缺乏这种理念的价值引导。

二、政策内容批判性分析

政策内容是政策文本的主体部分,对政策实践具有决定性作用。因此,这部分对政策内容设计中存在的问题进行批判性分析,希冀探析政策内容中的不足和缺点,为政策内容的革新奠定基础。

(一)高校分类发展政策尚未明确

综观整个政策内容发展历程,重点大学阶段高校沿用多科性大学和综合性大学两种办学定位的发展模式,"211和985工程"阶段高校经历合并调整为综合性大学思路转型,世界一流大学阶段开始提出高校分类发展要求。一方面,政策内容中提出的合并要求使得许多高校进行了实质性的调整。1994年《国务院关于〈中国教育改革和发展纲要〉的实施意见》提出"学校之间的联合或合并等不同办法,进行改革"的思路。1995年《国家教委关于深化高等教育体制改革的若干意见》中要求"有条件的学校进行合并等改革试验,逐步对有条件的高等学校进行合理调整和合并,特别是在同一地方规模较小、科类单一、专业设置重复的学校要打破原隶属关系的限制,积极创造条件进行适当的调整或合并;合作办学的高等学校,如果条件成熟,可以进行实质性合并,形成一个独立办学的法人实体"。1998年《面向21世纪教育振兴行动计划》中明确继续实行"共建、调整、合作、合并"的方针。通过对112所"211工程"高校的历程进行分析发现,58%的"211工程"高校在20世纪末21世纪初存在不同程度的合并历史。政策提出的调整合并的要求使得苏联模式的多科性大学的传统特色被湮没,出现了许多"大而全"的综合性高校,呈现出"千校一面"的同质化趋同发展倾向。另一方面,高校类型分类发展的思路逐渐被政府重视,并且在相关文件中不断提出要求。高校类型分类发展最早是1993年《中国教育改革和发展纲要》提出要"区别不同地区科类和学校的高等学校分类标准"。2010年《国家中长期教育改革和发展规划纲要(2010—2020年)》要求构建"高校分类体系"。2012年《教育部关于全面提高高等教育质量的若干意见》提出"促进高校办出特色,探索建立高校分类体系,制定分类管理办法,克服同质化倾向"。2017年《关于深化教育体

我国重点建设高水平大学政策的演进与创新研究

制机制改革的意见》提出"研究制定高等学校分类设置标准"。2018年《教育部关于加快建设高水平本科教育全面提高人才培养能力的意见》要求推动高校分类发展。2019年《中国教育现代化2035》要求"分类建设一批世界一流高等学校,完善高等学校分类发展政策体系"。通过政策变化可以发现,世界一流大学阶段对建立高校分类体系、实行分类管理要求更加频繁和明确。换言之,针对高校同质化发展严重现象,高校盲目追求大而全的窘况,而遗失了聚焦小而精的特色发展实践,如何分类特色发展、如何通过政策引导、探索构建高校分类体系、制定分类管理办法,如何在重点支持中得到体现,政策中虽然提及这样的设想,但是针对具体分类标准、办学定位、调控机制却是模糊的、不明确的。

> 高等教育的两极分化,好的学校越来越好,不好的学校越来越不好,这就是补偿机制和退出机制的缺失所导致的固化。而且高校办学模式的趋同性和同质性,都在追求一种大而全的办学模式,每个学校并没有静下心来思考如何发挥自己的特色。我研究过香港的特色办学,他们每个学校都有自己的明确定位,所以这个对于我国的办学模式也是一个很好的借鉴。
>
> ——来源于访谈者13

(二)人才培养中心地位的理念尚待继续巩固

从政策脉络中可以发现,人才培养始终在政策内容中占据重要地位,但也经历了教学为主、偏重科研、教学回归的历程。1954年《关于重点高等学校和专家工作范围的决议》要求"学习苏联先进经验,进行教学改革",明确指出重点高校第一条主要任务就是必须培养质量较高的各种高级检索人才及科学研究人才。1978年《教育部关于恢复和办好全国重点高等学校的报告》要求"教学和科研水平进入国际先进行列"。1978年《教育部关于讨论和试行全国重点高等学校暂行工作条例(试行草案)的通知》明确要求"高等学校必须以教学为主,努力提高教学质量"。1984年《国务院关于教育部、国家

第六章 我国建设世界一流大学的政策创新研究

计委将10所高等院校列入国家重点建设项目请示报告的批复》要求"能培养更多的优质的专门人才,重点在提高教育质量,加速培养高级建设人才"。1991年《国家教委关于高等学校重点学科建设与管理的意见》指出"重点学科点应担负提高高层次专门人才培养质量和科学技术水平的重要任务"。通过以上内容可以发现,重点大学阶段政策对人才培养中心地位的规定是明确和具体的。1995年开始的"211工程"政策内容的重心开始发展转变。1995年《"211工程"总体建设规划》中虽然总体建设目标要求在教育质量方面有较大提高,但是在工程建设主要内容和规划任务对人才培养的要求却明显弱化,重点偏向学校整体条件建设、重点学科建设和高等教育公共服务体系建设,人才培养没有成为主要建设任务,即使在重点学科建设部分要求增强科技前沿领域高层次人才培养的能力,但是工程建设资金也主要用于基础设施建设和重点学科平台建设。2002年《关于"十五"期间加强"211工程"项目建设的若干意见》主要建设任务中人才培养地位仍然不显著,虽然在重点学科建设任务中有所涉及,要求充实和改善重点学科的教学和科研条件,提高高层次创新人才培养,但是"211工程"二期中央专项资金主要用于重点学科和公共服务体系建设,部门和地方政府配套资金主要用于相关基础设施和队伍建设。2004年《关于继续实施"985工程"建设项目的意见》在建设目标和建设任务中对人才培养都没有明确提出来。通过上述分析可以发现,人才培养在"211和985工程"阶段是显著弱化于科研的,科研取代人才培养成为这个阶段的建设任务重心。2015年《统筹推进世界一流大学和一流学科建设总体方案》总体目标中要求提高高等学校人才培养水平,在建设任务中明确提出培养拔尖创新人才,并且居于科学研究任务之前。可以发现,世界一流大学阶段人才培养的地位开始回归,但是究竟如何保证人才培养的中心地位,专项拨款如何向人才培养倾斜,还缺乏相应的系统推动方略。

有学者指出,在追求一流大学的水平过程中,规模扩张难掩质量之阙如,功利化和浮躁化弊病日益凸显,高校内部重量轻质、重科研轻教学现象极为普遍,人才培养的本体功能发生了动摇[210]。虽然政策中对人才培养的中心地位有着较为明确的规范,但是政策规范是一个方面,高校执行又是另一回事。由于人才培养的不易测量性和滞后性,加之现有的科研奖励方式和机制,政策执行中如何扭转强化科研、弱化教学的现象还有待深入系统探讨。此外,虽然高水平大学一直致力于培养创新型人才,但是我国仍然没有构建起创新型人才培养的教育教学模式,在教学方法、教学内容、人才培养模式等方面没有发生系统性变革,高校的教学内容和教学方法仍普遍上比较陈旧落后。多元化人才培养理念还没有完全形成,人才培养模式、教学方法、办学模式出现单一化、同质化问题仍比较明显。

> 我国一直没有解决培养什么样的人才的问题,如何去更好地培养人才这个问题没有做得特别好。从这么多年的发展来看,科研的质量高于人才培养的质量,科研水平的发展速度显著地高于人才培养的发展速度。如何通过科研的发展带动人才培养的发展还需要进一步深入挖掘,特别是研究如何科研和教学的合力作用。我们再看我们学校培养的过程,这个不是我一个人的看法,很多的老师也有类似的看法,我们现在培养的方式、方法还都是很传统,基本上还是把知识分割成为不同的课程,把学生分到不同的专业里面来培养,现在国际上主流的或比较先进的培养模式呢我们都了解,我们都知道。一流大学培养人才的时候至少要培养通才,不能知识面太窄,我们面临的问题就是我们的师资面窄,专业师资太窄,那么就无法培养精英,无法培养行业领袖,想象力没有体现出来。我们培养综合性的复合型人才,不但是在研究领域做精,还要有复合方案,这就有利于创造性人才的成长。

——来源于访谈者8、15、16、19

(三)以简单量化指标衡量科研创新的导向需要扭转

1978年《教育部关于恢复和办好全国重点高等学校的报告》中指出高等学校由有关部委分口的办法有利于各部委对有关专业的布局、方向、规模和安排科研任务等进行统筹规划,这个文件中已经指出重点高校具有科研任务要求。1978年《教育部关于讨论和试行全国重点高等学校暂行工作条例(试行草案)的通知》中正式明确提出"高等学校是科学研究的一个重要方面军,要逐步增加科学研究的比重,认真搞好科学研究,建设成为既是教学中心,又是科学研究中心"。1979年《教育部直属重点高等学校自然科学研究工作暂行简则(讨论稿)》指出"教育部直属重点高等学校既是教育中心,又是科学研究中心,必须大力开展科学研究工作,促进教学质量和学术水平的提高,做到既出人才,又出成果",但是政策中也只是对科学研究的方向和选题、科研队伍、科研机构作出规定。1984年《国务院关于教育部、国家计委将10所高等院校列入国家重点建设项目请示报告的批复》要求改善科研条件。1995年《"211工程"总体建设规划》中要求"加强科学研究工作,努力实现科研成果产业化,加快科学技术转化为现实生产力的步伐"。2005年《关于实施研究生教育创新计划加强研究生创新能力培养　进一步提高培养质量的若干意见》要求"建立研究生科研创新激励机制,营造创新氛围,强化创新意识、创新精神和创新能力的培养;从政策上、经费上支持博士生从事对科学发展有重要影响的原创性学术研究或具有重要应用前景的重大工程或技术创新研究,激励博士生做出重大创新成果"。2007年《关于加快研究型大学建设增强高等学校自主创新能力的若干意见》指出"研究型大学是自主创新的国家队,在基础科学和前沿高技术领域超前部署,为解决经济社会可持续发展和国家安全的重大问题,提供技术手段和科学储备;加大投入、深化改革,优化研究型大学发展环境"。2015年《统筹推进世界一流大学和一流学科建设总体方案》要求以国家重大需求为导向,提升高水平科学研究能力,着力提升解决重大问题能力和原始创新能力。2018年《关于高等学校加快"双一流"建设的指导意见》要求"突出一流科研对一流大学建设的支撑作用,建设一批前沿科学中心,牵头或参与国家科技创新基地、国家重大科技基础设施、哲学社会科学平台建设,加大技术创新、成果转化和技术转移力度;探索以代表性成果和原创性贡献为主要内容的科研评价,完善同行专家评价机制"。

经过对70年来科学研究相关内容可以发现,政策中对高校科学研究要求、科技创新能力和科学平台建设都有明确具体的要求,但是针对科研创新的衡量标准和评价指标的要求却存在相对模糊性,在2018年才明确要求探索科研评价机制。加之从"211工程"开始对高校中期检查和末期验收中,对高校科研成果评价中重论文的倾向,由此使得高校在政策执行过程中产生偏重论文、轻视科研成效的问题。高水平大学政策绩效评价表现出通过科研论文产出衡量一所高校学术成就的现象,导致大学对科研论文的狂热追求,许多高校在世界一流大学的建设过程中普遍出现了过分以科研论文产出为追求的价值倾向。虽然把文献计量数据作为衡量基准有助于促进学术生产力标准化,优点在于易于操作、便于量化,但是这样将科研论文导向一定程度上是以牺牲教学育人、社会服务为代价的,忽略了大学的本质内涵和根本使命,世界一流大学的学术地位和社会声誉是在漫长的岁月中历久弥新积淀形成的,是遵循办学规律和办学特色逐渐发展起来的,而科研论文产出还不能够客观衡量一所大学的整体评价和共性认知[208];科研论文产出为绩效评价的方式无形中捆绑了高校教职员工的目标追求,容易使整个高校坠入盲目跟风发表论文的怪圈。历史实践证明,过分关注"不出版就死亡"是美国大学过去犯的一个错误[211],这也给我国敲响了警钟。大学的科学研究究竟是面向论文、面向服务,值得客观权衡和理性扭转。

> 世界一流是需要原创性成果的,重大原创,否则的话指标再好看也没有用。对工程技术学科来讲,确实是需要服务于国家社会经济发展的。我们现在的工科也在拼论文,如果一味地强调论文的话,偏离了科研发展的初衷的,工程就是技术问题,按照理科的发展,不培养优秀的工程师,只是造论文,意义不大,对国家没有一点贡献的。
>
> ——来源于访谈者12、19、22

(四)一流学科政策尚需加大跨学科要求

综观这70年政策中关于跨学科的规范,虽然学科建设一直是重点建设方面之一,但是其中跨学科建设的要求是比较少的。虽然"211工程"一期是扶持重点学科发展的政策,但是在"211工程"直接政策文本中是没有跨学科要求的。2004年《关于继续实施"985工程"建设项目的意见》开始提出"建设一批跨学科、具有创新性、交叉性、开放性的"985工程"哲学社会科学创新基地"的要求。2005年《关于实施研究生教育创新计划加强研究生创新能力培养　进一步提高培养质量的若干意见》要求"建设研究生创新中心为跨学科研究生之间开展交流与合作提供平台"。2007年《关于加快研究型大学建设增强高等学校自主创新能力的若干意见》指出"继续实施"211工程"建设,以重点学科建设为核心,凝练学科发展方向。鼓励研究型大学围绕国际科技发展前沿和国家需求,自主确定学科发展方向,加强学科间的交叉渗透和跨学科的合作与研究"。2012年《关于印发高等学校创新能力提升计划实施方案的通知》要求结合哲学社会科学研究特色,建立跨学科、跨高校乃至跨部门、跨地区的协同机制。2015年《统筹推进世界一流大学和一流学科建设总体方案》要求"培育跨学科、跨领域的创新团队"。2018年《关于高等学校加快"双一流"建设的指导意见》要求"制定跨学科人才培养方案,以学科建设为载体,探索跨院系、跨学科、跨专业交叉培养创新创业人才机制"。

学科本质上是一个知识的体系,但在我们国家学科承载了较多的内容,可能是一个学术组织,也可能是一个学院。由于高校中学院设置偏多和高校老师院系聘任院系分属异常明确,使得高校教师归属感太强,这样明显就造成了学科壁垒的困囿,束缚了推进跨学科研究的力度。从重点建设学科的"211工程"文本中就没有对跨学科做出明确具体要求,世界一流大学阶段一流学科建设政策使得一流学科建设地位进一步提高,这样持续强调一流学科建设就固化了学科概念和学科壁垒,也不利于学科松散耦合机制的建构,使得高校本来比较难以推动的跨学科建设更难。跨学科发展有利于发挥学科对其他学科和高校的渗透机理,只有保障学科相互嵌入、相互支撑才能有效保持学科发展的内生活力和永久动力。虽然"双一流"建设中也提出跨学科建设和跨学科育人,但是我国一流学科政策这样过度强化学科思维,缺乏对学科集群和跨学科的建设思维,产出了不利于跨学科成长的阻碍因素,使得学科建设陷入悖论。新时代要实现目标单一的学科发展理念是不能支撑"双一流"建设的,未来世界一流大学阶段如何推动跨学科建设需要系统的政策设计和制度革新。

> 现在我们的研究者没有跨学科的思维,没有跨学科的学术训练,即便给予了跨学科的制度支撑,也无法实现跨学科的研究,是一个非常复杂的问题,不是单纯的出台了学科政策就可以有一流学科的。"双一流"建设是肩负着新的使命,但是我们的学科建设一直是沿用旧有的办学思路来实现这么一个新的使命,显然这是一个悖论。此外,过度强调学科呢又带来了另外一个方面的负面影响,本来就说跨学科就很难,再一强调一流学科就固化了这个学科的概念。学科本意上讲就是一个知识的体系,但在我们国家学科承载了很多的内容,可能是一个学术的组织,也可能是一个学院就是一个学科。学科都是依托学院的,没有这个学科学院可能就灭掉了,所以一定要保住这个学科,招生和经费的投入都是围绕在学科进行的,所以这个学科就承载了太多的东西。所以太过于强化这个学科的概念了,也容易造成这个学科的壁垒。本身一个学科是可以代表一个大学学术水平的,但是太过强调学科的话又会造成壁垒,影响学科之间的交流。
>
> ——来源于访谈者12、13、19

(五)重点建设项目遴选机制公平性有待继续加强

我国高等教育重点建设项目的遴选机制也遭到不少学者的批评和建言。入选高校除了需要考虑行业和区域因素外,实力和成就往往并非成为影响高校入选的唯一因素。"211工程"建设伊始就对建设任务和遴选要求做出明确规范,但是"985工程"二期才有具体说明。例如"985工程"一期中重点支持高校是如何遴选出来的具体过程也没有公开说明。"985工程"的学校选择主要是一个利益与权力的内部政治协商过程,因此没有明确的选择条件和标准,也没有公开透明的评选审核机制。此外,由于缺少关于世界一流大学的确切定义,无论是学理定义还是工作定义,因此也不能清楚了解我国大学与世界一流大学的差距体现在哪里和差距有多大,因此对于哪些高校有条件被建设成为世界一流大学就没有清楚的答案,因此难以形成合理的准入制度[188]。虽然在后续"985工程"二期和"双一流"建设中,明确规定参选高校的资格审核条件,不断增加专家委员会的咨询和评审功能,但是从入选高校的结果来看,本质上只是在原有高校上的增量发展,遴选原则仍然是以政治协商为主、专家论证审核为辅的方式。

(六)专项资金分配和使用的科学性有待优化

我国高等教育重点支持项目发展这么多年以来,一直遵循的是集中资源重点扶植少数高校优先发展,结果导致大量优势资源向重点高校倾斜[212]。资源集中战略的批评者认为,这些战略在本质上使得具有相同使命的机构之间造成了真正的差异[182]。这种集中有效资源扶持少数高校的做法,中央专项资金配置的科学性和合理性有待优化。高等教育重点建设专项资金投资强度呈现出高校区间内差异小、组间差异大特征,这种分配机制也有待完善。我国中央专项资金拨款主要是政治博弈的过程,如何配备相应资金,依据原则和核定标准还有待继续深化调控。此外,资金管理与使用也有待完善。例如"985工程"一期经费缺乏规范管理。"985工程"一期建设投入的资金并没有清晰的预算、审核和评估环节,缺乏相关的政策文件的指导和约束,资金拨付没有与具体建设目标挂钩。教育部、相关部门和地方政府在与高校签订共建协议时,仅有一个资金投入总额数字,但没有明细的资金项目规划。在这种情况下,当然也谈不上对资金使用效益的有效评估。在这种变化形势下,不可能一开始就对资金的整体投入有一个全盘清楚的考虑,当然也谈不上对如何使用和监管这笔资金,高校如何有规划地、科学地使用这笔资金,如何评估资金使用的效率等。[188]

"211工程"其实是一流学科平台,"985工程"重点就是整体建设,而且是优中选优的。"双一流"的突出特点肯定就是指"双一流"与前面"211和985工程"的区别,"211和985工程"是一个没有退出机制的、封闭的、身份地位固化的一种方式,只进不出。而"双一流"讲的是以绩效为基础,以绩效考核为标准,建立了退出机制,是一个动态的遴选机制,办得好就可以继续,办得不好就退出把机会让给别人,增加了一种竞争性。当然适度的竞争是比较好的,但是在一种举国高等教育体制下,大量资源流向"双一流"高校的时候,这种竞争在实际上恶化了学术生态,这种竞争导致大学之间,不论是资源的竞争,还是能不能入选的竞争或者人才的竞争等非常激烈。

——来源于访谈者12

虽然教育部是高等教育重点建设项目的主要领导机构和管理机构,但是其中央财政拨款时限和权限的协调能力相对财政部和发改委而言是非常有限的。专项资金使用有很多刚性限制。这些经费在使用中必须严格遵守这些项目支出分类,一般不允许跨项目使用,即使申请也需要遵守严格的申报审批程序等,这样高校支配权和经费使用效率非常有限。因此在这种情况下,拨款很大程度上用于科研平台建设,因此产生了高校的经费使用中出现大量购买仪器热的现象,而真正投入人才培养方面的却相对比较少。

国家的经费都变成项目会带来两方面的问题:第一,项目管理的都是行政部门,于是大家都去攻这个行政管理,会造成一些腐败的现象;第二个就是项目的要求是什么就满足项目的申请要求,至于项目的内涵,希望高校达到什么样子,很多高校是并没有下功夫的。因为内涵行政部门是规定不了的,都是有具体的项目执行人承担人来发挥他的主观能动性的。

——来源于访谈者8、19

(七)国际化相关政策要求相对宽泛

从政策脉络可以发现,重点大学阶段国际交流合作的要求相对不多,1995年《"211工程"总体建设规划》中要求"增强高等学校国际交流与合作,扩大我国高等教育在国际上的影响"也是比较笼统的。2004年《关于继续实施

"985工程"建设项目的意见》要求"聘请世界著名学者来校讲学、合作研究，与世界一流水平的大学或学术机构开展实质性合作，建立高层次人才联合培养及研究基地，开展高水平的国际合作科研项目，召开高水平的国际学术会议，加大吸引外国留学生来华留学的力度"等，开始对国际交流范畴具象化。2015年《统筹推进世界一流大学和一流学科建设总体方案》提升了对国际交流合作的要求，将其作为改革任务之一，指出世界一流大学国际交流合作包括人才联合培养、科学联合攻关、参与国际和区域性重大科学计划和科学工程、增强对外籍优秀教师和高水平留学生的吸引力、参与国际教育规则制定、国际教育教学评估和认证等。有学者研究发现我国"985工程"大学的国际化发展仍然处于走出去和扩大影响力的初级阶段[213]。不少高校的国际交流合作处于浅层化阶段，交流多、合作少，去得多、来得少，有实质性的能够深入教学科研环节的合作更少，不少在国际交流合作方面态度消极，简单地把国际交流作为迎来送往为主的礼仪，找不到交流合作的恰当项目[214]。高水平大学政策中对国际交流与合作的要求越来越全面，是比较全面的国际化发展目标，但是高校在政策执行中将全面目标窄化到了仅仅是发展国际交流合作等方面，主要表征就是招收留学生、聘请外籍教师、国际合作项目数量等，因此虽然高校国际交流规模和层次呈现出量级增长趋势，但是仍存在形式单一、层次浅显等问题，如果加强政策中国际化的要求还有待深入探索。

> 消极来说就是把国际化的全面目标窄化到了仅仅是发展国际化的方面，到最后成了招收多少的国际学生、开设多少的英语课程的项目、多少个国际合作的项目之类的，细化到这些方面，偏离了对于本地的服务职能，该功能就自然地弱化。
>
> ——来源于访谈者16

三、政策工具批判性分析

政策工具是影响政策成功或失败的重要影响，工具选择的科学性和适恰性对政策成功具有决定性作用。林水波认为政策工具为政策设计时所要考量的重要因素之一,选择之适当与否攸关政策之实质成效。到现在为止,我国尚未形成针对高水平大学政策工具的系统性反思,因此这部分着重对政策工具使用进行研究。

(一)命令工具存在使用过溢现象

命令工具是高等教育变革最直接和最有力的工具,由于受到传统政府干预思维的掣肘,我国命令工具的使用方面没有发生彻底改变,政府越位、错位的现象仍然比较严重。政府替代市场作为"公共利益"代言人涉足高等教育内部事务,运用系统命令工具对高等教育可能存在的问题以及失范、失真、失败进行干预,对复杂的高等教育系统实施统一简单的命令管理,这样容易违背高等教育自身规律,甚至高等教育内部或是很多细节都被统一化或是忽略了。通过三个阶段政策工具分析可以发现,命令工具在高水平大学建设中占据核心主导地位,但是客观检视命令工具就可以发现也存在一些缺陷和不足。

1.市场因素缺失。我国重点建设工程更多是偏向国家意图主导的政策行为,本质上不是基于市场因素发起的,对政策目标、政策任务、资源分配都是从上而下的组织命令,缺乏对市场因素的均衡和统筹。命令工具运用的合法性成为市场失灵的隐患,由于命令工具具有较高的强制性,加之高等教育准公共产品属性决定了必须受到外部市场环境的掣肘,而且高等教育存在可度量性低的不可立约性,使得市场机制在公共服务领域的作用受到很大程度的限制[185]。虽然我国政府倾向使用这种工具,但是有批评者认为强制性工具的使用虽然表面上看似成本低、高效率,实则可能忽视了给高校施加的大量成本远远高于必要性开支成本,而且可能会牺牲了市场效率的收益。

2.官僚化程度增加。政府在实施高等教育重点建设管理时也会倾向于选择烦琐的申请要求等管理和控制行为。大学为了处理政府政策的责任标准,通常不得不改变内部管理机制,这就减少了机构的灵活性,并逐渐在大学内部形成庞大的管理机构,这些管理机构在权威工具的威胁下又强化了官僚化程度[185]。这种高频使用命令工具的方式,使得高校的发展更偏向政府规定的优先事项,而僵化了高校理性自主行为的内生增长,而且存在侵蚀大学自治和学术自由的隐患,可能会弱化高校的独立价值,使得大学成为政府的附庸,强化了官僚化程度。

3.同质性隐患。由于不同高校和不同学科之间的差异性,过度使用命令性工具必然强化同质性、削弱多样性,并不契合"双一流"建设的丰富内涵。命令工具是有鼓励多元发展和不同使命的愿景,但是高校未能够对政策方向作出多样性反应,相反,逐渐趋向追求相似的活动基础,很少有机构有自信地去追求他们的特色发展。命令工具常常会缺乏灵活性,并且具有一定的不可变通性、解决问题的僵化性,对具体情况的欠缺考虑会使决策和执行违背最初的政策目标。如果政府过度使用命令工具的强制力,往往会忽视高校自身发展诉求和主观能动性。命令工具的本质是一体化的,是将政府意志传达到政策客体,它的理念是建立在"同质性"的基础上。因此,命令工具的过度使用往往与建设多样化高等教育系统和高水平大学相悖离,使得高校投入更多精力与政府规定的优先事务而在其他方面选择空间有限,抑制了高校创新型选择的方向和权限。

> 因为它涉及全国的布局,我们已经有一种惯性,就是说千篇一律,一刀切的这种政策办法是有的,就是没有根据学校的实际特色,而是按照一刀切的这种办法制定政策,是吧?政策的弹性或者张力不足,这个肯定是存在的。学校要办自己特色,实际上张力不足的话,它刚性太强,就会有千篇一律、千校一面这种情况就出现。

——来源于访谈者24

(二)能力工具显现短期支持效应

1.直接提供偏向严重。能力工具是确保重点建设工程高校生存和发展的重要手段,我国能力工具使用体现出显著的直接性特点,长远性相对不足。直接提供作为政策工具存在缺点是[103]:第一,官僚机构的直接提供往往以量化刻板为特征,因而反应迟缓。第二,对官僚机构及官员的政治控制容易忽略为公众服务,从而降低公共服务的质量。第三,由于缺乏竞争机制,官僚机构没有成本意识而造成资源浪费,这最终由纳税人来承担。第四,政府机构之间的职能冲突也会影响到服务提供的质量。

2.树立资质门槛壁垒。能力工具主要用于支持入选高校的建设,集中优势加强对这类高校的倾斜发展,但是这种政策倾斜和扶持产生了"资质门槛"的壁垒,这些门槛也成为重点高校抵御竞争的天然屏障,从而导致提高资源利用效率的动力不足[54]。在优先支持发展高校的政策倾斜、政策引导、专项扶持中产生"温室效应",不利于不同层次高校公平竞争的制度环境,而且是否与高校自身需求相契合和相匹配也存疑。

3.存在不确定性漂移。能力建设工具的弊端在于充满着不确定性、无形的、难以测量[198],同时带来执行效力不足的隐患,有时候不利于政府充分管理高等教育,而且可能关键问题上游离于要求之外。例如政策核心建设中对人才培养始终居于核心地位,很多重点建设高校更多资源用到改善科学条件、学科建设等可以量化并且体现高校门面的方面,而对人才培养和教学质量上的投入更多是象征性支持,并非高校能力建设的核心和自身建设的核心,这就产生了建设任务中心的漂移现象。我国高水平大学政策能力工具虽然与命令工具联系密切,但是与劝告工具、变革工具和激励工具联合使用共现却不高,一直缺乏和其他工具的配合使用,如何使各种政策工具组合发挥效力、确保重点高校具备世界一流大学的能力亟待深入研究。

(三)变革工具体现调整力度不强

纵观三个阶段变革工具的使用变化图发现,在重点大学阶段变革工具使用频率显著高于后两个阶段。特别是21世纪以来,总体变革工具使用频率和变革程度都不是很高。例如,重点大学时期开始制定的党委领导下的校长负责制、研究生院制度、办学体制、管理体制等,虽然在以后的政策中政府在不断简政放权,不断扩大高校办学自主权,但是总体来说,政府管控着重点建设的任务向度、质量管理、过程控制、评估评价等本质上变化不大。虽然"双一流"与建设中强调要破除体制机制障碍,但对于破除哪些、怎么破除、如何建构是模糊的,这种模糊性一定程度上阻碍了政策工具的准确选择[198]。

(四)劝告工具呈现身份认定固化

1.符号身份固化。针对我国重点建设而言,劝告工具呼吁对重点建设各类身份符号标签的竞争和认可,但是片面鼓励重点建设的各类身份可能会冲击高等教育内部的价值系统,引起其他未入选高校的不满。我国重点大学建设给高校贴上了各种各样的符号标签,例如重点大学、重点实验室、重点学科、"211工程"高校、"985工程"高校、"双一流"高校等,这个外在身份符号与高校内部发展并不一定一致,这种官本位式的符号实际上有违大学的内在追求。身份符号标签是声誉和名誉的象征,其实在社会上有硬通货的特点,高等教育领域往往对具有此类符号的组织具有较高的认可度。例如针对高校重点建设项目拨款而言,根据大学基础单元的教学或研究能力在分级类别中排序评估配额,这种拨款模式表面上是以精英为基础指向的选择性拨款,但是也存在着以先前符号认定为基础进行配置的问题,声誉低的机构在竞争前期就被排除在外而难以提升层级,这是容易形成一个危险的身份层级怪圈[185]。此外,也带来了身份符号歧视。例如许多研究生入学考试、公务员、企事业单位在招聘公告中时宣布只有"211工程"高校、"985工程"高校或是"双一流"高校毕业生才有资格,这就带来身份歧视,统计显示70%多的高校毕业生遭受过这样的就业歧视[54]。劝告工具的身份认定和导向带来了对其他未入选对象的歧视,如果运用过多,反而会带来公众的反对。

2.信息资源公开不足。劝告工具在信息资源使用也存在壁垒,针对每次重点工程的发布和遴选是公开的,但是对于每次遴选与实施的过程数据和信息更多是象征性公布,更多内部实质性信息是没有公开的,特别是建设质量内部信息不透明。劝告工具的信息透明公开非常重要,如果很多重要信息处于黑匣子状态,缺乏信息透明机制及监督监测机制,这样操作往往不能够获得社会支持和共情。

(五)激励工具滋生急功近利

激励工具的最初目的是政策执行者用奖励和诱导来促使机构发展,优势在于可以减低政策执行过程中可能遇到的各种潜在阻力和障碍,但是奖励和诱导一旦制度化,就会使得共同使命追求转变成价值交易关系,使命取向注重长远发展,价值交易倾向短期利益,最终结果就是以组织长期的生存能力为代价去获取短期的胜利[215]。换言之,激励工具本质上是通过激励范式诱导高校对政策的认可和执行,这种政策设计使得利益取向渗透到重点建设中,使得资助追求成为高校追寻的重点,造成了高水平大学建设功利化倾向,损害了高等教育建设的本质目标。激励工具是公共教育资源分配的重要指挥棒,我国主要采用专项资金这一"胡萝卜",也建立了21世纪优秀人才支持计划、创新团队支持计划、自然科学和社会科学基金等各类形式资金,引导高校向政府指定的方向发展,将有限公共资源聚拢于少数高水平大学。但是在这种工具影响下,高校坠入利益博弈竞赛的循环,并且追求利益的趋势愈发显著。

1.利益博弈竞赛。激励工具是利用大量经费投入来引起高校间有意识竞争行为的。一旦入围高等教育重点建设工程的高校,就可以在相当长的一段时间里,"有保证"地获得大量专项经费投入,而且社会声誉要明显高于其他未入围院校。在这种引导下,高校各显神通争取尽早地被划入我国高等教育的第一方阵,因此激励工具发挥了"动员令"的作用[226]。从1995年"211工程"开始,后续各种重点建设都是以专项资金的形式进行拨款,在这些中央专项资金的激励之下,每次新的重点项目出台,就会在高等教育领域产生争入重点建设高校、重点学科点等博弈竞赛。虽然国家设立各种专项经费,并且专项的经费占比非常高,这些经费会对很多学校带来不同影响,但是通过观察最终结果可以发现,仍然遵循这种长期稳定的经费激励方式,即使新出台政策鼓励竞争性经费分配,可以发现竞争性经费仍旧按照基本固化层次进行划分。虽然每次新的政策调整会引起新的利益博弈,但是在现有激励工具体系之下,很难后来者居上,亦很难突破传统固化的层级分配框架。

2.教学中心偏移。通过前面政策目标和政策内容分析可以发现,我国高水平大学建设人才培养第一位的要求是毋庸置疑的,这样就导致一定程度上背离了重点政策的初衷,造成政策要求和政策执行中的偏差[226]。重点建设高校受激励工具影响,重心从教学走向科研的转移,存在重视短平快、轻视长期发展的特点。高水平大学建设较注重硬件条件与平台,对人才培养等教学工作,形成了一定的冲击。虽然政策中要求科研反哺教学,但是政策执行中却存在明显地偏向科研的现象。从某种意义上讲,重点高校不自觉地比拼的是科研能力和水平,而对于高等学校人才培养的使命无形中被弱化。

3.急功近利趋势愈发严重。重点建设造成科研数量急剧上升、质量问题频发的窘况,科学研究注重数量而不是质量的风气愈演愈烈,而且滋生了大量学术造假或学术腐败的现象,带来了越来越多的矛盾以及急功近利的行为。近年来,激励工具引导下高校催生了学术浮躁和学术不端的不良之风,学术产出重量轻质的导向也非常严重,产生了大量国际国内的学术造假问题,甚至"学术工厂"等怪胎。有的高校或是教师为了经济利益而背离其教育宗旨,导致高等教育质量滑坡,滋生了高校内部的学术造假和学术腐败[216],如何发挥激励工具的宏观调控作用亟待解决。

第二节　高水平大学政策改进建议

创建具备全球卓越水准的世界一流大学,需要秉承正确的办学理念和发展目标,规避在政策设计中的矛盾误区。公共政策是国家为了实现某些目标而制定的,是明确的政策目标、复杂的政策主题、有效的政策工具的组合集,这些政策要素都是系统设计的结果,往往通过政策设计实现公共政策目标遴选和价值达成。政策创新本质上是对政策活动中新的利益关系和利益格局进行重新调整和完善。在我国当前高等教育体制下,国家对高水平大学政策的顶层设计是重点建设的出发点和着力点,与未来世界一流大学建设的建设也息息相关,是决定未来成功与否的关键因素。因此,本部分从政策设计角度探究高等教育重点建设的政策创新向度,强化高水平大学政策对社会需求的回应,构建多元主体参与、价值多样化、决策科学化的政策设计过程,以服务于政策未来的调适和修正。

一、政策目标的改进

审视世界一流大学可以发现,它不仅是一些数量指标的简单集合,更是制度的复合集合,是外在的发展形式、内在的发展机制、价值体系构成的统一体,数量指标容易达到,而制度内涵不容易建立,所以实现"双一流"建设目标的艰巨性不容低估[217]。由于政策目标对政策方案、政策实施、政策评价都具有重要指导价值和凝聚作用,鉴于我国高水平大学政策目标中存在的各种问题,本部分着重对政策目标创新向度进行研究。

(一)建构"问题解决型"政策目标

政策设计是对政策问题解决过程的整体性规划,不仅需要探索各种不同的备选方案和解决办法,而且需要对国家行政、物质资源、财政经费进行通盘考虑。政策创新往往是源自对现实问题的审思和探索。审视高等教育重点支持政策目标的顶层设计,不应强化政府自上而下的强势介入,而是应在分析我国世界一流大学建设未来走势的基础上,明晰政府职能和角色,弥合我国政策设计与政策实践之间的鸿沟。

我国正在转变为创新发展型,这种自上而下的改革路线仍然将会是未来我国高等教育改革的重要特征。但是在未来我国宏观政策目标框架中应加大问题解决型政策目标的探索和实践。如果希望"双一流"真正实现其目标,就必须使它从"理想导向型"向"问题解决型"转变,政府和主管部门应在遵循政策设计逻辑基础上,塑造高水平大学建设政策目标和内容,以解决社会发展中的瓶颈问题和构建制度化新秩序。我国高等教育体量和规模已经达到一定程度,但是我国高等教育"大而不强"的阶段性矛盾仍然存在。因此,政策设计人员应该提高政府政策目标决策的科学性和有效性,一方面,在确定政策目标时,规范政策目标决策程序,重大教育政策出台前不仅要公开讨论,而且更应该充分调研,加大民意征求力度,坚持问题导向,聚焦薄弱环节和瓶颈问题,确定改革重点领域,自下而上地调研政策问题的实质所在,以便集中配置政策工具和社会资源。另一方面,在政策目标的确定阶段就力求让同一政策的多项目标相互协调,自上而下和自下而上相结合地运用系统论、控制论、运筹学等方法来对有关的政策目标作全面考量[218]。

(二)树立高校分类发展目标

我国高等教育本质内涵和价值取向是影响高水平大学建设的重要逻辑基础。政策变革不仅表达着社会价值观的变化,而且改变了利益和资源重新分配的方式,建立新变革模式下的新秩序。在政策设计的目标对象中,优势群体一方面倾向于接受具有高度自由裁量权、短期实施链和强有力规定的福利政策,因为实际的物质利益是资源分配的结果;另一方面,劣势群体只能倾向于接受政策设计,但是这种设计往往以片面性的[97]。入选"双一流"高校不仅获得经费支持和名誉声望,而且在招生权限、科研项目、就业优势等方面获得实际价值。但是"双一流"高校的声誉地位、专项经费主要是政府赋予的,并非完全依靠办学实力获得的。经过70年的发展,我国高等教育产出了高等教育分层问题,相伴而生的机会不均等问题也愈发突出,如何满足不同类型高校适切性发展需要是现在面临的瓶颈问题。综观70年高等教育重点支持政策,高水平大学的分类发展在政策内容中是有所涉及的,但是在政策目标中是没有明确提出的。因此,未来世界一流大学建设亟待国家从政策目标出发,对政策目标愈加明确清晰,构思我国高校分类体系和管理办法。

> 在一流大学和一流学科里边,可能也是把那些也分一分,大量的学科和学校针对国内人才培养,那些少量的、基础研究的、代表世界这种基础研究的学科,可能对那些学校给一个政策支持。在重点学科、重点大学里边可能还可以再分细一点。
>
> ——来源于访谈者24

当下构建高校分类体系有三种新思路:其一,建设高等教育生态系统。贾米尔·萨尔米提到在过去的数年中,"世界一流大学"已成为口头禅,不仅是提高教学和科研的质量,更重要的是增长在全球高等教育市场中的竞争力[24]。萨尔米分析了美国、中国、尼日利亚、智利、印度、新加坡、马来西亚等国11所研究型大学建设世界一流大学的过程,发现启动良性循环的高等教育生态系统是关键因素(图32)。萨尔米认为高等教育生态系统具备8个维度:(1)涉及高等教育机构管理(大学领导的任命)、资金水平、学术自由、国家安全的宏观政治经济环境。(2)国家层面高等教育发展战略与目标规划。(3)决定高等教育机构自主权的治理结构、管理过程、问责制度等治理和监管框架。(4)评估科研、教学和学习质量的质量保障框架。(5)资助高等教育的资源数量(公共和私人资源)与将这些资源分配给各机构的激励机制。(6)高中与高等教育的衔接及整合高等教育体系中各类机构的信息机制。(7)高等教育机构在特定地理位置下的经济、社会、文化和基础设施,包括公众服务、住房交通和环境质量等。(8)提供宽带连接与用户设备的数字和电信基础设施[94]。

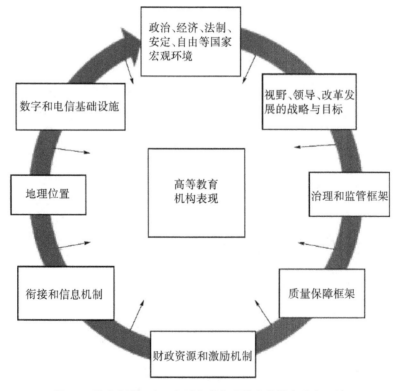

图32 影响世界一流研究型大学表现的高等教育生态系统

其二,打造"旗舰大学"。世界一流大学究竟是面向全球还是面向区域,学术界还存在诸多争议。道格拉斯指出世界一流大学是一个非常狭窄的概念,试图倡导在地区、国家发展"旗舰大学"的思路(图33)。他认为全球大学排名"为绝大多数有抱负的大学创造了无法实现的目标",阐明旗舰大学作为公共机构模式以国家和区域服务为基础。实际上,他提出的是一个使命差异化目标,用旗舰大学的概念淡化了排名的重要性,帮助大学将建设重点从研究扩大到相关职能等目标[77]。

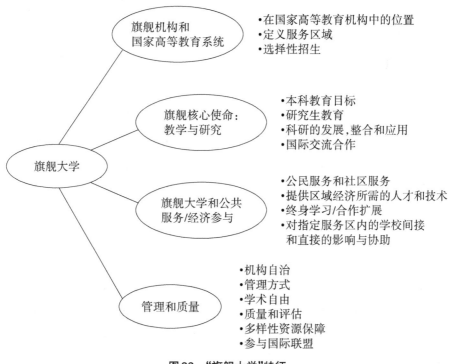

图33 "旗舰大学"特征

其三,通过协商引导高校各安其位。中国香港主要有8所院校,每所院校都有自己的角色定位,这个角色定位不仅有高校对自己的定位,也有地区对其定位,香港特区政府与高校积极协商之后赋予高校不同的角色。政府据此在资金投入方面是有所侧重的,有些高校投入教学,有些高校投入科研。香港高等教育分类发展战略的顶层设计思想是错位发展、多元合作,共同构建了结构合理、特色有序的高等教育体系,以特色办学促进高等教育多元发展目标,以服务于本土并追求国际卓越,形成了政府宏观引导和院校自主发展相结合的机制[219]。

> 针对高校同质化问题,高校学科选择可能基于科研研究需要,也可能基于人才培养需要,这不是规模的问题,这是哲学的问题,是世界观的问题。高等教育的分类发展,高等教育的顶层设计,我觉得相对要做适当的调整。我国香港分类式的大学发展目标与内地的大学有区分的,高校可以追寻自己想要发展的方向。我们的政策要给学校充分的自主权,每个学校有自己的发展定位,或者自己定一个目标,然后给学校充分的支持,让它自由地朝这个方向去发展,而且要持续地发展。从全国几千所高校来划分角色定位是非常不现实的,所以这个时候就应该积极发挥地方政府的作用,每个高校的一个职能就是为当地的发展也提供一个依靠和支撑,所以我觉得应该是每个省以及地区对自己地区的学校有个层次的划分,在这个层面上可控的力度会更强一些。
>
> ——来源于访谈者13、15、16、17、19、20

总而言之,从全国高校来划分角色定位是非常不现实的,但是对所有入选"双一流"高校,根据这些高校的行业特色、学科特色、历史特点以及所在省份需求,突出学科专业特色和行业特色,根据高校进行分类。因为高校的职能之一就是为当地的发展提供依靠和支撑,高校应根据自己的区域定位来确定高校分类和特色发展重点,这种思路比全国一盘棋的思维更具有可操作性,效果可能也会更加显著。发展健全的高等教育系统是我国建设世界一流大学的宗旨所在。尽管"双一流"建设的起点是支持重点高校发展,终点却是提升我国高等教育系统的整体水平。鉴于此,我们应统筹理顺国家和区域、一流和非一流、高等教育系统内外等利益相关方的关系,构建政府、社会、高校等各方资源协调联动的共建机制。概言之,"双一流"建设应鼓励和支持不同类型的高校竞争性、差异化发展,重点破除同质化的发展路径,打破身份固化、竞争缺失的桎梏,扩大"双一流"建设对高等教育系统整体发展的促进作用。

（三）科学合理重构目标规划

政策目标的基本原则是明确性、发展性。反思我国高水平大学政策目标可以发现,我国政策目标中对重点大学、高水平大学、世界一流大学政策目标缺乏目标项和目标值的约束,特别是重点大学时期、"211和985工程"早期,缺乏中长期政策目标的衔接,这个问题非常明显。虽然世界一流大学阶段政策目标相对不再笼统,对目标值、目标项更加具体明确,而且制定了比较合理的中长期目标,但是个别政策文件中仍然存在政策目标、政策任务、政策内容、政策原则含混的现象。因此,一方面政策目标制定中严格区分目标、任务、内容、原则的分界线;另一方面要统筹协调总体目标与分目标、中长远目标与近期任务、人才培养与科学研究、学科建设与平台构筑等关系,确定各个项目的发展目标,做到有分工、有统筹,实现集成式发展;此外,针对目标值和建设时限,加大科学性预测和规划,综合集成推进建设世界一流大学和世界一流学科进程。

二、政策内容的改进

许多现有的政策组合或要素组合并不是完全按照既定或既有的原则,在有意识、有目的和深思熟虑的规划上"设计",而是一个渐进的历史过程。在这个过程中,随着时间的推移,因先前政策努力而持续发生改变,只能通过渐进的变化或连续的重新制定,政策组合才能慢慢建立起来。在这种情况下,后期的变化不一定符合早期政策要素的最初目的和意图,政策设计者们面临着重新设计或替换现有制度要素的挑战,往往采取局部修补或重组政策要素集合的策略[106]。政策设计可视为政策元素集的理性组合,政府顶层政策设计思路决定了政策的稳健性。因此,世界一流大学政策内容设计应该注重系统性、集成度,明确目标任务,聚焦重点难点,从整体性出发统筹兼顾。

（一）继续巩固和强化创新型人才培养力度

有学者指出,我国的教育体系正在培养越来越多的劳动者,理工科毕业

我国重点建设高水平大学政策的演进与创新研究

生人数是最多的,是美国的四倍多,虽然有助于抵消预期的整体劳动人口下降趋势,但是我国高等教育机构尚未建立起一套能够充分培养创新的学习系统,也缺乏能够激发创造性突破的讨论式学习氛围[220]。无论是传统古典大学,还是近百年建立的世界著名大学,它们都以培养精英为目标。哈佛大学以"为培养优秀公民及领袖"为责任,斯坦福大学以培养全世界的领袖人物为目标,牛津大学以培养领袖人才为己任。世界一流大学最重要的职能是人才培养,毕业生水平是高校办学质量的直接反映,只有培养出一流人才的高校才堪称世界一流大学。

> 我国需要能够解决问题的具有创新性的人才,这也应该是大学所擅长培养的。我国需要在人才培养方式上有一个革命性的变革,这种才能够培养出创新性的人才,学生具备这样一种潜力,但是没有把他们激发出来而已。我国不仅需要工程师,需要他们有自己的想法而培养出具有创新思维的人才,也需要政府在社会学、文学、艺术和历史等学科加大投资,这些学科可以让人更好地反思。国家发展不仅需要劳动力是技术人员,也需要他们能够很好地协同工作,不仅是掌握各种技巧的项目管理者也需要有效的实践管理者,不仅仅获得尖端的研究人员,还需要在各个方面获取高质量的人才,这才是一个大学或机构能够在未来二三十年持续进步的重要因素。
>
> ——来源于访谈者1、4、6、9

我国高水平大学政策需要从价值角度平衡单一人才培养观和多元人才观,树立多元人才质量观,强化多元精英理念在政策制度中的价值引导,深入研究如何将数量优势转化为质量优势,把人力资源大国转变成人力资源强国,构建多元化人才培养体系,提升我国大学生全球竞争能力,这些都亟待人才培养质量,改革人才培养内容,以提高人才培养作为首要任务和本质诉求。一是未来"双一流"政策需要转变专项资金支出向度,加大专项资金中人才培养的扶持力度,以资金保障为向度巩固人才培养在高水平大学建设中的核心地位。二是要鼓励创新人才培养模式,变革教育教学方法,更新课程教学体系,改善教学设备条件,加强人才培养质量保障。三是要加强本科教育和研究生教育人才培养的改革试点,发挥教师积极性和主动性,树立正确的教育教学价值观,根据学生兴趣爱好营造教育教学氛围,促进学生全面健康发展[221]。四是要积极拓展人才培养的国际空间,致力于培养具备国际视野和全球竞争力的拔尖创新人才作为首要任务,搭建各种国际性人才培养平台,并将国外优质教学资源、教育方法引入我国高等教育人才培养体系。

(二)加强科技成果转化、服务区域发展

世界一流大学作为研究密集型机构处于智力和科学的前沿,是提高国际竞争力和创新力的引擎,这也是各个国家一直鼓励和支持世界一流大学建设的根本遵循所在。英国科学家马克斯·佩鲁茨曾说过:"科学上的创新是不能够组织的,从上而下的指引将抹杀创新。"[222]当前,我国已经把科技创新摆在了更加突出的位置,推进高校科技创新以及成果转化无疑已经成为常态化需求。

> 未来的政策制定上应该加强服务职能的比重,要强化一个大学对于本地经济、文化等方面发展的重要性,这一点的话要脱离大学的排名,因为很难准确地说一所学校对于本地的发展有多大的影响,比如现在比较火的"双创"、高校与企业的合作,但是最后评估的时候可能又回到了数字层面,具体的应该去看带来社会影响力。
>
> ——来源于访谈者10、11

因此,其一,强化知识创新政策目标导向,围绕区域性、行业性急需的创新能力研究我国问题,聚焦国家重点战略需求,面向世界科技发展前沿,着力推进原始性、开创性科学研究,回归基础研究以及长线的应用研究,加大对技术性创新、方案性创新、专利性创新的扶持力度和政策倾斜,夯实知识创新的基础条件,促使高校嬗变为原始性创新、变革性创新的策源地。其

二,加大对高校服务区域能力的评估和要求。强化高校科技创新与服务能力的有效对接,发展多元化、多样化、市场化的转移服务体系,打通科学研究、应用开发、成果知识转化链路,建立多要素深度融合的成果应用转化机制,扎实推动高校科技创新及成果转化的贡献力和推动力。其三,变革科研评价机制。我国要改革科技成果评价制度,理性摒弃片面追求科研论文的价值取向,建立以科研质量、贡献、绩效为导向的分类评价体系,正确评价科技创新成果的科学价值、经济价值、社会价值,形成良性的科研成果评价机制[223]。

> 总体看是赞成现在的政策的,有一个问题的教育不能太功利化,看表面成绩。无用是为大用,基础研究强调投资是需要导向即问题导向,真正的颠覆性技术想不到的,是不能计划的,这是科学发展的规律,科学从来不是计划。模仿有一定好处,但是跟随的办法,不是原创的办法。所以原创要有独立自由的思考,也许天花乱坠地想,投资也需要创新的。对于原创因为没有保证,不一定能做出,科研项目关于国内外没有的成绩就会批评其实是错误的。我觉得应该投资一些所谓自由创新型的项目。
>
> ——来源于访谈者27

(三)转变学科建设理念、构建跨学科建设方式

世界一流大学普遍具有各自特色学科,例如墨尔本大学医学、斯坦福大学电子工程学、芝加哥大学经济学等。学科结构作为专业知识的载体,既需要面向国家经济社会发展需求和科学技术发展趋势的外部逻辑,又应兼顾学科本质属性和内在发展规律。我国重点学科建设应该由学科基本条件建设的外延转变为重学科竞争力建设的内涵发展,以驱动产业转型升级,提升国际创新力。"双一流"建设应该推进学科建设与知识创新和人才培养的深度融合,构建学科生长的政策环境和制度保障。因此,我国学科建设政策建议从以下方面创新:一是转变学科建设理念,把学科当作是大学的学科而不是院系的学科,建议从高校组织理念层面权衡学科建设,从政策层面鼓励不同高校采取不同的学科建设理念和模式。综合性大学如果只重点发展一两个学科就无法成为综合性大学,所以应谋求学科的整体发展。多科性大学要构建学科群,建立良好的学科生态链,围绕核心学科找到学科生态链的关键所在和学科渗透耦合机理,谨慎增加非学科生态链上的学科,避免无端稀释资源,弱化所要发展的特设学科。例如我国行业特色鲜明的理工见长高校,学科建设优化布局需要夯实办学特色和行业特色,着眼于特色优化和内涵优化,强调"特色凸显、有所不为"的共识[224]。二是构建跨学科群,政府不宜直接干预学科层面的建设,应为学科健康成长预留空间。史蒂芬·布林特(Steven Brint)指出了一流学科发展的两条路径:在传统学科范式内进行持续性创新,不断提升学科排名;通过跨学科研究开拓新的研究领域,实现学科的颠覆性创新[225]。密歇根大学的教师联合聘任制能很好地促进跨学科研究,伊曼纽尔·沃勒斯坦(Immanuel Wallerstein)就提出跨学科研究方式。因此加大跨学科政策引领,鼓励通过学科交叉推动颠覆创新,打破学科的边界藩篱,以动态开放模式推动学科建设。三是把握学科生长规律,尊重学科发展的自在性特点[178],倡导构建学科生态系统,通过理念和制度创新来为一流学科的成长创造环境。四是优化学科结构调整。学科结构调整优化的主旨是形成"需求和条件"相融洽刚性约束机制和"规律和本质"相统一的柔性约束机制,使学科结构调整能够在双重约束下发展,构建我国学科建设内外部规律相互促进的发展新常态、新格局。

　　中国不可能想要的仅是工程学的大学体系,需要注意的是如果不去关注其他领域而仅仅关注工程学领域是非常危险的。有的学科可能需要更多的实践技能,例如医学,可能需要有医院的实践经历,甚至应该试图改变工作模式。投资其他领域比如人文科学、社会科学、艺术、纯数学等是非常有用的,有非常有天赋的学生来从事人文科学是非常好的事情,这些会带来意想不到的好处。建议在学科建设中把决策权力下移。在有限自由的空间里面充分发挥高校的主动性和积极性,所以建议由政府把控学科建设的筛选、审核和监督环节,形成有限自由的模式。

——来源于访谈者4、13

(四)强化国家调控引导,建立师资制度生态

师资水平能够决定人才培养的质量,不仅影响教学水平,更能影响科研水平。英国皇家工程院在对世界各地学术人员调查和采访的基础上,2018年4月发布的《大学教学职业框架:背景和概况》,阐明了大学教师学术职业差异化结构框架、影响范畴及适用标准,指出大学教师从开展有效教学到成为国家或全球教育领导者的过程是阶梯化螺旋性上升的过程,如图34所示。其中特别强调,国家或全球教育领导者类教师通过在国家和全球范围内学术研究和教学实践,为大学教学和知识生产做出卓越贡献,他们的影响范畴不仅包括学生、学术同人及相关领域的教育环境和教育知识,而且会波及整个国家或全球范围内的教育共同体[228]。

高校的政策在吸引人才方面,不仅在于工资待遇,而且更在于学术环境的塑造,例如完善学术休假制度。一般来说,教师有一定安全感的时候,往往去研究一些长期关注性问题。就学术市场而言,高校是唯一的雇主,经常设置和变革各种条件,对教师而言,犹如惊弓之鸟,缺乏安全感,就很难有稳定的科研成果。

——来源于访谈者2、3、11

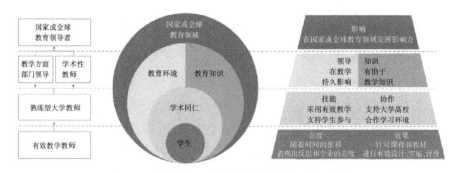

图34　大学教师职业类别、影响范畴及适用标准

第六章　我国建设世界一流大学的政策创新研究

高水平师资是提高毕业生全球就业竞争力核心素质的内在要求,特别是学术带头人,构建高层次人才合理有序流动,鼓励由单位人向市场人转变,塑造高校教师的主导权。欧美许多著名的世界一流大学汇聚了一批诺贝尔奖得主和顶尖级学术大师,确保了人才培养质量的提升。针对我国高水平大学政策而言,第一,加强国家层面师资建设的顶层设计,根据有关师资建设项目继续加大世界著名教授的引进比例,发挥政府政策引导机理,倡导引进教师和本校教师之间的合作,构建"引进与培养并举"的方针培育卓越学术带头人、中青年教师梯队,创造合作共赢的局面。从我国高校师资队伍和结构来看,适当加大国外教师的引进比例是可取的,主要依靠引进国外教师队伍不具可操作性。所以一方面,通过政策引导塑造引进高水平师资的制度生态,通过高水平师资在重点攻坚学科和战略布局学科打造学术高地;另一方面,通过政策调控作用加强国内教师队伍培养,稳步提高师资队伍水平,大力提升我国本土教师的学术生产力和国际竞争力,引导本土教师和外籍教师合作共赢的协同效应。第二,打破师资流动的政策壁垒,建设高校间正常流动的常态化政策机制,提高师资队伍的流动性和竞争性,鼓励国内高校间形成一种优胜劣汰的良好格局。第三,优化薪酬政策体系,构建物质激励与精神激励相结合的多元薪酬体系。从政策保障和薪酬改革入手,突出人才与薪酬之间的关系,实现优绩优酬的目标,增强高校教师的职业吸引力和职业魅力。第四,优化教师队伍,延迟教师退休年龄,畅通政策渠道,完善职称体系,鼓励教师不同阶段侧重不同的培养任务。

还有重要的一个就是它的整个人文素质,这个是比较弱,我是讲教师这个层面。包括考核指标来讲,考核更多的是他们的这些专业素质能力更多一些,因此这些人的成长都在这个圈子的影响,但是在提高做人的素质方面强调得少,磨炼得少,我觉得这个可能是我们要想培养人才,教师的综合素质的提高是非常重要的。

——来源于访谈者24

（五）变革组织管理方式，强化重点建设遴选科学性

政府在高等教育重点支持中发挥着统筹、规范和引领作用，承担着政策的顶层设计任务，政府的决策能力和设计能力决定着未来世界一流大学建设的发展向度和实践路向。我国高水平大学政策中的组织管理内容是在这70年中占据主导，不仅约束着政策的行为准则，而且推动着政策进程的实践。"双一流"建设组织管理亟待从以下方面做出改革：

一是加强重点建设宏观治理，把更多的学术自治权给高校，构建民主协商机制，推行权力清单式。明确政策内容中组织管理的自由裁量权问题对于政策成功至关重要。政策设计和自由裁量权分配必须获得政策决策者的认同，往往通过分配部分自由裁量权给实施者来鼓励政策的推行，为政策目标建立支持，以激励政策对象参与实现政策目标的行动，但一般不允许对政策实施规则或政策目标拥有自由裁量权[108]。高校拥有相对完整的现代大学制度，不仅可以不受烦琐的官僚机构和外部强加标准的束缚而灵活管理高校，而且有助于科学研究的自主性和客观性。我国现代大学制度构建需要在以下方面着力：第一，构建服务型政府，扩大高校办学自主权。构建公共服务型政府，使得政府的角色从管理、控制转向服务，将提供优质的公共教育服务作为政府的核心职能，使得政策主体与政策对象的关系从利益博弈关系转变为合作协商关系，政府越来越多地扮演起调节、协商甚至裁决的角色[226]。尤其是在学科专业设置、编制岗位管理、人事聘用管理、教师职称评审、薪酬分配制度、经费使用等方面权力下放给高校，稳步提升高校自我治理能力。第二，变革高校内部权力制衡机制，形成协商民主的领导决策体制。建立校务公开为基础的民主监督机制，弱化行政化对学术的影响，逐步破解行政化与学术自由之间的矛盾。适当借鉴欧美经验，将监督和管理的权力从教育行政管理部门逐步转移到学术委员会、校产基金会等部门，将学术监管移转到公开的学术市场。第三，重新界定大学领导素质角色，遴选卓越大学校长。转变大学校长素质能力衡量标准，建立新型问责制度，提升大学校长为人才培养和学术创新服务的领导力和影响力。因此，治理现代化亟待深入发挥高等教育自身发展规律和学术逻辑，深化去行政化改革，提高治理体系和治理能力现代化理路。

> 　　其实一个很重要的一点就是大学独立办学的事,将来怎么样能够把大学独立办学真正得到落实,这样的话学校可以有一个完整的思路,按照自己的发展方向往前发展。再一个国家政策相对来说要超前,适度调整要超前。
>
> ——来源于访谈者26

　　二是加强重点建设项目遴选科学性。重点建设项目评审应该进一步加大专家意见,不断扩大评选高校的透明度,提升客观性、公正性。第一,加强遴选过程的信息公开性和透明性,遴选过程接受社会监督。我国重点建设工程的沟通方式中,自上而下的纵向模式占绝大多数,与国外同行的横向交流还未形成常态[226],而且存在较大具体遴选信息不够公开透明,因此,高水平大学政策应加大重点建设遴选过程的具体信息和规范要求,保障遴选的科学性和公平性。第二,打破遴选机制和管理机制固化问题,提高项目管理效率。重点建设本质上是项目制管理,对重点建设不仅关注过程控制,更应该加大产出控制,构建独立第三方评估机制,整合国家教育质量监测资源,完善监测评估体系,破除管理效率僵化等弊端,构建可进可出的动态管理机制。第三,综合平衡重点建设高校和高等教育系统关系。我国建设世界一流大学更深层次的目标无疑是旨在促进高等教育内涵式发展,提升高等教育系统整体发展水平。支持重点高校发展可以实现短期内集中优势发展的特点,局限性却在于很难兼顾高等教育系统中其他高校的发展,难免受到不公平的诟病。虽然此次"双一流"建设力图规避这一问题,但是从根本上来说,这一问题仍然存在。虽然"双一流"建设中增加了动态监测的过程管理,加大高校的竞争力,打破身份固化的桎梏,但是根据绩效的淘汰机制实行如何、效果如何,现在还无法判断。过度强调重点高校的建设,无形中弱化了其他高校的实际效能和功能定位,很容易破坏高等教育系统的完整性、规律性和统一性。菲利普·G.阿特巴赫指出对世界一流大学的过分强调,或许会败坏一所大学甚至是整个学术体制,各国应采取一种客观现实的策略,即集中力量建设一些跟本国或区域的经济社会密切相关的"国家级"或"地区级"的学术机构,而不是一味地追逐"世界级"[227]。世界一流大学与整个高等教育系统是部分与整体的关系,两者的发展不能违背高等教育系统的内在整体逻辑要求。因此,世界一流大学建设应当置身于整个高等教育系统,考虑全球化、国家化和区域化等因素,加强对重点建设项目遴选的科学性和有效性,确保我国重点高校建设与整个高等教育体系发展战略并行不悖,尽量避免高等教育资源分配上的扭曲。

> 动态管理机制的完善,因为遴选机制和管理机制的僵化是阻碍高等教育重点建设发展的一个深层次原因,在分析70年的政策演变中发现在高水平大学政策发展中也曾经尝试过进行改变,但是都没有触及痛处,导致现在遴选机制和管理机制依然是僵化的,虽然说有所改善,但是依然没有解决,没有达到解决的这个层面,所以这方面也是需要调整和优化的。
>
> ——来源于访谈者13

(六)建立长效拨款机制,提升资金使用效率

公共政策创新的根源是公共需求和公共利益的变化,实质是协调社会资源和社会利益格局。公共资源的利益再分配是我国高等教育重点建设工程变迁的重要影响因素之一,每次重大政策变迁必将涉及利益结构调整、利益矛盾冲突、利益平衡机制。高校经费资源保障是世界一流大学建设的经济基础和物质保障,明确的、固定的、长期的、系统的经费支持对未来世界一流大学建设是至关重要的。由于我国教育体制原因,重点建设政策已经形成了以政府拨款为主渠道的拨款模式,相信今后很长一段时间内这种模式也不会有本质上的改变,但是如何改进配置模式还存在比较大的优化空间。

第六章 我国建设世界一流大学的政策创新研究

> 从1954年开始到现在,后来就"211""985",现在"双一流",实际上这些好大学,从开始建的好大学基本上都是在这里面,几十年走下来,基本重点大学都是这些个学校,既然是这样的话,我觉得对这些学校,是不是就把(财政)支持不要再变化了。实质上就是把它作为常态化,当然这个搞不好可以调整。后来扩大到几十个左右,到现在为止实际上都是在增长变化,一直变化,像这类学校,国家根据财力,按照年度把这钱就逐步地给它,让它有一个长远的发展,按照它的特色去做。
>
> ——来源于访谈者24

高水平大学政策根据不同时期特定目标,通过对教育资源进行选择与整合,在追求有效增益和公平分配的过程中制定新的行为准则和社会秩序。第一,建立重点建设经费多元化融资模式,形成多元支持的长效机制。全方位拓展经费来源渠道,构建中央、部委、地方、高校多方筹措机制,加大办学经费筹措力度,采取政府引导、税收杠杆等方式,构建分类多元的内外结合多渠道经费融资模式。第二,充分发挥政府拨款的调控和规制职能,拨款方式更加注重绩效、重产出、重时效,建立以绩效为导向的政府拨款激励约束机制。同时,建立以整笔预算为主的经费使用机制,明细科目预算注重的是确保高校内部每一职能都得以保障,而整笔拨款注重的是高校作为一个整体的能力发展,明细科目预算容易造成高校的同质化,而整笔拨款则在保证高校在具有更大灵活性和自治性基础上形成一个多元发展系统[185]。政府也应继续加大高校财政拨款力度,对拨款预算分配进行整体性合理分配,集中资源优势,重点突破发展,并鼓励高校之间的竞争行为,重点向办学水平高、特色鲜明的学校倾斜,体现扶优扶强扶特的导向。第三,提高资金使用效率。应给予高校一定资金分配权和调度权,通过提高专项基金的使用适应性和灵活性,盘活资金使用效率。第四,鼓励高校多方筹措资金。一方面依据办学特色和学科优势积极寻求市场化收益,例如科技转化、技术咨询、会议服务、医疗服务、租赁服务等;另一方面加大对捐赠资金的重视,鼓励把捐赠收入作为常态化来源,采用积极的管理和激励措施增强高校募集资金能力和资金管理水平。

(七)革新国际交流规范、增强中国特色要求

综观欧美世界一流大学,不仅有较高的留学生比例,而且教师国际化比例也较高。普林斯顿大学开设全球研讨课,派遣学生到全球各地实习见习;美国顶尖的10所私立大学,海外留学生的比例占18.1%[229];耶鲁大学有53%的教师来自国外;斯坦福大学在英国、法国、德国、意大利等国都设有学习中心,为学生去海外学习提供机会和平台[230]。一些大学比如加州大学伯克利分校、哈佛大学、多伦多大学和墨尔本大学则是具有很多访问研究学者的国际性大学,他们聘用很多高级访问学者。目前我国大学在世界高等教育舞台上发挥的作用和影响力正在与日俱增,我国已经是世界上最大的学术体系[195],我国作为亚洲学术中心正在逐步崛起。

> 我认为要对接世界标准,兼顾中国特色,办世界一流大学就不能脱离世界而存在,没有世界就没有氛围,就自己和自己比了,也是我们原有的高等教育封闭的结果。我们很多学生选择到国外留学,我们也要成为不依靠财政补贴而吸引留学生,我们的高等教育也要变成一种高等教育产品让别人来购买。
>
> ——来源于访谈者15

学者们认为我国世界一流大学国际化是非常必要的,但是也需要理性反思。学者普遍认识到国际交流与合作的必要性,即强调国际层面的追求,又担心本土文化的价值。世界一流大学面临着全球化、国际化、本土化的影响,全球化是影响大学运作的外部因素,国际化则是大学为了获得世界认可和声誉而进行的由大学控制的过程[92],本土化是大学办学实体存在和发展的基础。莫家豪(Ka Ho Mok)特别强调,许多亚洲大学将"国际化"解释为"西方化"、"现代化"解释为"美国化",而且许多机构经常使用或完全依赖欧美"国际"指数来定义学术成就和学术表现等,这种形式的国际标杆管理很大程度上忽略了本土文化底蕴和历史传统价值[37]。毋庸置疑,提升我国高等教

育在世界高等教育体系中的话语权及影响力、构建中国特色的世界一流大学标准体系已经刻不容缓,文化特色传统是构建我国世界一流大学标准体系的灵魂和本源,如果偏离这个本源,就不可能取得成功。坚持鲜明的中国特色文化传统有助于打破以西方国家为主导的高校发展体制藩篱,培养以我为主的高等教育内生发展机制,建立变"模仿"为"引领"的长效发展机制。换言之,中国特色世界一流大学标准体系建构过程既需要借鉴欧美的标准体系,更需要把欧美标准与本国实际有机衔接起来,既要体现世界一流大学的共性,更要体现我国的文化特色,所以深入研究世界一流大学欧美标准与中国特色的契合点,探索出适合本国发展需要的标准体系已成为迫在眉睫的课题。因此,一方面,政策引导中可以鼓励高校参考国外优秀做法,倡导高校在具体可比领域学习借鉴;另一方面,政策的继续秉承中国特色传统的民族意蕴作为整个高水平大学政策改革的主线,构建具有中国特色全球影响力的学术管理制度、学术评价方式,以重塑学术精神、学术活力、学术创新作为着力点和突破口,实现国际准则和国内标准的有效衔接。

三、政策工具的改进

政策工具有其普遍适应性和特殊适用性,公共政策领域往往采用多种政策工具交叉使用,适宜的政策工具选择是一种动态适应政策执行的过程,恰当的政策工具选择可以转变政策失败与政策成功的趋势。政策工具创新有助于适应高等教育改革的复杂性,促进政策目标和政策内容的实施,从适应偏好上来说,需要系统性地规划和组合政策工具,促进各政策工具的优势互补。如张世贤认为,政策工具的选择是"政策设计与政策执行间的联结,唯有透过工具的使用才能执行政策以达成目标"[231]。我国重点建设中政策工具存在系列问题,例如政策工具组合单一,偏重强制性、直接性、可见性工具等,亟待政策工具模式进行创新。政策工具选择理性是指行政官员能够积极、理智地通过对不同类型的政策工具的内在特征、各自的适用条件的算计、权衡、考量,并运用一定的标准对这些政策工具的预期效果进行评估,从而选择那些能最大化地实现政策目标的工具[232]。政策工具选择并不是单单

我国重点建设高水平大学政策的演进与创新研究

非此即彼的政策悖论,政策工具是存在转化问题的,例如能力工具中信息与资金拨款联系起来使用,就成为激励工具,与相应惩罚措施联系起来则为权威工具。因此,不断优化政策工具箱的内容和方式,提升政策工具的相容性和互适性,科学化遴选和使用政策工具组合,促使我国世界一流大学建设由外发驱动型向内生增长型转变。在这方面,亟待探索如何根据政策工具的内在特征和外部条件以及绩效评估进行优化组合,避免政策工具的缺点偏差,挖掘政策工具的融合效应和正向功能,促进政策工具的选择从经验向理性转型,提升重点建设的工具价值。

(一)命令工具需向治理角度转变

政策工具转变是高等教育管理变革的产物,随着我国高等教育治理模式在教育现代化的提出,市场化和社会化导向的命令工具未来将会有较大的发展空间,不再仅仅局限于传统思维的桎梏,应挖掘新的思路,调和政策工具的缺点和不足,实现从微观管理到宏观治理的转型。经济学家查尔斯·舒尔茨(Charles Schultze)认为解决办法不是去改善管制管理,而是在应用工具上进行根本转变,特别是那些激励机制的强制工具[233]。

> 未来"双一流"建设还是要用到市场工具和竞争机制,让高等教育资源配置更加合理,要稀释行政杠杆,稀释财政杠杆,降低它的浓度。
>
> ——来源于访谈者15

世界一流大学建设很多是基于学术规律发展起来的,因此过度行政化管理会导致高校受到过多一致性刚性约束,缺乏多样性柔性活力,这种多样性恰恰是世界一流大学内生增长所应该具备的基本要求。世界一流大学的准公共产品特性也决定了高等教育应在市场力量主导下发展,并且应该能够具备面临全球变迁的竞争能力和响应能力。虽然行政大于市场的观念仍然是我国重点建设命令工具选择的根基,但应在命令工具中加大对市场因素的权衡,培育适应环境的能力、自我决策能力。需要提醒的是,市场化的科学投机也可能会抑制科研创新的自由度,使得高等教育从一个极端走向另一个极端,因此命令工具调整中也必须防止和克服市场趋势带来的败德和失真问题。"双一流"建设应尽快克服同质化趋势,相应减少命令工具的使用,并提供惩罚机制和防范机制。虽然"双一流"建设已经开始实施绩效拨款,"引导专项"采用因素法分配,根据每期建设绩效进行滚动竞争拨款,但绩效拨款中应该加大特色导向的差异性,鼓励高校区别的差异化发展道路。命令工具的选择和使用如何不再限于传统思维定式是亟待解决的难题,如何打破现有路径依赖的症结,如何打破现有制度设计的壁垒和限制政策工具创新的障碍是亟待深入研究的问题。

(二)能力工具需要扩大协同机理

加大能力工具与劝告工具、变革工具和激励工具联合使用力度,采用政策工具组合拳的使用方式,变革对能力工具直接使用和间接使用的作用,不仅关注短期效应,而且加大对中长期目标的能力工具使用,加大对重点建设评审和质量信息的透明度和公开化,破除资质门槛壁垒,引导高校向世界一流大学应该具备的能力方向发展,规避建设过程中的不确定性和偏颇。高校的趋利性和选择性往往容易导致偏离的政策效果实践,能力工具有利于弥补政策失真的风险。从操作层面上,政府必须寻找更好地向弱势倾斜措施来保护大学多样性特点,维护教学和研究的平衡。我国高校在能力建设和战略规划上特色不够鲜明,缺乏自身持续发展能力的根本原因还在于高校同质化严重。从长远利益来看,采取与行业、高校协同制定能力工具目标更为重要。

(三)变革工具应加大对教师意愿的调研

组织变革的成功依赖于政策对象对政策实践的认可程度,如果在改革中收益颇丰,高校会乐于积极推进改革,如果高校认为在变革中会受到威胁,则会反对变革推进,变革工具的使用不外乎这两种张力之间。通常来说,当变革工具向重点建设高校师资队伍倾斜而设计时,变革工具更易接受和成功。因此,一方面科学优化政策工具箱的组合配置,加大变革工具和其他工具组合选择和使用力度;另一方面,加大对重点建设高校对变革工具的意见调研和征询,科学制定与高校教师队伍意见相一致的变革工具。

（四）劝告工具中加强身份符号滚动竞争的作用

劝告工具发挥着信念指导和价值引领的作用，采用舆论动员的方式诱导社会对变革的认可和支持，对政府主导的理念、身份、符号等价值观具有规劝作用，更加呼吁政策积极影响、弱化消极影响的导向，对政策环境适应能力和匹配能力提出较高要求，一旦政策对象对政策行为感知偏离，则会抑制政策执行及其效果。虽然劝告工具的使用理念由国家意志向社会转变，从身份符号劝告向世界一流大学的学科创新、科研创新、拔尖创新人才培养等政策建设任务方向转移，但是政策制定者和执行者应该突破根深蒂固的"自上而下"的思维定式和价值观念，建立深化实施"双一流"以及一流本科、一流专业、一流课程的准入和退出机制，构建身份符号的竞争性滚动机制，尽快消除身份符号带来的歧视性问题。此外，根据蒙特卡罗模拟和敏感性分析发现，不完全信息、偏差、判断错误和不确定性可能导致政策失真，当存在相互竞争的目标和标准，以及正在考虑的大量政策措施或方案时，这个问题就更加明显[114]。政策设计需要透明，需要直截了当，需要包含所有社会群体的观点，需要包含手段和目的之间的逻辑联系，允许平等获取信息和随后的争论点的实施过程，以及涉及多种"了解"问题的讨论场所[97]。因此，重点建设质量信息的公开率和透明度十分重要，深化重点建设评选和质量评估的信息公开力度，促使劝告工具的使用从政府控制到组织控制的转变。

（五）激励工具中强化质量绩效的衡量

激励工具主要通过物质奖励刺激影响政策对象变化，对于政策绩效主要受到奖励绩效要求和奖励预期估量影响，旨在通过竞争奖励来提高生产效率、促进质量提高、增益系统革新。以绩效为诱导促使政策对象按照政策偏好执行，有助于减小政策执行的抵制阻力，促进高校组织行为与国家宏观决策相一致，使资源集中于更好的高校和机构中。基于绩效的分配机制可以在激励工具的设计中使用，包括政府和机构协商签署绩效合同、鼓励创新和更高学术质量及更强管理能力的竞争性资金，以及直接为结果的付费机制[234]。从激励工具本质上来看，应该根据政策对象需求和政策绩效对资金配额进行调控，将激励工具和绩效指标联合使用。此外，吴合文指出，激励工具比较可行的方式是建立中介组织,政府提供专项经费,中介组织来按照高校绩效进行分配,并且需要有一定的需求表达和实现机制确保需求和供给的一致性引用。因此加强激励工具的绩效杠杆作用,构建多元利益表达机制,促使"双一流"根据绩效拨款的力度和效度,鼓励高校根据特色建设提升资源利用率,激发不同高校之间的竞争活力成为重要内容。

研究结论与展望

第一节　研究结论

本书选择政策设计理论、政策分析理论、政策工具理论、公共治理理论作为理论基础，采用质性编码分析、社会网络分析等研究方法，遵从政策科学研究范式剖析了我国高水平大学政策目标、政策内容、政策工具的内容特征及其稳定性和渐变性等演进特点，并且在对29位国内外高等教育专家访谈调研基础上，对我国高水平大学政策进行批判性分析和改进性研究。主要研究结论如下：

一、基于政策理论建构我国高水平大学政策分析框架

本书基于政策设计理论、政策分析理论、政策工具理论和公共治理理论构建理论框架。特别是对50年来政策设计理论的脉络和内涵进行深入研究，发现早期理论观点比较关注政策设计理念，体现出显著的趋前性特点；中期受分散治理思维影响，研究视域转移到政策工具选择和政策执行层面，体现出明显的趋后性特征；近期政策设计理论更加重视政策设计的科学性和创造性，比较关注政策设计要素、政策设计过程、设计方法等。进言之，本书主要从政策目标、政策内容、政策工具方面建构我国高水平大学政策分析框架。

二、主客观相结合的范式更有助于科学分析政策本质

由于Atlas.ti质性编码无法深入研究政策图谱及其结构关系,所以本书引入Ucinet社会网络分析对政策图谱内外部关系的紧密性和稀疏性进行研究。本书在比较了不同研究方法优缺点的基础上,发现采用文本编码分析、社会网络分析这种主客观相结合的方式更有助于深入推进研究,可以规避高等教育政策研究领域多是采用经验性分析、缺乏科学研究方法的问题,探索新型高等教育政策研究方法。

三、通过对世界一流大学关键特征文献分析,建构高水平大学政策目标和政策内容分析维度

对世界一流大学关键特征文献分析发现,世界一流大学共性特征体现在精英人才、创新知识、学术自由、资源充足等方面,差异性特征体现在知识创新驱动要素、学术领导角色素质、学科设置布局特点、办学范畴国际博弈等方面。本书认为世界一流大学是高水平大学的终极旨归,通过对世界一流大学关键特征的分析有助于明确高水平大学的内涵和维度,从而为分析我国高水平大学政策奠定基础。因此,本书将世界一流大学关键特征进行归纳分类,认为高水平大学核心要素应包括人才培养、科学研究、学科建设、师资建设、组织管理、资源保障、国际交流七个维度,本书对政策目标、政策内容的分析中都从这七个维度展开。

四、厘清高水平大学政策目标内涵、特征以及网络结构

其一,通过深入对三个阶段政策目标的内容和特征分析,发现政策目标的稳定性包括重点论贯穿于政策目标精髓、总体目标发挥显著凝聚作用、重点领域目标基本覆盖、人才培养目标居于首位;渐变性是各政策目标比重和内涵不断调整转变,总体发展目标日益凸显国际竞争能力,人才培养目标趋向创新能力,科学研究目标愈加体现服务国家要求,师资建设目标更加注重引进和自主培养并重,学科建设目标结构质量协同布局,资源保障目标更加强调融资渠道多元,组织管理目标更加重视制度建设,国际交流目标更加要求全方位、高层次。其二,经过对三个阶段政策目标网络图谱比较,从整体性分析来看重点大学、"211和985工程"阶段政策目标网络整体性密度和凝聚性较高,世界一流大学阶段有所下降;通过个体性分析认为三个阶段人才培养目标和总体目标发挥着重要作用。其三,通过对政策目标的价值研究发现,重点论思想是70年来高水平大学政策的主旨思想,具有服从战略国家的价值取向、依据阶段需求调适的价值取向。虽然根据各个阶段做出调整和选择,蕴含着较明显的国家价值导向,同时也体现了一定高等教育内在价值导向,外发强制逻辑与内生发展逻辑相互制衡和相互交融的特点。其四,研究发现政策目标存在问题解决针对性不强、具有一定模糊性和单一性、重点大学阶段目标缺乏发展性。因此,亟待从基于"问题解决型"、树立分类发展、重构建设时限等方面做出创新。

五、厘清高水平大学政策内容概况、特征以及网络结构

本书认为政策内容遵从自上而下政府主导建设逻辑,与国家经济社会发展具有较高的契合度,但是政策中也存在各种问题,需要系统设计作出调整改进。其一,通过深入比较三个阶段政策内容及其特征,发现政策内容的稳定性包括组织管理占据重要统摄地位、人才培养居于重要职能要求、政府主导的学科结构调整等;渐变性包括建设任务分类发展、人才培养创新导向、科学研究融合创新、学科建设提质增效、师资建设分类培养、管理体制放管结合、融资模式趋势多元等。其二,经过对政策内容网络图谱比较,从整体性分析来看三个阶段政策内容网络整体性密度和凝聚性都较高,通过个体性分析认为三个阶段组织管理占据主要地位,人才培养也是一直受到重视的政策内容。其三,对政策内容的价值研究发现,我国高水平大学政策内容中呈现出提高办学质量的实质、注重效益优先、追求创新驱动的价值取向。其四,研究发现政策内容存在高校分类发展秩序尚未建立、人才培养中心地位的理念尚待继续巩固、以简单量化指标衡量科研创新的导向需要扭转、一流学科政策尚需加大跨学科要求、重点建设项目遴选机制公平性有待

加强、专项资金分配和使用的科学性有待优化等。因此未来世界一流大学阶段政策需要从整体性出发重构我国高水平大学政策设计思路。

六、厘清高水平大学政策工具内容、特征以及网络结构

本书认为我国高水平大学政策工具特色鲜明,采用以命令工具、能力工具、变革工具的强制性政策工具为主,以劝告工具、激励工具的诱导性政策工具为辅。其一,通过深入比较三个阶段政策工具网络图谱和政策工具及其特征,发现政策目标的稳定性表现为三个阶段各种政策工具都有所使用、命令工具占据高频主导地位、能力工具占据中频辅助地位;渐变性表现在不同阶段政策工具占比调整、由微观管制到宏观管理的命令工具、由短期直接到长期间接的能力工具、由奠定雏形到现代治理的变革工具、由国家意志到社会发展的劝告工具的政策工具变化向度。其二,经过对政策工具网络图谱比较,从整体性分析来看三个阶段政策内容网络整体性密度和凝聚性都非常高,通过个体性分析认为三个阶段命令工具的中心性最为显著。其三,我国高水平大学政策的价值标准对政策工具的遴选和使用占据重要影响作用,主要体现出政治优先、直接调控、谋求发展的价值标准。其四,研究发现政策工具存在命令工具存在使用过溢现象、能力工具显现短期支持效应、变革工具体现调整力度不强、劝告工具呈现身份认定固化、激励工具滋生急功近利趋势等问题。因此,我国高水平大学政策工具需要从治理、协同、教师意愿、滚动竞争、质量绩效等方面作出革新。

第二节　研究局限性与展望

一、研究局限性

其一,虽然对我国重点建设高水平大学政策制定者与高校主管领导等政策执行者展开了调研访谈,但是总体来看,调研访谈还存在一定不足,加

我国重点建设高水平大学政策的演进与创新研究

之受到新冠疫情的影响和时间比较有限,导致这部分访谈样本还有待继续补充完善,由此制约了对我国高水平大学政策的认知和判断。其二,政策研究是实践性非常强的领域,既需要扎实的知识储备,又需要多年丰富的实践经验,由于本人知识水平和能力有限,也没有参与相关政策设计和政策执行方面的经验,所提的批判性分析和改进性建议可能存在不当之处,感谢各位学者批评指正。

二、研究展望

高水平大学政策已经成为全球高等教育领域研究的热点,对于不同政策模式特征、政策比较研究、政策行为分析、政策价值分析、政策规范分析等主题,国内外学者已经有所涉及,但是仍然缺乏系统深入研究,存在非常大的研究空间。对此,希望未来能够对我国政策行为研究基础上,对我国政策的价值取向、价值冲突、价值平衡以及规范分析等方面进行深入研究,并且希冀未来对世界一流大学政策模式Ⅱ也有所研究,为我国高等教育研究贡献绵薄之力。

附 录

访谈人员一览表

序号	访谈人简介	访谈方式	访谈问题
1	国外某世界一流大学高等教育研究专家	面对面访谈	中国高水平大学政策评价、欧美世界一流大学发展路径、中国高水平大学改革建议与方向
2	国外某世界一流大学高等教育研究专家	面对面访谈	澳大利亚建设世界一流高等教育系统的政策内容与发展特点、中国建设一流大学政策评价、欧美世界一流大学发展经验
3	国外某世界一流大学高等教育研究专家	面对面访谈	欧美世界一流大学建设经验、中国高水平大学政策评价、中国高水平大学政策建议
4	国外某世界一流大学高等教育研究专家	面对面访谈	澳大利亚建设世界一流高等教育系统的政策内涵和政策特点、欧美世界一流大学发展经验、中国建设一流大学政策建议
5	国外某世界一流大学高等教育研究专家	面对面访谈	澳大利亚高等教育质量保障战略和政策内容及特点、欧美世界一流大学发展特点、中国高校建设一流大学的建议
6	国外某世界一流大学高等教育研究专家	面对面访谈	欧美世界一流大学发展经验、科研成果的保障与评价机制、澳大利亚质量保障政策特点、中国科研成果考核和评价建议
7	某国际组织高等教育研究专家	Skype访谈	世界一流大学关键特征、欧美建设世界一流大学经验、中国高校与世界顶级名校差距、中国建设世界一流大学的建议
8	"985工程"高校高等教育研究专家	微信访谈	我国高水平大学政策特征、三个阶段政策连续性、三个阶段政策变化性、政策调整及优化向度

我国重点建设高水平大学政策的演进与创新研究

序号	访谈人简介	访谈方式	访谈问题
9	"985 工程"高校高等教育研究学者	微信访谈	英国世界一流大学建设特点、博士生培养变化特点、"双一流"建设政策问题及建议
10	"985 工程"高校高等教育研究学者	面对面访谈	我国高水平大学政策对青年教师的培养及影响、"双一流"建设政策优化建议
11	省属高校高等教育研究专家	微信访谈	我国高水平大学政策特点以及连续性和变化性、我国建设高水平大学基本经验、"双一流"政策创新建议
12	省属高校高等教育研究专家	微信访谈	我国一流学科政策特点、我国一流学科建设的困境、一流学科建设的政策建议
13	"985 工程"高校高等教育研究学者	微信访谈	高水平大学政策的基本特点和演变机制、高水平大学政策效果评价、"双一流"改革政策建议
14	国外某世界一流大学高等教育研究专家	微信访谈	中国顶尖高校与欧美世界一流大学的差异,政策目标、政策内容、政策执行中存在哪些问题,"双一流"建设政策调整、优化或创新建议
15	省属高校领导、高等教育研究专家	微信访谈	高水平大学政策目标、政策内容、政策工具的具体特征、设计反思、政策创新点,我国高校与国外高校差距表征
16	某知名高校高等教育研究专家	微信访谈	世界一流大学政策模式特征,我国顶尖高校与知名世界一流大学的差距表征,我国高水平大学政策目标、政策内容、政策工具的特征及发展建议
17	国外某世界一流大学高等教育研究专家	Skype访谈	世界一流大学多样化发展目标、绩效研究以及资金战略特征、集中资源分配政策与调整向度
18	"211 工程"高校高等教育研究专家	微信访谈	我国高水平大学政策工具类型及特征、使用以及优化建议
19	"985 工程"高校院系领导、高等教育研究学者	面对面访谈	我国高水平大学政策目标、政策内容、政策工具的基本特点、价值取向、价值冲突以及"双一流"建设政策建议

序号	访谈人简介	访谈方式	访谈问题
20	"985 工程"高校院系领导、高等教育研究学者	面对面访谈	我国高水平大学政策目标设计特征基本逻辑、价值体系以及政策工具的基本特点与调整向度
21	"985 工程"高校公共政策研究专家	面对面访谈	我国高水平大学政策工具的基本分类与特征、政策工具遴选的价值取向与价值冲突、政策设计的优化与创新
22	教育部原干部、"211 工程"高校领导	微信访谈	我国高水平大学政策人才、科研、学科建设的价值取向、价值冲突以及专项资金和政策工具的基本特点
23	教育部原某部门主管领导	面对面访谈	我国高水平大学不同阶段提出的原因、国家重点建设顶层设计的思路、政策目标和政策内容的主要特点、"双一流"建设的改革建议
24	"985 工程"高校主管领导	面对面访谈	我国建设高水平大学政策模式变化、所在高校建设一流大学中主要的举措与难点、未来"双一流"建设政策的改革建议
25	"985 工程"高校主管领导	面对面访谈	对我国建设高水平大学政策的观点、所在高校建设一流大学中主要的举措与难点、未来"双一流"建设政策的改革建议
26	"985 工程"高校主管领导	面对面访谈	对我国建设高水平大学政策模式变化、所在高校建设一流大学中主要的举措以及成效、未来"双一流"建设政策的改革建议
27	"985 工程"高校主管领导	面对面访谈	对我国建设高水平大学政策的演变特点、国家顶层设计思路、政策工具的适应性、所在高校建设一流大学中的效果举措与难点、政策未来"双一流"建设政策的改革建议
28	"985 工程"高校某部门主管领导	面对面访谈	对我国建设高水平大学政策的评价、所在高校建设一流大学中主要的举措与资金使用情况、未来"双一流"建设政策的改革建议
29	教育部原某部门主管领导	面对面访谈	我国高水平大学不同阶段演变政策目标和政策内容的特点、国家重点建设顶层设计的思路、"双一流"建设的改革建议

我国重点建设高水平大学政策的演进与创新研究

国外访谈提纲

1. The Chinese policy of constructing world-class universities using a top-down approach. Therefore, this policy focuses exclusively on building 42 world class universities and 95 world-class disciplines in China. Further investigation of this policy calls for greater analysis of the benefits of these policies, what do you think of this policy model? What are the advantages and disadvantages of this model?

2. Australia is currently reforming their policy model to that of a world class higher education system. Apart fromDawkinshigher education reform in1980s, what other policy reforms in conjunction to that of Dawkins drove policy reform in Australia and if so what are the finer points of these policy?

3. Australian National University has become a world famous university in 70 years. Which were the strategies that promoted it to become a world class university?

4. The University of Melbourne has become a world famous university. Which were the strategies and pathway that promoted it to become a world class university?

5. Which were the strategies and pathway thatpromotedLaTrobeUniversityto become a world class university?

6. What are the main sources of research funds in Australian universities? How to evaluate scientific research achievements as world class?

7. What aspects does Australia mainly guarantee the quality of the world-class higher education system?What are the specific standards?

8.What are the key characteristics of a world class university?

9. Through the worldclass university ranking system, what do you think are the main disadvantages of Chinese universities? What is the gap between Chinese universities and famous European and American universities?

10. Which world class university policies in China do you think need to be adjusted or optimized? Which university policies in China do you think need innovation? What difficulties do you think Chinese universities are and will face in order to become world-class universities? Are there any suggestion you may raise to help Chinese Universities overcome these problems?

国内访谈提纲

1. 请问您认为70年高水平大学政策不同阶段提出的原因及背景是什么？

2. 请问您认为这些政策制定中主要考虑哪些方面的因素？例如制定目的、目标群体、政策规则、政策工具、逻辑结构等？

3. 请问您觉得重点大学政策最突出的特点是什么？重点建设项目最突出的特点是什么？"211工程"最突出的特点是什么？"985工程"最突出的特点是什么？"双一流"最突出的特点是什么？

4. 请问您认为这些政策的连续性主要体现在哪些方面？请问您认为这些政策的变化主要体现在哪些方面？

5. 从1954年确定重点高校建设到2015年"双一流"建设。请问您认为高水平大学政策目标的价值取向是什么？这些政策目标中有无价值冲突？虽然总体目标和人才目标是最显著的,特别是人才目标的频次几乎都是最高的,政策内容中人才频次也几乎最高,但是"985工程"目标中却没有提到人才培养,请问您认为这种政策目标设计有无问题？"211工程"一期二期政策建设周期也是三年、四年,请问您认为政策目标周期如何规划比较合理？请问您认为未来"双一流"建设政策目标的顶层设计应该着眼于哪些问题以及未来应该如何规划？

6. 请问您认为我国创新型人才质量如何？我国政策中人才培养的价值取向是什么？有无价值冲突？哪些问题掣肘了高校人才培养质量的提高？未来"双一流"政策应该如何保障人才培养的主体地位？

7. 请问您认为我国高水平大学政策中科学研究的价值取向是什么？在

政策执行中有无失真或偏离现象？从全球竞争力指数来看,我国创新能力近10年来都在20名之外波动,请问您认为未来"双一流"建设政策如何调整才能着力提升科研竞争力？

8.请问您认为中国高水平大学政策中学科建设的价值取向是什么?我国学科理念仍然沿用适用于小科学时代的知识生产模式1的以单一学科为基础的知识生产建设一流学科。请问您认为未来"双一流"建设政策如何建造良好的学科政策生态？

9.请问您认为高水平大学政策中"引导专项资金"这样的资源保障模式特点是什么？资源保障的价值取向是什么？请问拨款及执行中是否产生僵硬或不适应问题？请问您认为未来"双一流"资源保障应该如何调整？

10.请问您认为我国高水平大学政策工具(命令、能力、激励、劝告、变革)选择的价值取向是什么？有无价值冲突?未来如何平衡？

参考文献

[1]刘复兴.教育政策的价值分析[M].北京:教育科学出版社,2006:2,45-50,45,47,199,15,50.

[2]Futao Huang. Building the World-class Research Universities: ACase Study of China [J]. *Higher Education*, 2015 (70): 203-215.

[3]胡炳仙.中国重点大学政策:历史演变与未来走向——基于新制度主义的政策分析[D].武汉:华中科技大学,2006.

[4]陈学飞.理想导向型的政策制定——"985工程"政策过程分析[J].北京大学教育评论,2006(01):145-157.

[5]Marijk W. *Global Outreach of World-Class Universities: How it is Affecting Higher Education*[C]. China, Shanghai,WCU-5 Conference, 2013, 11, 3-6:1-12.

[6]Welch A. *Global Ambitions: International and China's Rise as Knowledge Hub*[R]. Beijing: International Conference on the Role of Internationalization Strategies in Building a World-class University, 2019.

[7]Dror Y. *Design for Policy Sciences*[M].New York: American Elsevier Public,1971:51.

[8]Altbach P. G.Peripheries and Centers: Research Universities in Developing Countries [J]. *Asia Pacific Education Review*, 2009 (10): 15-27.

[9]Williams G. O. F. Higher Education and UK Elite Formation in the Twentieth Century [J]. *Higher Education*, 2010 (59): 1-20.

[10]Jang D. H, Kim L. Framing "World Class" Differently: International and Korean Participants' Perceptions of the World Class University Project[J]. *Higher Education Policy*, 2016, 29(2): 234-253.

[11]Altbach P. G. The Challenges of Building a World-Class University: Lessons from Slovenia [J]. *International Higher Education*, 2012(68): 14-16.

[12]Lee J. Creating World-Class Universities: Implications for Developing Countries [J]. *Prospects*, 2013(43): 233-249.

[13]Engwall L. Montesquieu in the University: The Governance of World-class Institutions of Higher Education and Research [J]. *European Review*, 2018, 26(2): 285-298.

[14]Mukti D. P., Dudija N. Organizational Change Dynamics: A Learning Organization Process toward World Class Organization A Study at a Private University[J]. *3rd International Seminar and Conference on Learning Organization*, 2015: 69-78.

[15]Shahmandi E., Silong A. D., Ismail I. A. Competencies, Roles and Effective Academic Leadership in World Class University [J]. *International Journal of Business Administration*, 2011, 2(1): 44-53.

[16]Nathan D. M., Kenneth I. S. Capital Conversion and Accumulation: A Social Portrait of Legacies at an Elite University[J]. *Research in Higher Education*, 2009 (50):623-648.

[17]陆登庭,阎凤桥.一流大学的特征及成功的领导与管理要素:哈佛的经验[J].国家高级教育行政学院学报,2002(5):11-26.

[18]Breault D. A., David M.,Callejo P. *The Red Light in the Ivory Tower: Contexts and Implications of Entrepreneurial Education Counterpoints*[M].Western Research University, 2012: 101-111.

[19]Kim S. Public and Private Endeavours to Create World-Class Universities in Korea [J]. *Journal of International Higher Education*, 2012, 5(2): 74-78.

[20]Altbach P. G. The Past,Present,and Future of the Research University [J]. *Economic and Political Weekly*, 46(16): 65-73.

[21]Hennessy J. L., Brest P. The Future of Our Research Universities: Challenges and Opportunities [J]. *Bulletin of the American Academy of Arts and Scienc-*

es, 64(3): 19-26.

[22]Bejinaru R., Hapenciuc C.V. Valorization of the Learning Organization's Principles in the Business HES[A]. Bucharest Tritonic: In Bratianu, C.,Pinzaru,F. and Zbuchea, A. (Eds.) *Proceedings of 4th Strategica International Conference* [C] (pp. 600-611), National University of Political Studies and Public Administration, 2016, 10, 20th-21st.

[23]Levin R. C.The Rise of Asia's Universities [J]. *Foreign Affairs*, 2010, 89 (3): 63-75.

[24]Jamil S. *The Challenge of Establishing World-Class Universities*[M]. Washington: The World Bank, 2009: 285, 8-9, 10-20, 50, 3-4.

[25]Jamil S. Nine Common Errors When Building A New World Class University[EB/OL].http://www.insidehighered.com/blogs/the_world_view/nine_common_errors_when_building_a_new_world_class_university, 2011-11-01 / 2018-09-03.

[26]Yeravdekar V. R., Gauri T. Global Rankings of Higher Education Institutions and India's Effective Non-Presence: Why Have World-Class Universities Eluded the Indian Higher Education System? And, How Worthwhile is the Indian Government's Captivation to Launch World Class Universities? [J]. *Procedia - Social and Behavioral Sciences*, 2014(157): 63 -83.

[27]Shonhiwa C, Ndudzo D. Going beyond Narratives:An Exploration of the ABC of Becoming a World Class University [J]. *IOSR Journal of Business and Management*, 2016, 18(7): 48-55.

[28]Alhazmi A., Yahmed M. S. B. World Class Universities in Saudi Arabia: Barriers and Perspectives [J]. *Academia Journal of Educational Research*, 2017, 5 (9): 236-246.

[29]Horta H. Global and National Prominent Universities: Internationalization, Competitiveness and the Role of the State [J]. *Higher Education*, 2009(58): 387-405.

[30]Cutamora V. A. *Becoming World-Class Universities Singapore Style: Are Organized Research Units the Answer?* [D]. Tucson: The University of Arizona, 2009: 148-167.

[31]熊庆年.日本建设世界一流大学的战略效果[J].中国高等教育,2007（18）:61-63.

[32]邬大光.世界一流大学解读——以美国密歇根大学为例[J].高等教育研究,2010,31（12）:82-93.

[33]张惠,刘宝存.法国建设世界一流大学的战略及实践——以巴黎-萨克雷大学为例[J].清华大学教育研究,2015,36（06）:23-31.

[34]Alharbi. E. A. R. Higher Education in Saudi Arabia: Challenges to Achieving World-Class Recognition [J]. *International Journal of Culture and History*, 2016, 2(4):169-172.

[35]Schmoch U., Fardoun, M. H., Mashat A. S. Establishing a World-Class University in Saudi Arabia: Intended and Unintended effects [J]. *Scientometrics*, 2016(109): 1191-1207.

[36]Faborode M. O. *Building a World Class University: Imperatives, Realities and Strategies*[C]. Bene State: Convocation Lecture, 2015, 11, 27.

[37]Ka Ho MoK, Anthony B. L. Cheung. Global Aspirations and Strategising for World-class Status: New Form of Politics in Higher Education Governance in Hong Kong [J]. *Journal of Higher Education Policy and Management*, 2011, 33(3): 231-251.

[38]Altbach P. G. *Comparative Higher Education: Knowledge, the University and Development* [M].Greenwich, CT: Ablex,1998.

[39]张惠,刘宝存.法国创建世界一流大学的政策及其特征[J].高等教育研究,2015,36（04）:89-96.

[40]武毅英,杨冬."卓越计划":德国世界一流大学建设政策运行机制及启示[J].教育与考试,2019（01）:64-72.

[41]金玉善.韩国世界一流大学建设工程研究[D].天津:天津师范大学,2019.

[42]陈瑞英.日本创建世界一流大学的政策措施:"全球顶级大学计划"[J].比较教育研究,2018,40(03):54-61+69.

[43]徐巧云.英美德三国高水平大学建设政策比较研究[J].黑龙江高教研究,2018(03):6-9.

[44]陈利达.中德世界一流大学建设政策的比较研究[D].天津:天津师范大学,2013.

[45]刘媛媛.中美建设世界一流大学政策分析与比较研究[D].烟台:鲁东大学,2019.

[46]Sheil T. Moving Beyond University Rankings: Developing a World Class University System in Australia [J]. *Australian Universites' Review*, 2010, 52(1): 69-76.

[47]Hazelkorn E. World-Class Universities or World Class Systems? : Rankings and Higher Education Policy Choices [EB/OL]. http://www.unesco.org/library/PDF/Hazelkorn2013.pdf,2013-01-01/2018-10-06.

[48]胡德鑫.我国建设世界一流大学政策的演变逻辑与价值取向——基于多源流理论的分析视角[J].中国人民大学教育学刊,2018(01):49-59.

[49][65]刘宝存.当代中国重点大学建设的回顾与前瞻[J].河北学刊,2009,29(04):1-6.

[50]伍宸.《统筹推进世界一流大学和一流学科建设总体方案》政策分析与实践对策[J].重庆高教研究,2016,4(01):12-17.

[51]张翠.我国建设世界一流大学教育政策的困与惑[J].中国高等教育评估,2008(03):39-41.

[52]徐自强,谢凌凌.从重点建设到协同创新:我国建设世界一流大学的政策变迁[J].现代教育管理,2014(05):39-45.

[53]胡德鑫.我国世界一流大学建设的历史演变、基本逻辑与矛盾分

析——基于历史制度主义的分析范式[J].教育发展研究,2017,37(Z1):1-8.

[54]王维懿,胡咏梅.基于利益相关者逻辑的高等教育重点建设政策分析[J].中国高教研究,2015(01):59-65.

[55][美]迈克尔·豪利特,M.拉米什.公共政策研究——政策循环与政策子系统[M].庞诗等译,北京:生活·读书·新知三联书店,2006:141,144.

[56]徐赟."双一流"建设中政策工具选择与运用的问题及对策[J].教育发展研究,2018,38(01):26-32.

[57]李金春.我国"世界一流大学建设"的高等教育政策评价[J].中国高教研究,2007(01):47-50.

[58]潘军."双一流"建设的效果演化:一个制度创新的论域[J].国家教育行政学院学报,2018(02):23-29.

[59]Jia Song. Creating World-Class Universities in China: Strategies and Impacts at a Renowned Research University [J]. *Higher Education*, 2018(75): 729-742.

[60]Ka Ho MoK. Enhancing Quality of Higher Education for World-Class Status Approaches, Strategies, and Challenges for Hong Kong [J].*Chinese Education and Society*, 2014, 47(1): 44-64.

[61]Kinglun N., Weiqing Guo. The Quest for World Class Universities in China: Critical Reflections [J]. *Policy Futures in Education*, 2008, 6(5): 545-557.

[62]胡秀英.阻碍我国大陆出现世界一流大学的因素分析[D].长沙:湖南师范大学,2007.

[63]徐美娜.影响世界一流研究型大学形成的关键因素的研究[D].兰州:兰州大学,2011.

[64]Han Zhang, Donald Patton, Martin Kenney. Building Global-Class Universities: Assessing the Impact of the 985 Project [J]. *Research Policy*, 2013(42): 765-775.

[66]唐小平,曹丽媛.我国高等教育重点建设政策的评估与重构——基于公平与效率的视角[J].中国地质大学学报(社会科学版),2013,13(04):

133-138.

[67]王鹏.我国建设世界一流大学的政策回顾与政策困境[J].河北科技大学学报(社会科学版),2009,9(04):94-99.

[68]马利凯.治理理论视阈下中国高等教育重点建设质量保障研究[D].长春:吉林大学,2016.

[69]王宁.精英与研究型大学——高等教育大众化视角[M].郑州:河南大学出版社,2011:63-170.

[70]Weifang Min. Address Regarding First-Class Universities[J]. *Chinese Education and Society*, 2004, 37(6):8-20.

[71]Niland J. The Challenge of Building World Class University in the Asian Region [EB/OL].http://www.0nlineopinion.com.au/view.asp?article=997,2000-2-3/ 2017-8-10.

[72]潘懋元.一流大学不能跟着"排行榜"转[J].清华大学教育研究,2003,3(24):50-51.

[73]邬大光.重视本科教育:一流大学成熟的标志[J].中国高教研究,2016,(06):5-10.

[74]Zainuddin B. Z., Arman B. A., Mohd D. N. Determining World Class University from the Evaluation of Service Quality and Students Satisfaction Level: An Empirical Study in Malaysia [J]. *International Journal of Scientific Research in Education*, 2009, 2(2):59-66.

[75]Oyelaran O., Banji.*Towards Relevant World Class African Universities: A Model*[C]. Abuja: Conference of the Committee of Pro-Chancellors of Nigeria on Repositioning Nigerian Public Universities for Global Competitiveness in the 21st Century, 2014, 7:1-2.

[76]Levin H. M., Jeong D. W, Dongshu O. "What is World Class University?" [EB/OL].http://www.tc.columbia.edu/centers/coce/pdf_files/c12.pdf, 2006-01-01/2018-10-17.

[77][207]Douglass J. A. Profiling the Flagship University Model: An Explor-

atory Proposal for Changing the Paradigm fromRanking to Relevancy [J]. *CSHE Research & Occasional Paper Series*, 2014(4): 1−30.

[78]Kerr C. *The Uses of the University* [M]. Cambridge, MA: Harvard University Press, 5th ed. 2001: xii (from the 1963 Preface).

[79]Butera F. Adapting the Pattern of University Organisation to the Needs of the Knowledge Economy [J]. *European Journal of Education*, 2000, 35(4): 403−419.

[80]Ahmed H. O. K.Strategic Approach for Developing World−Class Universities in Egypt [J]. *Journal of Education and Practice*, 2015, 6(5):125−146.

[81]Altbach P. G. The Costs and Benefits of World−Class Universities [J]. *Peking University Education Review* , 2004, 90 (1) :20−23.

[82]Yingjie Wang. Building the World−class University in a Developing Country: Universals, Uniqueness, and Cooperation [J]. *Asia Pacific Education Review*, 2001, 2(2):3−9.

[83]The Russell Group of Universities. Jewels in the Crown: The Importance and Characteristics of the UK's world−class universities [EB/OL].https://www.russellgroup.ac.uk/policy/publications/jewels−in−the−crown−the−importance−and−characteristics−of−the−uk−s−world−class−universities.2012−10−27/2018−09−15.

[84]Financial Report Fical Year 2016[EB/OL]. http://finance. harvard. edu / files/fad/files/harvard_ar_11_12016_final.pdf,2017−08−10/2020−01−05.

[85]Sadlak J., Liu N. C. The *World−Class University and Ranking: Aiming Beyond Status*[M].Bucharest and Cluj−Napoca: UNESCO−CEPES and Cluj University Press, 2007:17−23.

[86]William G. T. Creating a Culture of Innovation——The Challenge in Becoming and Staying a World−Class University [EB/OL]. https://pullias.usc.edu/ download / creating−a−culture−of−innovation−the−challenge−in−becoming−and−staying−a−world−class−university, 2014−04−01/2018−10−06.

[87]Barragán, J. N. Estandares Caracteristicos de una Universidad de Clase

Mundial (Characteristic Standards of a World Class University) [J]. *International Journal of Good Conscience*, 2006, 2(1): 98–103.

[88]Geiger R. L. *Money and Knowledge: Research Universities and the Paradox of the Marketplace* [M]. Stanford, CA: Stanford University Press, 2004: 265.

[89]Byun K., Jon J. E., Dongbin K. Quest for Building World–Class Universities in South Korea: Outcomes and Consequences [J]. *Higher Education*, 2013 (65):645–659.

[90]AAU, LERU, GO8, C9. Hefei Statement on the Ten Characteristics of Contemporary Research University[EB/OL]. https://go8.edu.au/sites/default/files/docs/article/10.10–hefei–statement–english–version.pdf,2013–10–10/2018–10–02.

[91]Shattock M. University Governance, Leadership and Management in a Decade of Diversification and Uncertainty [J]. *Higher Education Quarterly*, 2013, 67(2): 217–233.

[92]Hassan Z., Daud S. A., Ismail I. A., et al. Developing New Generation of Educational Leaders for World Class University [J]. *Procedia Social and Behavioral Sciences*, 2011(15): 812–817.

[93]Shahmandi E., Silong A. D., Ismail I. A., et al. Competencies, Roles and Effective Academic Leadership in World Class University [J]. *International Journal of Business Administration*, 2011, 2(1): 44–53.

[94]Altbach P. G., Salmi J. *The Road to Academic Excellence: the Making of World–Class Research Universities* [M]. Washington: 2011 The International Bank for Reconstruction and Development / The World Bank, 2011: 341, 335–342, 13.

[95]Sharpe R. What is a World Class University? A Literature review [EB/OL]. www.elementaleadership.co.uk/knowledgeportal,2014–7–1/2018–10–12.

[96]Shields R. Following the Leader? Network Models of "World–Class"Universities on Twitter [J]. *Higher Education*, 2016(71): 253–268.

[97]Schneider A., Sidney M. What Is Next for Policy Design and Social Con-

struction Theory[J]. *Policy Studies Journal*, 2009,37(1):103-119.

[98]Hastings. Discourse and Urban Change: Introduction to the Special Issue [J]. *Urban Studies*, 1999, 36(1): 7-12.

[99]邓君,马晓君,毕强.社会网络分析工具 Ucinet 和 Gephi 的比较研究 [J].情报理论与实践,2014,37(08):133-138.

[100]强连庆.为创办世界第一流大学打好基础[J].上海高教研究,1987 (2):13-19.

[101]Batty M.Only Twelve Aspiring World Class Universities in Britain? [J]. *Environment and Planning B: Planning and Design*, 1992, 19(2):241-242.

[102]Batty M. World Class Universities, World Class Research: What Does It All Mean? [J]. *Environment and Planning B: Planning and Design*, 2003, 30(1):1-2.

[103]陈潭.公共政策学原理[M].武汉:武汉大学出版社,2008:1,251-287,40-41,40.

[104][美]E.R.布鲁克斯,B.M.杰克逊.公共政策词典[M].唐理斌等译.上海:上海远东出版社,1992:97.

[105]胡宁生.现代公共政策研究[M].北京:中国社会科学出版社,2000:259,262-263.

[106]Howlett M. From the "Old" to the "New" Policy Design: Design Thinking Beyond Markets and Collaborative Governance[J]. *Policy Sciences*, 2014, 47 (1): 1-23.

[107]Kwangseon Hwang. Policy Design Theory: Its Utilities and Challenges [J]. *International Journal of Policy Studies*, 2014, 5(1): 1-12.

[108]Helen M. I.,Schneider A.Improving Implementation Through Framing Smarter Statutes[J]. *Journal of Public Policy*, 1990, 1(1): 67-88.

[109]Schneider A., Ingram H. "Policy Design: Elements, Premises, and Strategies," *In Policy Theory and Policy Evaluation*[M]. New York: Greenwood Press, 1990: 77-101.

[110]Schneider A., Ingram H.Systematically Pinching Ideas: A Comparative

Approach to Policy Design[J]. *Journal of Public Policy*, 1988(1): 61-80.

[111]Schneider A., Ingram H. *Policy Tools and Their Underlying Behavioral Assumptions*[C].Paper Prepared for the Western Political Science Association Annual Conference, San Francisco,CA, March i i, 1988.

[112]Stephen H. L., Peters B. G. From Social Theory to Policy Design[J]. *Journal of Public Policy*, 1984, 4(3): 237-259.

[113]Howlett M. Policy Design: What, Who, How and Why?[EB\OL]. https://www.researchgate.net/publication/307638330_Policy_Design_What_Who_How_and_Why,2014-01-01/2019-09-16.

[114]Taeihagh A. Network-centric Policy Design[J]. *Policy Sciences*, 2017, 50:317-338.

[115]Howlett M., Lejano, R.Tales from the Crypt: The Rise and Fall (and rebirth?) of Policy Design Studies[J]. *Administration& Society*, 2013,45(3), 356-380.

[116]Howlett M. Managing the 'Hollow State': Procedural Policy Instruments and Modern Governance[J]. *Canadian Public Administration*, 2000, 43(4): 412-431.

[117]James T. E., Jorgensen, P. D. Policy Knowledge, Policy Formulation, and Change: Revisiting a Foundational Question[J]. *Policy Studies Journal*, 2009: 37(1):141-162.

[118]Taylor S., Rizvi F., Lingard B., Henry M. *Educational Policy and the Politics of Change*[M].London and New York:Routledge,1997.

[119][美]盖伊·彼得斯,弗兰斯·冯尼斯潘.公共政策工具:对公共管理工具的评价[M].顾建光译.北京:中国人民大学出版社,2006:17-18.

[120]陈学飞等.教育政策研究基础[M].北京:人民教育出版社,2011:320-322.

[121]Harold D. Lasswell.*A Preview of Policy Sciences* [M].NewYork:American Elsevier Publishing Co., Inc., 1971: 5.

[122][英]诺曼·费尔克拉夫.话语与社会变迁[M].尹晓蓉译.北京:华夏出

版,2003.

[123][美]威廉.邓恩.公共政策分析导论(第二版)[M].谢明等译.北京:中国人民大学出版社,2002:3-8.

[124]What is ATLAS.ti?[EB/OL].https://atlasti.com/product/what-is-atlas-ti/, 2019-1-1/2019-7-1.

[125]刘军.整体网分析 UCINET 软件实用指南(第三版)[M].上海:格致出版社,2019:25-27.

[126]张慧,查强.改革开放四十年我国职业教育政策的演进及特征——基于混合方法的研究[J].高等工程教育研究,2019(04):165-171+181.

[127]林聚任.社会网络分析:理论、方法与应用[M].北京:北京师范大学出版社,2009:107-117,129-145.

[128]陈振明.政策科学教材[M].北京市:科学出版社,2015:220-225.

[129]董艳春.基于政策文本量化分析的中美科技创新政策比较研究[D].北京:北京航空航天大学,2017.

[130]胡建华.现代中国大学制度的原点:50年代初期的大学改革[M].南京:南京师范大学出版社,2001.283.

[131]王战军,张微.新中国成立70年来我国高校学科结构调整——政策变迁的制度逻辑[J].中国高教研究,2019(12):36-41.

[132]张国兵.高等教育重点建设政策研究[M].北京:北京大学出版社,2010:28,42-43,46-47,59-62.

[133]严强.公共政策学[M].北京:社会科学文献出版社,2008:40.

[134]胡建华.70年高等教育重点建设的变化及影响[J].江苏高教,2019(10):1-7.

[135]中国重点大学的变迁[EB/OL]. http://www.sohu.com/a/68213164_398548,2016-04-08/2020-2-1.

[136]郝维谦.高等教育史[M].海口:海南出版社,2000.453.

[137]全国科技大会[EB/OL]. http://www.most.gov.cn/ztzl/qgkjdh/qgkjdhbj-zl/qgkjdhbjkjdh/index.htm,2019-01-01/2019-12-01.

[138]郭新立.中国高水平大学建设之路——从211工程到2011计划[M].北京:高等教育出版社,2012:7-10,15,49-51,29-48.

[139]党关于"科学技术是第一生产力"的论断是怎样提出来的?[EB/OL]. http://cpc.people.com.cn/GB/64156/64157/4418457.html,2019-01-01/2019-12-01.

[140][141]全国高校合并风的喜与忧[EB/OL]. http://www.people.com.cn/GB/paper81/3190/419248.html,2001-01-01/2019-12-10.

[142]张力.教育功能分化与政府责任定位[C]//中国教育政策评论2001卷,2001.

[143]高等教育第三方评估有关情况[EB/OL]. http://www.moe.gov.cn/jyb_xwfb/xw_fbh/moe_2069/xwfbh_2015n/xwfb_151204/151204_sfcl/201512/t20151204_222888.html,2015-12-04/2019-12-15.

[144]"中国梦"思想:从毛泽东到习近平——纪念毛泽东同志诞辰120周年[EB/OL]. http://theory.people.com.cn/n/2013/1223/c40531-23922267-5.html,2013-12-23/2019-12-11.

[145]2017年我国GDP突破80万亿增长6.9%[EB/OL].http://finance.ifeng.com/a/20180119/15935727_0.shtml,2018-1-19/2018-3-11.

[146]*The Global Competitiveness Report 2017-2018*[R]. Klaus Schwab, World Economic Forum, 2017, 9.

[147]Insead, Adecco, Hcli. *The Global Talent Competitiveness Index 2018 Diversity for Competitiveness*[C]. Fontainebleau:Bruno Lanvin Paul Evans, 2017, 12: 1-342.

[148]德勤和美国竞争力委员会.2016全球制造业竞争力指数[EB/OL]. https://www2.deloitte.com/cn/zh/pages/manufacturing/articles/2016-global-manufacturing-competitiveness-index.html,2016-12-23/2017-8-16.

[149]程莹,王琪等.世界一流大学:对全球高等教育的影响[M].上海:上海交通大学出版社,2015.

[150]赵婷婷,王彤.从入学机会平等到发展机会平等——20世纪中后期

美国高等教育政策目标变迁研究[J].高等教育研究,2018,39(02):94-101.

[151]陈庆云.公共政策分析(第二版)[M].北京:北京大学出版社,2011:10-15,10-20,23.

[152]张国庆.公共政策分析[M].上海:复旦大学出版社,2004:189.

[153]"211工程"部际协调小组办公室."211工程"发展报告(1995-2005)[M].北京:高等教育出版社,2000:3-4,13.

[154]徐彬,安建增.公共政策概论[M].合肥:安徽人民出版社,40-43,102,107,103,102.

[155]赵映诚.公共政策价值取向研究——经济型政府向服务型政府的转变[M].北京:中国出版集团现代教育出版社,2008:27,119-248,91.

[156][171]胡炳仙.我国重点大学建设的渐进模式[J].高等教育研究,2017,38(05):26-31.

[157]孙立平.后发外生型现代化模式剖析[J].中国社会科学,1991(02):213-223.

[158]Sabatier P., Mazmanian D. The Conditions of Effective Implementation: a Guide to Accomplishing Policy Objectives[J]. *Policy Analysis*, 1979, 5(4): 481-504.

[159]Hanf K., Hjern B., Porter D. *Local Networks of Manpower Training in the Federal Republic of Germany and Sweden*[M]. London: Sage, 1978: 303-344.

[160]Cerna L. The Nature of Policy Change and Implementation: A Review of Different Theoretical Approaches[EB/OL]. https://www. baidu. com/link? url= KatvmMITMWt14ECXi0LbtZEcotLiBjdJ3Qyy2nkyV1ITGbGHxgmardzIZF2vlr9b hQF1rNChQDD00H_2FF5jNDTsrXt7ehPuc_RQozAL510OpI-QBV-yWlK-K3lp 0cyPekwS94MyNsYXyCtL8L_bwK&wd=&eqid=d3bc14a700015ac9000000035df f4360,2013-01-01/2019-12-22.

[161]金世斌.价值取向与工具选择:新中国高等教育政策的嬗变与逻辑[J].江苏高教,2013(01):55-57.

[162]潘懋元.高层次专门人才的培养与研究生制度的改革[J].高等教育

学报,1986(03):21-24.

[163]李桂莲.高层次人才培养之我见[J].科技·人才·市场,1998(04):46.

[164]刘开君.公共政策变迁间断—平衡模型的修正及应用——兼论新中国科研政策变迁的渐进与突变规律[J].北京社会科学,2016(11):112-120.

[165][222]宋旭璞.中国国家科研资助制度研究[D].上海:华东师范大学,2012.

[166]刘道玉.论重点大学科学研究的使命[J].高教探索,2006(02):4-8.

[167]孔令国.我国普通高校师资政策模式嬗变分析[J].中国高校师资研究,2009(03):9-15.

[168]周川.我国高等教育管理体制70年探索历程及其展望[J].高等教育研究,2019,40(07):10-17.

[169]杨院."研究生院"与"研究生院制度"辨析[J].中国高教研究,2009(12):47-49.

[170]曾艳青.我国重点学科建设的政策分析[A]//中国高等教育学会、江苏省教育厅.教育理念创新与建设高等教育强国——2010年高等教育国际论坛论文集[C].中国高等教育学会、江苏省教育厅:中国高等教育学会,2010:315-323.

[172]伍宸,宋永华.改革开放40年来我国高等教育国际化发展的变迁与展望[J].中国高教研究,2018(12):53-58.

[173]张晓玲.加强"211工程"三期重点学科建设的几点思考[J].中国高教研究,2008(09):28-30.

[174]傅斌.关于"211工程"重点学科建设的思考[J].中国高等教育,1996(02):12-13.

[175]王莉华.我国高等教育的绩效专项经费改革及完善思路——以"211工程"和"985工程"为例[J].中国高教研究,2008(09):35-38.

[176]肖地生,陈永祥.一个独特的中外合作办学模式——南京大学-约翰斯·霍普金斯大学中美文化研究中心[J].复旦教育论坛,2004(03):29-34.

[177]朱文,张浒.我国高等教育国际化政策变迁述评[J].高校教育管理,

2017,11(02):116-125.

[178]龙宝新.学科作为生命体:一流学科建设的新视角[J].高校教育管理,2018,12(05):15-22.

[179]武建鑫,郭霄鹏.学科组织健康:超越学术绩效的理性诉求——兼论世界一流学科的生成机理[J].学位与研究生教育,2019(06):19-25.

[180]刘经南.研究型大学本科教育质量战略与管理特色探讨[J].中国高等教育,2007(3):17-21.

[181]郭坤.评绩效高校生存之道[Z].My COS R esearch,2014.

[182]Ruby A., Hartley M. *The Road Not Taken: Higher Education in India & China 1990-2020*[R]. Philadelphia: University of Pennsylvania, 2020, 3, 18.

[183]黄海军.如何优化我国研究生教育学科结构[N].光明日报,2016-04-05.

[184]莫家豪,卢一威.大学整并与我国高等教育治理变迁[J].教育政策论坛,2004,7(1):96.

[185]吴合文.高等教育政策工具分析[M].北京:北京师范大学出版社,2011:143,131,70,193,63,71.

[186]张继明,冯永刚.高等教育有效治理的系统化原则及其实践——基于顶层设计与法治问责的视角[J].江苏高教,2020(05):70-76.

[187]Jian Liu.Examining Massification Policies and Their Consequences for Equality in Chinese Higher Education: a Cultural Perspective[J]. *Higher Education*, 2012, 64(5): 647-660.

[188]许涛.中国"985工程"研究及政策建议[M].北京:高等教育出版社,2008:34,35,70,54,71,34-55,40-55.

[189]胡炳仙.我国重点大学政策的历史逻辑与制度分析[M].青岛:中国海洋大学出版社,2010:30.

[190]陈学飞.试论理治导向的教育政策经验研究(2007年5月在华中科技大学教育学院的未发表讲演稿)[A]//许涛.中国"985工程"研究及政策建议[C].北京:高等教育出版社,2008.

[191]孙绵涛.中国教育政策前瞻性研究——基于教育政策内容、过程、环境和价值的分析[M].北京:科学出版社,2018:212.

[192]钱颖一.谈创新人才教育:在价值取向上有更高追求[EB/OL].https://zj.zjol.com.cn/news/667305.html,2017-06-12/2019-10-28.

[193]王再进,徐治立,田德录.中国科技创新政策价值取向与评估框架[J].中国科技论坛,2017(03):27-32.

[194][美]菲利普·阿特巴赫,贾米尔·萨尔米.世界一流大学:发展中国家和转型国家的大学案例研究[M].王庆辉,王琪,周小颖译.上海:上海交通大学出版社,2011:1-2.

[195]Altbach P. G. *Leadership for World-Class Universities Challenges for Developing Countries* [M]. New York and London:Routledge,2010 : 221, 217.

[196]科学研究该以什么为导向[EB/OL]. http://www.cutech.edu.cn/cn/qslt/sgwz/2017/11/1509669097584276.htm,2017-11-03/2019-10-26.

[197]Mc Donnell L. M., Elmore R. F. Getting the Job Done: Alternative Policy Instruments[J]. *Educational Evaluation and Policy Analysis*. 1987, (09): 133-152.

[198]周付军,胡春艳.政策工具视角下"双一流"政策工具选择研究——基于政策工具和建设要素双维度的分析[J].教育学报,2019,15(03):84-93.

[199][葡]佩德罗·泰克希拉.理想还是现实——高等教育中的市场[M].北京:北京师范大学出版社,2008:118.

[200]王举.教育政策的价值基础——基于政治哲学的追寻[M].北京:科学出版社,2016:122,162,178.

[201]顾建光,王树文.公共政策分析概论[M].上海:上海人民出版社,2007:85,82,147.

[202]胡伟.政府过程[M].杭州:浙江人民出版社,1998.283.

[203]张国兵,陈学飞.我国教育政策过程的内输入特征——基于对"211工程"的实证研究[J].黑龙江高教研究,2006(08):1-4.

[204][美]保罗·A.萨巴蒂尔.政策过程理论[M].彭宗超,钟开斌等译.北

京:生活·读书·新知三联书店,2004:94.

[205]刘贵华,孟照海."双一流"建设如何突破? [J].中国教育政策评论,2018(00):151-169.

[206]Maassen P.The University's Governance Paradox[J].*Higher Education Quarterly*, 2017(3): 290-298.

[208]李鹏虎.关于大学排名与我国世界一流大学建设的理性思考[J].中国高教研究,2016(6):75-79.

[209]夏国萍,管恩浩.建设世界一流大学亟待处理好四重关系—基于三大世界大学排行榜的视角[J].高校教育管理,2018(4):27-35.

[210]阎光才.高等教育改革顶层设计的逻辑[J].中国高教研究,2014(01):5-8.

[211]Jan Sadlak,Liu Nian Cai .*The World-Class University as Part of a New Higher Education Paradigm: From Institutional Qualities to Systemic Excellence* [M].Bucharest: UNESCO-CEPES, 2009: 114, 170-180, 100-110, 80-170.

[212]左兵.政策导引下的重点学科建设制度分析[J].高等教育研究,2006(10):36-41.

[213]阿特巴赫,叶志坚,周岳峰.世界级大学的代价和好处[J].高等教育研究,2004,5(25):21-24.

[214]赵旻,陈海燕.国际交流合作在大学的职能定位研究[J].中国高等教育,2017(17):19-22.

[215][美]莱斯特·M.萨拉蒙.公共服务中的伙伴[M].田凯译.北京:商务印书馆,2008:230-231.

[216]劳凯声.公共教育体制改革中的伦理问题[M].北京:教育科学出版社,2006:12.

[217]阎凤桥.我国高等教育"双一流"建设的制度逻辑分析[J].中国高教研究,2016(11):46-50.

[218]宁骚.公共政策学[M].第2版.北京:高等教育出版社,2011:300-306.

[219]包水梅.我国香港地区高等教育分类发展战略及其运行特征[J].高等工程教育研究,2019(02):140-146.

[220]Deloitte.迎接下一波增长浪潮中国[EB/OL].https://www2.deloitte.com,2017-01-2/2018-04-08.

[221]别敦荣.一流本科教育的特征与实践走势[J].山东高等教育,2017,1(05):6-14.

[223]全国科技创新大会两院院士大会中国科协第九次全国代表大会在京召开[EB/OL].http://www.cas.cn/tt/201605/t20160530_4559637.shtml,2016-05-30/2018-01-10.

[224]蔡劲松.理工类高校新文科建设应"特色凸显、有所不为"[N].中国教育报,2020-08-04.

[225]Brint S.Creating The Future:"New Directions"in American Research Universities[J].*Minerva*,2005(1):23-50.

[226]李津石.教育工程研究——基于政策工具理论视角[M].北京:北京大学出版社,2015:110,77,81.

[227]陆根书,康卉.我国"985工程"大学高等教育国际化政策分析[J].高等工程教育研究,2015(01):25-31.

[228]Royal Academy of Engineering.*The Career Framework for University Teaching: Background and Overview*[R].London: Prince Philip House, 2018, 4: 36: 40.

[229]周光礼.世界一流大学的特质[J].中国国高等教育,2010(12):44-48.

[230]刘智运.研究型大学应创办一流大学本科教育[J].教学研究,2009(1):1-8.

[231]张世贤.公共政策分析[M].台北:智胜文化公司,2001:243.

[232]杨代福.政策工具选择研究——基于理性与政策网络的视角[M].北京:中国社会科学出版社,2016:2.

[233][美]戴维·L.韦默.制度设计[M].费方域,朱宝钦译.上海:上海财经大学出版社,2004:72.

[234]Jamil S., Arthur M. H.高等教育财政创新——一种对分配机制的比较性评价[Z].曹星等译.北京:北京大学中国教育财政研究所,工作论文系列第四号:2.